Wegweiser zu Stichworten und Ermutigungen

Heide Bambach
Ermutigungen. Nicht Zensuren.

Ein Plädoyer in Beispielen

Libelle

Dem Gedenken an Johanna Harder (1928–1990)
und ihre fortwirkenden Ermutigungen

Einführung

Im Juli 1994 hat die Zeitschrift »Eltern« 2060 Schülerinnen und Schüler im Alter zwischen acht und sechzehn Jahren gefragt: Wozu sind Schulnoten eigentlich gut? Das Ergebnis: 58% von ihnen hielten Noten für unnütz oder sogar schädlich; denn sie seien ungenau, ungerecht, ohne Aussagekraft über die tatsächliche Leistungsfähigkeit. Die häufigsten Kritikpunkte waren: Gute Noten machen überheblich, schlechte mutlos und – Noten verschärfen den Konkurrenzkampf in der Klasse. 35% hielten Noten für notwendig zur Motivation, zur Selbsteinschätzung und Selbstkritik und auch als wichtiges Kriterium fürs Vorankommen in Ausbildung und Beruf, und 7% äußerten keine klare Meinung. Von denen, die Noten als unnütz oder schädlich empfinden, war zum Beispiel zu hören: »Eine Fünf tut weher als Prügel« oder »Wenn ich an Noten denke, habe ich Angst und oft Herzklopfen« oder »Ich ginge viel lieber zur Schule, wenn es nicht Noten gäbe, aber ich bin immer so aufgeregt« und »Noten verderben unsere ganze Klassengemeinschaft. Überall blüht der falsche Ehrgeiz. Keiner gönnt dem anderen eine bessere Note«.

Von denen, die ihren Noten etwas Gutes abgewinnen können, kommen Äußerungen wie: »Wenn ich gute Noten habe, freuen sich meine Eltern. Schulnoten sind für sie das höchste und wichtigste« und »Schulno-

ten nur ja nicht abschaffen! Mein Zusatzeinkommen zum Taschengeld hängt von ihnen ab«.

Ein 14jähriger Gymnasiast argumentiert: »*Schulnoten haben einen pädagogischen Zweck. Sie sollen uns Schüler anspornen, bessere Leistungen zu erbringen, denn wenn wir das ganze Lernen einfach laufenlassen, wird in Deutschland später nichts Neues mehr erfunden. Deshalb ist der Wirtschaftsstandort Deutschland auch von unseren Schulnoten abhängig.*«

Ein 12jähriger Orientierungsschüler stellt nüchtern fest: »*Ohne Noten wären die meisten Lehrer machtlos. Mit den Noten drohen sie uns und machen uns fertig.*« Eine 15jährige Gesamtschülerin kombinierte: »*Noten kommt von Not.*«

Jeder Mensch braucht die Erfahrung, daß er etwas kann. Das gilt für Kinder ebenso wie für Erwachsene. Wer ohne diese Erfahrung leben muß, wird seelisch krank. Erwachsene, die dauerhaft vor Aufgaben gestellt werden, denen sie nicht gewachsen sind, drehen durch. Kinder, die so gut wie nie den Erwartungen ihrer Eltern und Lehrer genügen können, verkümmern.

Jeder Mensch wird von dem Wunsch bewegt, die Dinge seines Lebens zu meistern; bei wem dies nicht der Fall ist, dessen Gemüt ist beschädigt worden. Der Wunsch nach der eigenen Meisterschaft als Antrieb für Bestleistungen ist aber nicht gleichzusetzen mit dem Wunsch nach einem Konkurrenzsystem, das auf Verlierer zielt. Das Notensystem zielt auf Verlierer.

Man kann und muß davon ausgehen: alle Kinder wünschen sich, Hervorragendes zu leisten, und – in passender Weise herausgefordert – versuchen alle, ihr Bestes zu geben. Es dürfte nicht sein, finde ich, daß sie durch Maßstäbe gekränkt und entmutigt werden, die man von außen und richtend an sie legt. Und es darf ebensowenig sein, daß die Kinder ihr Selbstbild danach ausrichten (müssen), ob sie ihren Altersgefährten leistungsmäßig hinterherhinken oder vorauseilen. Welche Spuren im Selbstbild eines Kindes hinterläßt die Erfahrung, höchstmögliche Anerkennung für etwas zu bekommen, das ihm zugeflogen ist? Welche Spuren hinterläßt ein laues »ausreichend« bei einem Kind, das mit aller Kraft gearbeitet und sein Bestes gegeben hat? Noten, die sich nicht an den Bemühungen der einzelnen Kinder orientieren, sind zwangsläufig ungerecht. Bei manch einem, dessen Leistung mit Fünf oder Sechs quittiert wurde, waren Bemühungen, Anstrengungen und Fortschritte so groß, daß sie ein Prädikat wahrlich verdient hätten. Und manch einer, dessen Leistung mit einer Zwei honoriert wurde, hat diese gleichsam im Vorbeigehen abliefern können.

Wer also meint, es sei um der Kinder willen nötig, ihre schulischen Leistungen zu zensieren, bei dem müßte ein »gut« eigentlich bedeuten: »Du hast Dich mit aller Kraft um diese Leistung bemüht und es geschafft, in der Bewährungssituation Dein Bestes zu geben.« Ein »sehr gut« würde dem zum Beispiel hinzufügen: »Und außerdem hast Du Glück. Dir fallen diese Aufgaben leicht, und deshalb kannst Du auf diesem Gebiet Hervorragendes leisten.« Ein »befriedigend« oder »ausreichend« sollte sagen: »Ich werde mit Dir zusammen herausfinden, was noch besser werden kann.«

Aus dieser Sicht verweist eine mangelhafte oder ungenügende Leistung meines Erachtens in erster Linie auf den Lehrer: Entweder hat er es nicht vermocht, die Anforderungen so zu stecken, daß sie bei entsprechenden Bemühungen erreichbar waren, oder er hat versäumt, den Weg dorthin zu zeigen und zu ebnen. Vielleicht hat er es auch nicht geschafft, aus der Anforderung eine Herausforderung werden zu lassen, auf die sich das Kind mit voller Kraft einlassen mag.

Ich will damit nicht sagen, daß solcherart Lehrkunst allzeit mit jedem Kind gelingen kann oder etwa gar muß; noch weniger möchte ich behaupten, daß sie mir hinreichend oft gelungen wäre. Für uns Lehrende gilt nämlich ähnlich wie für die Kinder: In der Regel versuchen wir mit aller Kraft, unser Bestes zu geben, nur ist dieses Beste leider nicht immer gut genug für die Anforderungen, die unser Beruf an uns stellt. Der Unterschied zu den Kindern: Wir sind erwachsen, haben unseren Beruf gewählt, ihn uns zugetraut und deshalb studiert. Die Kinder hingegen sind in allem, was sie tun, noch ganz auf dem Wege; sie sind in einem Alter, in dem sich die grundlegenden Haltungen gegenüber dem Leben und dem Lernen erst bilden. Allein schon deshalb dürfen wir die Schwächen unseres Unterrichts nicht den Kindern via Notenzeugnis in die Schuhe schieben.

»Der Lehrer ermöglicht jedem Kind die Erfahrung, daß es etwas leisten kann.« Dieser Satz steht seit 1985 in den Richtlinien des Kultusministers für die Grundschulen von Nordrhein-Westfalen. Ich finde, man kann ihn – mit Betonung auf »jedem« und »Erfah-

rung« – nicht oft genug lesen und hören, sich vor Augen halten und zu Herzen nehmen, denn gründlich genug beim Wort genommen und in all seinen Folgen bedacht, stecken in ihm die entscheidenden Impulse zur inneren Reform der Grundschule.

In Versuchsschulen ist manches von Staats wegen erlaubt, was Schulen in der Regel noch untersagt ist; in Versuchsschulen gehört manches zum Selbstverständnis, das andernorts erst allmählich selbstverständlich werden kann.

Die Bielefelder Laborschule, aus der ich erzähle, ist eine Versuchsschule; sie will und darf und soll unter anderem herausfinden, wie Schule heutzutage die Individualität von Kindern schützen, also ihren je eigenen Stärken und Schwächen und Neigungen entgegenkommen kann. Dies bezieht sich nicht nur auf die Formen des Lehrens und Lernens. Will man dem einzelnen Kind wirklich gerecht werden, dann sind die Formen der Leistungsbewertung untrennbar damit verknüpft.

Wir haben seit 20 Jahren Erfahrungen mit »Zeugnissen ohne Noten« vom ersten Schuljahr bis hinauf in das neunte. Sie heißen »Berichte zum Lernvorgang«. Die Berichte sind keine »Beurteilungen«, sondern Aufzeichnungen der individuellen Entwicklung des jeweiligen Kindes innerhalb der Stammgruppe, zu der es gehört. Ich nenne meine Texte »Kinderportraits«, weil sie für mich der Versuch sind, dem Kind ein Bild von sich selbst zu zeichnen, worin es sich wiedererkennt.

In der Laborschul-Primarstufe wird zum Ende des

Schuljahres schriftlich berichtet, zum Halbjahr finden ausführliche Beratungsgespräche mit den Eltern statt. Wir haben mit unterschiedlichen Berichtsformen experimentiert und sind über ihr Für und Wider bis heute in der Diskussion. Herauskristallisiert haben sich Rahmenvorgaben und so genannte Standards, nicht aber formale und inhaltliche Festlegungen. Meines Erachtens kann und sollte es diese auch nicht geben, weil Kinder und Eltern, die mit den Berichten erreicht werden sollen, ja ebenfalls nicht alle von derselben Art sind. Zu den *Standards* gehört, daß Berichte, die sich an das Kind wenden, nur solche Hinweise enthalten, die das Kind verstehen und befolgen kann, und daß sie auf Ermutigung und Unterstützung zielen. Zu den *Rahmenvorgaben* gehört, daß Eltern nicht nur über die Lernentwicklung ihres Kindes informiert werden, sondern auch – in den sogenannten »Unterrichtsbeschreibungen« *(s. Anhang am Ende dieses Buchs)* über die Lerninhalte und den Ablauf des Schultages sowie – im »Gruppenbericht« – über die Entwicklung der Stammgruppe*, zu der das Kind gehört.

---

* In der Laborschule werden die Klassenlehrer »Betreuungslehrer« genannt; die Klassen heißen »Stammgruppen« und tragen den Namen einer Farbe. Die Stammgruppen behalten ihren Namen vom Jahrgang 3 bis zum Jahrgang 10; die »weiße 3« wird also ein Jahr später die »weiße 4« und sechs Jahre später die »weiße 10«. Der in diesem Buch porträtierten Stammgruppe habe ich den Namen »weiß« gegeben, – in der Laborschule gibt es keine Gruppe mit diesem Namen. Die Namen der Kinder sind geändert, ebenso einige wenige biographisch unerhebliche Details.

In der Regel sind die Berichte nur an das Kind, seine Eltern und die künftigen Lehrer gerichtet und dann keine »Dokumente« im juristischen Sinn. Zum Beispiel können sie aufgrund von Gesprächen mit den Eltern Abänderungen erfahren. Dies wird vor allem dann der Fall sein, wenn Eltern beim Lesen des Berichts das Gefühl haben, daß der Lehrer ihrem Kind oder ihnen selbst an dieser oder jener Stelle zu nahe getreten ist oder Mißverständliches zugeschrieben hat. Solange sich die Berichte nicht wegen Schulwechsel oder Schulabschluß oder zum Zwecke einer Bewerbung nach außen richten, sehen Lehrer und Eltern in ihnen vorwiegend pädagogische Instrumente.

»Objektiv« und »justitiabel« ist solches nicht und will es auch nicht sein. Die Sätze »Es ist gerecht, Unterschiede zu machen« und »Es ist normal, anders zu sein« – Untertitel zu den Stichworten »Leistungsvergleich« und »Selbstwertgefühl« – sind auch ein Credo des Ganzen.

Die Berichte sind nicht nur »nicht objektiv«, sondern bewußt subjektiv; an ihnen läßt sich ablesen, was dem berichtenden Lehrer für die ihm anvertrauten Kinder am Herzen liegt, welche Entwicklungen er besonders schätzt, welche er ändern und welche er verhindern möchte. An den Berichten ist auch ablesbar, welchen Lerngegenständen der Lehrer besonderes Gewicht beimißt, welchen seine Vorliebe gilt und welche er als nachrangig betrachtet. Ich vermute, dies alles spielt bei Noten-Zeugnissen ebenso eine Rolle, erkennen allerdings kann man es dort nicht, und deshalb hält sich bei vielen

Menschen so hartnäckig die irrige Vorstellung, daß Noten objektiv seien.

Für eilige Leserinnen und Leser, die nur schnell an Beispielen sehen wollen, »wie man es machen kann«, sind die Entwicklungsberichte im Druck hervorgehoben. Sie stehen aber im Zentrum von Erzählungen, mit deren Hilfe erkennbar wird, daß Entwicklungsberichte – wie ausführlich auch immer – nur ein Abglanz dessen sind, was sich in Wirklichkeit entwickelt hat: bei dem Kind und mit ihm und auch bei seiner Lehrerin. Für das Kind können die Berichte ein (Erinnerungs-)Spiegel sein und den Eltern eine Grundlage für ihr Gespräch mit der Lehrerin, für die Lehrerin sind sie ein Anlaß zum gründlichen Nachdenken über das Kind.

Mancherorts wird über die Frage diskutiert, ob man beim Schreiben das Kind oder seine Eltern als Adressaten nehmen sollte. In meinen ersten zehn Laborschuljahren habe ich die Kinder in der dritten Person beschrieben, also Eltern und künftige Lehrer angeredet. Dies geschah aus dem alten Gedanken heraus, daß Zeugnisse bzw. ihr Ersatz »Dokumente« seien und von daher eine neutrale Form brauchen. Angeregt von Kolleginnen, die von Anfang an die Kinder »angeredet« haben, merkte ich, daß mir anschauliche Beschreibungen leichter fallen, wenn ich mich direkt an das Kind wende. Die notwendigen Anknüpfungen an Dinge, die es über sich selbst im Sinn oder vor Augen haben mag, stellten sich umstandsloser ein. Und solcherart Anknüpfungen sind meiner Erfahrung nach überaus wichtig, um das Kind mit dem Text überhaupt erreichen zu können, möglichst gleich beim ersten Blick, den es auf das Zeugnis wirft. Deshalb sind mir die Anfänge besonders wichtig, und deshalb beginnt der Bericht bei jedem Kind anders.

Prinzipiell ereifern mag ich mich weder für die eine noch für die andere Form. Wichtig ist meines Erachtens für beide, daß man beim Schreiben die Erwachsenen und das Kind als Adressaten vor Augen hat. Das Kind soll aufhorchen, sich erkannt und verstanden fühlen, aber auf keinen Fall preisgegeben oder gar verraten. Die Erwachsenen benötigen Informationen, und zwar nicht nur im Hinblick auf die individuelle Entwicklung des Kindes, sondern auch im Hinblick auf die Lernprozesse seiner Stammgruppe im voraufgegangenen Schuljahr und die grundlegenden Anforderungen für den Übergang in die nächste Schulstufe.

Wenn man beim Schreiben beiderlei Adressaten berücksichtigt, bedeutet die Entscheidung für die eine oder andere Form allenfalls eine Akzentverschiebung: Man »redet« entweder mit den Eltern so, daß das Kind zuhören und verstehen kann, oder man »redet« mit dem Kind und packt die für Eltern notwendigen Informationen »zwischen die Zeilen«.

In der ersten Form steckt die Gefahr, daß ein Kind »außen vor« bleibt, sich also als Objekt verhandelt fühlt; in der zweiten Form steckt die Gefahr, daß Vorfälle zur Sprache kommen, die besser nicht dauerhaft auf Papier festgehalten werden. Die Gespräche mit den Eltern bieten allerdings Gewähr dafür, daß nichts stehenbleibt, was in diesem Sinne problematisch wäre.

Besonders kompliziert ist die doppelte Adressatenschaft im Hinblick auf Kinder, die deutlich langsamer als ihre Altersgefährten lernen oder die besonders schlecht mit sich und ihrer Umwelt zurechtkommen. Ein solches Kind muß sich mitsamt seiner Schwierigkeiten wiedererkennen und darf dennoch angesichts seiner Situation nicht entmutigt werden. Auch dann nicht, wenn dem berichtenden Lehrer bang sein mag beim Gedanken an all die Anforderungen, die es noch zu bewältigen hat.

Vor einiger Zeit wurde ich gefragt, was mit Eltern sei, die nicht bereit oder fähig sind, zwischen den Zeilen zu lesen und auch auf Elternsprechtagen nicht erscheinen. »Wie können die dann wissen«, lautete die Frage, »wie schlecht ihr Kind eigentlich wirklich steht?« Als erste Antwort habe ich auf die Beratungsgespräche zum Halbjahr hingewiesen, zu denen die Eltern eigens bestellt werden. Aber die wichtigere Antwort wurde mir erst an der Art der Frage klar: Ich will nämlich gar nicht, daß Eltern ihr Kind als »gut« oder »schlecht« im Vergleich zu anderen Kindern des Jahrgangs sehen! Und schon gar nicht »stehen« sehen! Die Eltern sollen von mir lesen oder hören, ob ihr Kind sich um Leistungen bemüht hat oder nicht, in welchen Bereichen es vorangekommen ist und/oder in welchen nicht; sie sollen wissen, was schwierig für ihr Kind gewesen ist und was ihm gut liegt, wann es Hilfe und Geduld brauchen wird und wofür Herausforderung und Ansporn und auch Kontrolle.

Der Text soll den Eltern zeigen, daß ich mich darum bemühe, ihr Kind zu verstehen, er soll sie anstiften, dies ebenfalls immer wieder neu zu versuchen. Mit dem Text will ich Eltern unmöglich machen (abgewöhnen), in Jahrgangsnormen über ihr Kind zu denken. Denn Jahrgangsnormen – und damit eine Beurteilungsskala von »sehr gut« bis »ungenügend« – sollte es in Grund- und Gesamtschulen nicht geben. Die eigentliche Pointe von Zeugnissen ohne Noten: sie meinen jedes der Kinder, so wie es ist, und nicht nur eine an Leistungsnormen orientierte Auswahl.

Einige Entwicklungsberichte sind mir sehr lang geraten. Die Länge eines Berichts darf nicht als Kriterium für Qualität genommen werden oder gar als Maß dafür, wie solche Berichte zu sein haben. Im Gegenteil, ich bewundere und beneide alle Kolleginnen und Kollegen, die es schaffen, mit weniger Worten das Portrait eines Kindes zu zeichnen und seine Entwicklung zu zeigen. Die Erzählform habe ich nur darum gewählt, weil sie mir am meisten Freude und am wenigsten Mühe bereitet. Ich finde, jeder Lehrer sollte die Form wählen dürfen, die ihm am meisten liegt. (Unter dem »Stichwort Informationswert« gebe ich an ein und demselben Kind Beispiele für beide Formen. Die Beispiele stammen aus der Stammgruppe, bei der ich nach dem 3. Schuljahr die Anredeform geändert habe.)
Texte, in denen Schwächen zwar mitgeteilt, zugleich aber in Ermutigungen gekleidet werden sollen, geraten notwendigerweise ausführlicher als andere, weil sie die bereits überwundenen Klippen nennen müssen, um Wege aus Schwierigkeiten zu

zeigen. Manchmal können die angeredeten Kinder sie selbst nicht lesen. Deshalb sind sie dafür gedacht, daß Eltern sie ihren Kindern vorlesen und sich von ihnen erzählen lassen, wovon jeweils die Rede ist. Und damit die Kinder eingestimmt sind auf diese Gespräche zu Hause und auch voneinander wissen, wie ich jedes von ihnen sehe, lese ich am Ausgabetag jedem Kind vor der Gruppe diejenigen Pointen aus seinem Bericht vor, die mir im Hinblick auf das Verständnis der Kinder untereinander wichtig sind. Berichte für Kinder, deren Eltern wenig oder gar nicht lesen können, halte ich kurz und lese sie zusammen mit dem betreffenden Kind.

Muster oder gar Vorbilder können und sollen die veröffentlichten Berichte also nicht sein. Mit ihrer Präsentation verbinde ich lediglich die Hoffnung, es könnte an ihnen sichtbar werden, mit welcher Haltung ich mich gegenüber den Kindern bewege. Zu der allerdings möchte ich Mut machen, weil ich den Eindruck habe, daß sie Kindern den aufrechten Gang ermöglicht, und weil ich weiß, daß sie mir selbst als Lehrerin gut bekommt.

Weil zu den Gegnern von Noten vorwiegend diejenigen gehören, die früher unter schlechten Noten oder der Aussonderung aus ihrer Schule gelitten haben, sollte ich vielleicht vorab anmerken, daß mein Plädoyer zur Abschaffung von Noten nicht aus eigenen schlechten Erfahrungen mit dem Notensystem kommt. Ich habe erst auf dem Wege der Einfühlung lernen müssen, was es für Kinder bedeutet, wenn ihre Bemühungen nicht das erhoffte Prädikat erhalten.

Unsere eigenen Geschichten können uns helfen, die Kinder zu verstehen. Es muß aber nicht sein, daß man sich der passenden eigenen Geschichten aus der Kindheit erinnert oder sich zufriedengibt, wenn man entsprechend ungute nicht findet. Unser Erwachsenenleben ist voll von Analogien zu den Schwierigkeiten, die Kinder mit dem Leben und dem Lernen haben, und vermutlich ist es sogar noch heilsamer, wenn man diese Analogien nacherlebt. Kürzlich hörte ich zum Beispiel, daß Lehrer, die die »vereinfachte Ausgangsschrift« lernen, während dieser Phase ungewöhnlich viele Rechtschreibfehler machen – ein Forschungsergebnis, bei dem sich jeder Kommentar erübrigt.

Einem Buch über hyperkinetische Kinder verdanke ich mein Verständnis für die Qual von Kindern, die wegen einer Störung bei der Reifung ihrer Hirnfunktionen noch nicht in der Lage sind, Reize zu filtern, die also zum Beispiel keine Vorder- und Hintergrundgeräusche unterscheiden können und darum nicht in der Lage sind, den im Augenblick für sie wichtigsten Reiz zu erkennen und sich auf ihn zu konzentrieren. Um zu wissen, wie es ihnen geht, muß man sich nur zum Beispiel vorstellen, wie man sich fühlt, wenn man an einem Telefon spricht, das zweite klingelt, es an der Haustür schellt, das Baby schreit und der Sohn mit den Schulaufgaben vor einem steht, und man eigentlich einen Brief schreiben sollte. In dieser Weise kann sich jeder Erwachsene Situationen herbeidenken und -fühlen, in denen zu vieles gleichzeitig auf ihn einstürmt und er nur noch schreien, weinen oder weglaufen möchte. Manche unserer Kinder fühlen sich fast ständig so. Auch ein »Mangel an Anstrengungsbereitschaft« oder soziale Auffälligkeiten lassen sich über den Weg der Einfühlung meistens verstehen.

Zur Zeit habe ich zum Beispiel eine Schülerin, der das Kunstturnen und der damit einhergehende Applaus seit langem Lebensinhalt ist. Aber die damit ebenfalls einhergehenden Rückenschmerzen haben zugenommen, es bahnt sich an, daß sie das Leistungsturnen wird aufgeben müssen. Seither ist sie – vordergründig besehen – beständig übler Laune, arbeitet nachlässig oder gar nicht, beschimpft die Freundinnen wegen Nichtigkeiten, hält sie von der Arbeit ab, kurzum, sie kostet mich viel Kraft. Aber sobald ich mir vorstelle, wie es wäre, wenn ich den geliebten Beruf, der mir ein Lebensinhalt ist, wegen Krankheit aufgeben müßte, oder mich an die Krise meines Vaters beim Eintritt ins Rentenalter erinnere, verstehe ich emotional, warum dieses Mädchen sich so unangenehm aufführt und warum es nichts bewirken würde, ihr im Zeugnis »mangelhafte Anstrengungsbereitschaft« zu bescheinigen. Das heißt nicht, daß ich ihr Verhalten nun gut finden und sie dabei belassen will; aber es fällt mir leichter, ihr herauszuhelfen, weil ich mir vorstellen kann, wie sie sich fühlt.

Ein anderes Mädchen in dieser Gruppe erlebt zur Zeit das Sterben ihrer Mutter; ihren Vater hat sie bereits vor Jahren durch die Trennung ihrer Eltern verloren. Nun wäre es leicht für uns, ihr zu helfen, wenn sie entsprechend anlehnungsbedürftig wäre und unseren Trost suchen würde. Aber sie macht es uns nicht leicht. Sie verhält sich biestig, scheint von dem Wahn besessen, daß jeder, aber auch wirklich jeder und jede sie toll finden müsse und als Freundin begehren, nimmt aber für sich in Anspruch, jeweils – manchmal von einer Stunde zur anderen – zu entscheiden, wer »ihre beste Freundin« sei, verfällt auf alles nur erdenkliche, um sich alle anderen Kinder gefügig zu machen und stürzt damit die Gruppe in ein solches Durcheinander an Emotionen und Spannungen, daß ich mir manchmal wünsche, ich hätte dieses Kind nicht in meiner Gruppe. Als ich mich jedoch erinnere, mit welcher Verzweiflung eine meiner Freundinnen, die ihren Partner verlor, sich an ihre Kinder klammerte, ihr jedes Mittel recht schien, sie an sich zu binden, und sie von sich abhängig zu machen, wie wir Freunde ihr Verhalten völlig unakzeptabel fanden und es dennoch als »Trennungstrauma« verstehen und entschuldigen wollten, da ist mir klar, daß meine Schülerin etwas Ähnliches durchlebt, und es ist leichter, zu wissen, wie ihr und uns mit ihr zu helfen ist.

»Emotionale Erinnerung« nennt der Theaterpädagoge Lee Strasberg die Imaginationskraft, die er bei Schauspielern als Talent voraussetzt und als Fähigkeit trainiert. Bei uns Lehrerinnen und Lehrern ist diese Fähigkeit bisweilen auch vonnöten, jedenfalls aber ist sie hilfreich und nützlich beim Zusammenleben mit Kindern.

Mein »Plädoyer in Beispielen« ist Ergebnis meiner bisher zwanzig Jahre als Lehrerin in der Primarstufe der Bielefelder Laborschule; aufgeschrieben habe ich es größtenteils während eines dänischen

Feriensommers. Fachliteratur zum Thema »Leistungsbewertung und Leistungserziehung« hatte ich bei meiner Reise in die Schreibklausur absichtsvoll zuhause gelassen; ich hatte Sorge, mich mit dem Drang zum Zitieren im Dickicht der Wissenschaften zu verfransen und hernach nicht mehr genug Zeit für das übrig zu haben, was ich eigentlich vorhatte: meine Überzeugungen, die mir aus Theorie *und* Praxis erwachsen sind, so zu klären, daß ich sie weitergeben kann.

Hierfür mitgenommen hatte ich nur die Entwicklungsberichte aus dem dritten und vierten Schuljahr von 50 Kindern, meine dazugehörigen Notizbücher und Merkzettel und außerdem die »Deutsche Lehrerzeitung«, in der zwei Erziehungswissenschaftler im Frühjahr 1994 einen Meinungsstreit über Pro und Contra von Zensuren geführt haben, auf den ich mit dem Beispiel des Kindes Sascha geantwortet hatte *(siehe in diesem Buch das Kapitel » Wunder dauern etwas länger«).*

Auch wenn dieser neuerliche Meinungsstreit nichts grundsätzlich anderes zutage fördern konnte, als in den vergangenen 20 Jahren von Wissenschaft und Praxis zur Sprache gebracht worden ist, sind die Argumente des Pro-Anwalts *Gottfried Schröter* doch in einer besonderen Weise bemerkenswert: Sie kommen von einem Hochschullehrer, der seine Autobiographie mit dem schönen Titel »Leben kann man nicht zensieren« überschrieben hat und der vor mehr als 20 Jahren in der – wie er sagt – »weltweit umfangreichsten Untersuchung« von Aufsatz-Zensuren festgestellt hat, daß ein Aufsatz, der von dem einen Lehrer mit der

24

Note Fünf oder Sechs beurteilt wurde, bei dem nächsten Lehrer eine Drei und beim übernächsten eine Eins bekommen kann, und dies nicht nur ganz selten, sondern in 10% der untersuchten Fälle. Und doch streitet *Schröter* für den Wert und die Wichtigkeit von Zensuren, spricht – anscheinend unbefangen und so, als gäbe es die bisherige Diskussion nicht – vom Selbstwertgefühl, das sich durch Noten stärken lasse, vom Bedürfnis nach Wettkampf, der den Menschen von Natur aus eigen sei, von Informationsdichte, die allein durch die Klarheit der Notensprache gegeben sei, von Selektion, ohne die unsere Gesellschaft im argen läge. Er behauptet, daß die Mehrheit der Schüler Noten wünsche, weist darauf hin, daß es schließlich auch Menschen auf der Welt gebe, denen schlechte Noten nicht geschadet haben und führt sich selbst als Beispiel dafür an.

Gerhard Sennlaub hat in *Schröters* Argumenten »ohne Umstände die Vorurteile von Steuerberatern, Politikern, Ärzten, Wohnungsmaklern, Erzieherinnen, Finanzbeamten und den Angehörigen von etwa 27 weiteren Berufen bestätigt« gesehen. Vorurteilen begegne ich am liebsten mit Erzählungen aus der Wirklichkeit. Ich habe *Schröters* Argumente als Stichworte genommen, um darauf mit Kinderportraits zu antworten.

Zu einigen Kinderportraits habe ich ausführlich erzählt. Überwiegend sind es Geschichten, aus denen ich gelernt habe, daß die Kinder gute Noten von uns Erwachsenen als Ansporn für gute Leistungen nicht brauchen. Sie sehen an anderen Kindern, was an Können möglich und für sie selbst erstrebenswert ist. Und solange sie keine Sorge haben müssen, dabei ihr Gesicht zu verlieren, sind ihre Bewunderung für andere und ihr Wunsch nach deren Anerkennung für sich selbst Antrieb genug, sich um die beneidete Leistung zu bemühen. Als Gesichtsverlust empfinden sie den Umstand, für eine vergebliche Bemühung eine abschätzige Bemerkung zu erhalten. Nicht selten sind es gerade die besonders leistungsfähigen und in den Augen ihrer Umgebung glänzenden Kinder, die – scheinbar grundlos – besonders bewährungsängstlich sind. Sie haben besonders leicht Angst, ihr Gesicht zu verlieren, und tragen ja auch ein erheblich größeres Risiko, daß ihnen dies passieren könnte. Vielleicht ist dies der Grund dafür, daß in Noten-Schulen manche Einser-Schüler wegen eines winzigen Fehlers tief bedrückt sind, weil er aus der erwarteten Eins »nur« eine Zwei plus macht oder die erhoffte beste Arbeit zur »nur zweitbesten«. Woran zu sehen ist, daß auch die Gewöhnung an gute oder beste Noten unter bestimmten Bedingungen verheerende Folgen für das Selbstbild haben kann.

Einige Kindergeschichten habe ich mit der Vorstellung erzählt, daß Leserinnen und Leser aus anderen Schulen dieses oder jenes Kind als eines der ihren wiedererkennen werden und »ganz ähnlich« finden werden, aber beim genauen Hinsehen doch auch wieder ganz eigen und anders.

Angesichts mancher Kinderportraits werden manche aus Regelschulen vielleicht sagen, daß ihnen in ihrer Schule ein solches Kind noch nie vor Augen gekommen sei, während manche aus Sonderschulen verführt sein werden zu denken, daß dieses oder jenes Kind eigentlich in ihre Schule gehöre. Beide Einschätzungen haben ihre Richtigkeit, und insofern ist dieses Buch nicht nur ein Plädoyer für »Zeugnisse ohne Noten«, sondern auch für »Integrative Pädagogik«, also eine Schule, die nach Kräften versucht, Kinder mit Beeinträchtigungen des Lernens, des Verhaltens und der Sprache, des Körpers, des Geistes und der Sinne nicht auszusondern.

»Laborschulprinzip:
Individualisierung und Spezialisierung. Lernen, mit anderen auszukommen, die anders sind – so anders wie man selbst.« (Hartmut von Hentig)

1. Stichwort: Leistungsvergleich
oder
Es ist gerecht, Unterschiede zu machen

Es sei ein menschliches Urbedürfnis, sich vergleichen zu wollen, sagt *Gottfried Schröter*, nicht die
böse Leistungsgesellschaft trage Schuld an dem
Wunsch der Schüler, wissen zu wollen, wie sie
letztendlich beurteilt werden.

Der ganze Bereich des Sports zeige, daß »Zensuren« (Zahlen, Plazierungen) nicht unmenschlich
seien, sondern einem Bedürfnis der Menschen gerecht würden.

Schröter hat recht: Schüler – und nicht nur sie –
wollen wissen, wie sie von anderen »beurteilt«
werden. Aber wollen sie es wirklich an- und gegen-
einander oder im Hinblick auf sich selbst – und
liegt dem nicht vor allem das Bedürfnis zugrunde,
gelobt zu werden für die aufgebrachten Mühen
und ermutigt für neu anstehende Aufgaben?

Darin muß man den Notenverfechtern recht geben: Menschen neigen tatsächlich dazu, sich zu
vergleichen, sich aneinander zu messen. Wie sollten sie auch anders – schließlich können sie nicht
mit geschlossenen Augen und Ohren und abge-
schaltetem Verstand durch die Welt gehen. Und es
ist wohl auch so, daß sie einander beneiden um
das, was der eine hat und der andere kann, wenn
sie es selber nicht haben und können. Ob daraus

allerdings folgen sollte, daß wir Lehrer sie bereits im Kinder- und Jugendalter zwecks Leistungssteigerung in den Wettkampf schicken, ob daraus folgen dürfte, daß wir es uns von außen anmaßen, den Wert ihrer Leistung entlang einer vermeintlichen Normalverteilung abzuschätzen, ob dies alles dem Aufwachsen wirklich bekömmlich ist, das genau sind die Fragen, um die es im Meinungsstreit über Zensuren geht.

Manchmal glaube ich: wer – wie *Schröter* – zwischen Schulkindern, die die Hilfe ihrer Lehrer für das Heranwachsen brauchen, und Sportlern, die sich freiwillig in ihrer Spezialdisziplin miteinander messen, keinen prinzipiellen Unterschied sieht, der kann vielleicht wirklich nicht die Ungerechtigkeit von Notenzeugnissen begreifen und sich ihre entmutigende Wirkung vorstellen.

Dabei gibt es sogar bei Spitzensportlern das Problem der unterschiedlichen Startvoraussetzungen – die Diskussionen im Sport, um Doping, unerlaubte Materialien und unakzeptable Trainingsmethoden (und ehemals um die Zulassung von Berufssportlern bei Olympischen Spielen). Um wieviel mehr gilt dies für Kinder. Wer sie in der Schule um die Wette lernen lassen will, scheint blind gegenüber der Tatsache zu sein, daß die Kinder für diesen Wettkampf überaus unterschiedlich ausgestattet sind und – nicht minder entscheidend für das, was letztendlich aus ihnen wird – hierfür unterschiedlich viel Kräfte frei haben, denn manche brauchen und verbrauchen für ihr Leben außerhalb der Schule ungleich mehr Kräfte als andere:

• Wer nachts weinend in seinem Bett liegt, weil nebenan der Vater der Mutter entgegenschreit, daß er die Familie verlassen wird, wer zu Hause miterleben muß, wie seine Mutter gegen eine tödliche Krankheit zu kämpfen versucht, wer all die Probleme auszuhalten hat, die ein alkoholkranker Vater mit sich bringt, wer allein mit einer Mutter leben muß, in deren Lebensentwurf für ein Kind eigentlich kein Platz (mehr) ist, wer solches oder ähnliches zu verkraften hat, für den ist es schwerer, in der Schule »bei der Sache« zu sein, als für einen, der wohlgebettet eingeschlafen ist, liebevoll geweckt, wohlversorgt auf den Schulweg geschickt und für die zweite Hälfte des Tages erfreut zu Hause empfangen wird.

• Wer als Neunjähriger bereits so erwachsen sein muß, daß er die nachmittägliche Verantwortung für jüngere Geschwister tragen kann, wer zu einer Familie gehört, in der die Eltern noch vor Beginn ihrer eigentlichen Arbeit frühmorgens Zeitungen austragen, wer also nicht nur nicht geweckt und versorgt wird, sondern vor oder nach der Schule an Eltern Statt tüchtig sein muß, der verbraucht für Anforderungen, die das Leben an ihn stellt, Kräfte, die andere für schulische Anforderungen zur Verfügung haben.

• Wer aus einer Familie kommt, in der das Miteinanderreden kaum eine Rolle spielt und die geschriebene Sprache überhaupt keine, wer sich in zwei Sprachen und Kulturen zurechtfinden muß, wer eine unartikuliert oder unkorrekt sprechende

Mutter hat, der muß in der Schule fast alles das nachlernen, was der »muttersprachliche Unterricht« bei Schulanfängern voraussetzt, und hat einen weiten Weg zur mündlichen und schriftlichen Ausdrucksfähigkeit.

• Wer abstrakte Sachverhalte nur sehr, sehr langsam begreifen kann und sehr schnell wieder vergißt, der muß vielmal mehr Lernschritte tun als andere und kann deshalb nicht in einer vergleichbaren Zeit an vergleichbaren Orten ankommen wie diejenigen, denen das Lernen eine Leichtigkeit ist.

Ich erwähne absichtsvoll nur solche Beeinträchtigungen des schulischen Lernens, die für uns Lehrer erst dann erkennbar sind, wenn wir ihnen auf der Spur sind; noch zu nennen wären alle jene Beeinträchtigungen des Körpers, der Sinne und des Geistes, bei denen offensichtlich ist, daß sie den betroffenen Kindern besondere Kräfte abverlangen. Ebenfalls zu berücksichtigen sind die nicht gerade schulleistungsförderlich zu nennenden Lebens- und Lernumstände von Kindern aus Flüchtlingsfamilien, die das Trauma eines Krieges mit sich herumschleppen, von Kindern aus Aussiedler- oder asylsuchenden Familien, die in Turnhallen oder Containern oder in unzumutbaren Wohnungen kampieren, von Kindern mit einem Äußeren, das sie als Ausländer ausweist und um ihr Leben fürchten läßt – alles Umstände, von denen wir wissen und die wir uns dennoch nicht immer klar genug vor Augen halten.
Jedes, wirklich jedes einzelne Kind lebt unter an-

deren Umständen und ist anders ausgestattet, und so ist nur folgerichtig, wenn in einer Schulklasse von 25 Kindern alle 25 Entwicklungsberichte anders aussehen und die Leistungen anders gewichtet und gewertet sind.

Benjamin und Kalle

Zur Stammgruppe »weiß« (s. Anhang) gehörten zum Beispiel Benjamin und Kalle. Um ihrer beider Leistungen miteinander zu vergleichen und in ein Notensystem zu bringen, hätte ich mindestens eine Skala von eins bis sechzehn gebraucht. Des einen IQ war ungefähr doppelt so hoch wie der des anderen, und was immer man vom Aussagewert des Intelligenzquotienten halten mag, einige Voraussetzungen für Schulerfolg bildete er bei den beiden jedenfalls ab.

Der eine, Benjamin, war um mehr als einen Kopf größer als seine Altersgefährten und die meisten Kinder seiner Gruppe, aber seine Körperformen waren kleinkindhaft mollig, zu seinen Armen und Beinen schien er kein rechtes Verhältnis zu haben, er wirkte ungelenk und ungeschickt, sein Gesicht war kindlich weich und offen und empfindsam. Das Gesicht von Kalle hingegen zeigte schon Spuren von Jugendalter, er war drei Jahre älter als die meisten anderen und mehr als einen Kopf kleiner als sie, aber bei allen körperlichen Anforderungen zeigte er Energie und Zähigkeit, im Sport war er – bis auf das Schwimmen, vor dem er sich fürchtete – hervorragend. Am Ende des 4. Schuljahres, als ich die »weiße Gruppe« an die nächste Lehrerin weitergab, hätte der eine die Anforderungen eines 7.

Schuljahres als Herausforderung angesehen, der andere wäre mit den Anforderungen eines 2. (Regel-)Schuljahres hoffnungslos überfordert gewesen.

An ihrem ersten Tag im 3. Schuljahr bei mir hatten sie etwas gemeinsam: beide scheiterten sie an der Aufgabe, ihren Namen auf ein – in seinen Abmessungen vorgegebenes – Namensschild für ihr Arbeitsfach zu schreiben. Für Kalle war – auch beim 5. Versuch – der Rahmen nach dem 4. Buchstaben zu Ende, und auch in die Höhe von 1,5 cm wollten die ins Papier gedrückten Blockschrift-Buchstaben nicht passen. Er verzweifelte, stürzte in Tränen, und als ich mich ihm tröstend nähern wollte, geriet er außer sich und rannte ins Freie.

Benjamin hatte vorausgesehen, daß der Platz für die acht Buchstaben seines Namens sehr knapp sein würde, und daß mit der Unterlänge des Buchstabens »j« ein weiteres Problem vorhanden war. Also bemühte er sich – mit zusammengebissenen Zähnen – so klein wie nur irgend möglich zu schreiben, was zur Folge hatte, daß der Name zwar hineinpaßte, aber so klitzeklein geschrieben war, daß man ihn nur lesen konnte, wenn man wußte, was da stand, oder sich das Blatt nahe vor die Augen hielt. Benjamin sah dies wohl und begann, den oben und seitlich freien Platz des Schildes eigenwillig zu verzieren, so daß das Schild – seiner Meinung nach – unzweifelhaft als das seine zu erkennen war. Ich sagte ihm, er solle das Schild noch mal schreiben, man könne den Namen Benjamin nicht lesen. »Aber man kann es doch sehen...,« brauste er auf. Ja, aber wer nicht schon vorher wußte, daß dies sein Schild sei, der könne es nicht wissen, gab ich zurück und forderte ihn auf, es noch mal zu schreiben. Sein Körper zeigte die ersten Anzeichen von kaum noch zu kontrollierender Wut. Ich bestand auf meiner Forderung, er krakelte seinen Namen hin; nun paßte er weder hinten noch oben noch unten, und ich sagte, so könne das Schild ebenfalls nicht auf den Kasten. »Dann eben nicht, Du . . . Du . . .«, und dann kam eine Salve von Schimpf- und Wutworten, seine Arme versuchten, auf mich einzuschlagen, seine Füße, nach mir zu treten, und ich beförderte ihn mit körperlicher Kraft vor die Tür.

Was ich damals übersehen habe: Benjamin konnte eigentlich noch keine Schreibschrift schreiben, er hatte sich zwei Schuljahre lang gewehrt, sie zu üben, weil sie ihm zu mühsam und unnötig erschien; die Äußerungen seiner Gedanken konnte er ebensogut – nach eigener Meinung noch besser – in Flußdiagrammen und Erzählbildern aufs Papier bringen. Beschriftungsbedürftige Stellen markierte er mit Blockschrift, lesen und in dieser Weise schreiben konnte er schon vor seinem Eintritt in die Schule. Nun, in der Euphorie des Neuanfangs in einer neuen Gruppe bei einer neuen Lehrerin in einem neuen Teil der Schule, hatte er sich mit der – selbstgewählten – Schreibschrift etwas abverlangt, was ihm zuvor so widerwärtig war, daß er es mit geballtem Widerstand verweigert hatte. Daß diese Selbstüberwindung nun auch noch mißlang, brachte ihn an den Rand seiner Fassung. Im nachhinein denke ich, daß das Verzieren so etwas wie eine Bremse vor dem Ausbruch war. Als er nun noch von mir hörte, daß das Schild so nicht zu gebrauchen sei und auch sein intellektueller Versuch »wieso, man sieht doch, daß es meines ist«, von mir mit Unerbittlichkeit beantwortet wurde, geriet er außer sich. Wäre mir die Geschichte damals so klar gewesen wie heute, ich hätte gewußt, was er von mir brauchte: Trost für seine Niederlage und Anerkennung des guten Willens. Schließlich hatte er ja von sich aus versucht, seinen langen Namen auf das hierfür in der Tat sehr kleine Schild in einer für ihn verhaßten Schrift zu schreiben, ein wirkliches Entgegenkommen; aus seiner Sicht hatte ich versäumt, es zu würdigen.

Irgendwann hatten sich die Gemüter der beiden gekühlt, und sie kamen wieder auf die Unterrichtsfläche. Ich schrieb Kalles Namen in Blockschrift in einen Rahmen, gab ihm den Tip, er solle Buchstaben für Buchstaben genau in das Schild darunter schreiben. Benjamin fragte ich, ob er nicht einfach Benni schreiben wolle, sein Name sei ja wirklich sehr lang für das kleine Schild. »Ich heiße nicht Benni . . .«, schrie er mich an, »niemals! Merk Dir das!« Der nächste Ausbruch kündigte sich an. Ich fragte ihn – äußerlich ruhig –, ob ihn denn seine Eltern immer mit dem langen Namen rufen. »Nein . . .«, wütete er, »ich heiße Benja!« Dann solle er eben das schreiben, sagte ich erleichtert und fügte vorsichtshalber noch hinzu, er solle auf die Unterlänge vom »j« achten. »Benni« wäre zwar leichter, sagte ich mir insgeheim, aber so schön wie Benja ist es ja wirklich nicht. Irgend etwas war jetzt richtig an der Situation, Benjamin nahm die Klippe mit der Unterlänge scheinbar ohne Mühe, schrieb mehr als zehn Schilder mit Benja, verzierte sie mit zarten Farben, so daß der Name lesbar blieb, kam zu mir und fragte:»Welchen findest Du am besten?« Am schönsten fände ich den, sagte ich, und zeigte auf einen, dessen Schrift besonders gut gelungen war.»Aber ich finde den am schönsten«, sprach er und schickte sich an, eines der anderen Schilder auszuschneiden.»Halt, da muß ich erst noch Folie drunter machen«, rief ich ihm hinterher. »Aber daß Du ja das richtige nimmst«, warnte er, »ich mache ein schwarzes Kreuz daran.« Das Kreuz mit dem schwarzen Filzstift machte er mit solcher Vehemenz, daß es ein wenig in den Rahmen hineingeriet; auch Benjamin konnte dies eigentlich nicht übersehen. Bei einem anderen Kind hätte ich vermutlich gesagt, dies müsse es leider noch mal schreiben. Benjamins Schild aber habe ich so ausgeschnitten, daß sein Mißgeschick hinterher nicht mehr zu sehen war. Ich vermute, er hat es gesehen und im stillen dankend vermerkt.

Benjamin war »schwierig«, für mich, für die anderen Kinder und am allermeisten für sich selbst. Aber seine hohe Intelligenz ließ ihn auch in besonderer Weise reizvoll und anregend sein, zunächst nur für mich, später dann auch für Benjamins Gruppe; sie wurde so sachkundig und äußerungsfreudig wie keine zuvor. Bis es allerdings soweit war, herrschte unter ihnen die Furcht vor seinen Ausbrüchen.

»Benja knallt wieder durch«, sagten die Kinder, wenn Benjamin außer sich geriet. Dieses Bild brachte mir meinen Physikunterricht vor Augen,

wo unser Lehrer zur Demonstration eines Kurz-
schlusses den Schieber eines widerstanderzeugen-
den Geräts millimeterweise langsam verschob, bis
die Spannung so groß war, daß sie sich mit einem
Blitz und Knall entlud. Irgendwie ähnlich, glaube
ich, muß es mit den Dissonanzen oder Diskrepanzen sein, die einer wie Benjamin erlebt und plötzlich nicht mehr aushalten kann.

Die Dissonanzen, die hochbegabte Kinder dadurch erleben, daß sie einerseits ganz sicher sind,
recht zu haben, dies aber von keinem außer von
ihnen selbst so gesehen wird, und sie gleichzeitig
qualvoll merken, daß sie sich nicht verständlich
machen können, solcherart Diskrepanzen sind es
wohl, die Kinder wie Benja »durchknallen« lassen.
Ein Beispiel aus dem Unterricht: Benjamin rechne-
te die schriftlichen Divisionsaufgaben nicht so, wie
ich sie erklärt hatte – fast hätte ich gesagt: selbstverständlich nicht so. Dies hätte ich – ebenso
selbstverständllich – ganz o. k. gefunden, wenn
seine Ergebnisse richtig gewesen wären. Waren sie
aber nicht. Also war ich sauer, weil er nicht zugehört hatte, als ich den Rechenweg erklärte, sondern
gesagt hatte, er wisse einen anderen, und der sei
besser. »Wenn Du schon auf eigenen Rechenwegen
bestehst, dann mußt Du sie auch können«, fuhr ich
ihn an; es war einer jener Tage, an denen er mich
schon zuvor strapaziert hatte. Er beharrte auf seinem Weg, ich beharrte darauf, daß sein Ergebnis
falsch sei und darum sein Weg wohl doch nicht so
gut – hinzumal ich ihn auch wirklich nicht verstehen konnte. Vermutlich lag das nur daran, daß der
Streß meine Verstandeskapazität vernagelt hatte,

jedenfalls wurde mir beim abendlichen Nachdenken über diese Situation klar, daß man auf Benjamins vertrakten Kürzest-Rechenweg tatsächlich zu richtigen Ergebnissen kommen kann, allerdings nur bei höchster Konzentration. Ich hätte ihn also nur nach dem Grund für die Fehler suchen lassen sollen. Statt dessen aber hatte ich kraft meines Lehramts behauptet, daß er irrt und damit seinen »starken Abgang« provoziert. Am nächsten Morgen fand ich auf meinem Schreibtisch einen Zettel, auf dem ich beschimpft und aufgefordert wurde, ich möge ihm sagen, was an seinem Rechenweg falsch sei, oder erklären, wie es besser gehe.

Benjas Schimpfbrief (kurz vor dem Lächeln)

Als ich Benjamins Blick suchte – in dem meinen lag als »Friedensangebot« Anerkennung für seine Einsicht –, kam er – erleichtert lächelnd – auf mich zu. Wir hatten uns also beide wieder »eingekriegt« und konnten nun zusammen die Fehler auf seinem Rechenweg suchen; er wollte »trotzdem« wissen, wie ich es den anderen erklärt habe.

Ein ander Mal – dies ist in seinem Bericht angedeutet – scheiterte er in der Versammlung mit einer Geschichte, die er sich überanspruchsvoll ausgedacht hatte. Wenn man den Text lesen konnte, anstatt ihn zu hören, und Zeit hatte, ihn hin und her zu lesen, dann war er tatsächlich eine außergewöhnliche Leistung für einen neunjährigen Autor. Beim Vorlesen jedoch war dieser Text schlichtweg unverständlich, man kriegt ihn als Zuhörer nicht »auf die Reihe«, wie die Kinder sagten, auch mir gelang dies nicht. Anfangs hatten die anderen Kinder wohlwollend zugehört – Benjamin hatte mit seinen Texten normalerweise großen Erfolg bei den anderen –, aber nach und nach kam Unruhe auf, Gekicher und Vogelzeigen, und schließlich unterbrach ihn jemand stöhnend: »Benja, ich habe total überhaupt nichts verstanden.« Einhellige Zustimmung der anderen, Benjamin war tief getroffen, und obwohl ich während seines Lesens wütend war über diese neuerliche Überambitioniertheit, hatte ich das Gefühl, ihn trösten zu müssen, und verabredete mich mit ihm für die nächste freie Arbeitszeit zur Überarbeitung. »Ich will aber nichts ändern, ich will es so, genau so, wie ich es habe«, brauste er nach meinem ersten – zugegeben nicht sonderlich geglückten – Änderungsvorschlag auf. Aber so, wie es ist, könne man es beim Zuhören nicht verstehen, sagte ich. »Dann lese ich eben nie mehr vor«, warf er mir hin, »nie, nie, nie.« Am Tisch unseres Kampfes saß Pedro, selbst Geschichtenschreiber von hoher Kunst und einer von denen, für die Benja eine Anfechtung war. Pedro hatte seine Arbeit unterbrochen und hörte uns zu; seinem Gesicht war anzusehen, daß er nicht auf meiner Seite war, obwohl er einer derjenigen gewesen war, die als erste über Benjamins Text gelacht hatten. Irgendwie mag er bewundert haben, wie Benjamin um seinen Text kämpfte, denn so etwas kannte er von sich selbst. Und auf irgendeine Weise schien Benjamin gespürt zu haben, daß er Pedros Anteilnahme gewonnen hatte. Jedenfalls stieß er plötzlich hervor: »Ich ändere höchstens etwas, wenn die Gruppe das will. Ich werde sie abstimmen lassen.« Ich wurde erneut unruhig, denn ich fürchtete, daß eine geballte Negativabstimmung ihn erneut in Rage bringen würde. »Sieh mal, Benjamin . . .«, mischte sich in diesem Augenblick Pedro ein, und nun begannen die beiden zu diskutieren und steckten kurz darauf ihre Köpfe in Benjamins Heft. Nach wie vor war er eigentlich nicht Willens, Entscheidendes zu ändern, aber das Glück wollte es, daß Pedro, der eben auch ein Könner war, ein Änderungsvorschlag glückte, auf den Benjamin sich einlassen konnte.

Vordergründig besehen mögen solche Geschichten nichts mit dem Thema »Zeugnisse ohne Noten« zu tun haben. Aber ich glaube, sie haben es doch, und wollte zeigen, welch immenses Pensum dieses

Kind zu bewältigen hatte. In einer Notenschule wäre sein Zeugnis am Ende des 3. Schuljahres voller Einsen gewesen oder so schlecht, daß er nicht in der Klasse hätte bleiben dürfen. Noch ein halbes Jahr zuvor wäre Benjamin wegen dieser Geschichtenniederlage laut heulend aus der Versammlung weggerannt, und mein Unterfangen, ihn am nächsten Tag noch einmal mit dieser für ihn unangenehmen Situation zu konfrontieren, hätte vermutlich mit einem Fiasko geendet. Inzwischen aber fühlte er sich von der Gruppe akzeptiert, und von daher konnte er der Kritik standhalten, obwohl sie ihm falsch erschien. Aus der Position eines, der von den anderen akzeptiert ist, konnte sich Benjamin aus dem Kampf mit mir herausziehen und der Gruppe zuwenden. Daß es ausgerechnet Pedro war, von dem er sich helfen ließ, einer seiner Konkurrenten um die Krone des Geschichtenschreibens, ist wieder eine eigene Entwicklungsgeschichte.

Bericht für Benjamin am Ende des 3. Schuljahrs

Lieber Benjamin,

es ist schön, Kinder in der Gruppe zu haben, die einen so wachen und hellen Kopf haben wie Du. Es gibt viele Dinge in der Welt, denen Du gründlich nachgehst, in Büchern, mit Deinen Gedanken, in Gesprächen mit Erwachsenen. Auf diese Weise entdeckst und erkennst und verstehst Du manches, womit sich die allermeisten Kinder Deines Alters noch nicht von sich aus beschäfti-

gen würden. Je mehr Du in der Lage bist (also auch:
Dich darum bemühst), anderen Kindern wirklich mit-
zuteilen, was Deinen Kopf erfüllt, um so besser können
sie daran Anteil nehmen, um so lieber tun sie es. Der
Fortschritt, den Du im Gespräch mit den anderen ge-
macht hast, wiegt mehr noch als Deine Null-Fehler-Dik-
tate oder Deine hervorragenden Rechentests. Denn Du
warst jemand, der für die Verständigung mit den ande-
ren ebensoviel Bemühungen und Bereitschaft aufbrin-
gen mußte wie andere für ihre Rechtschreibübungen.
In den ersten Monaten hat Dir das gar nicht gepaßt. Du
bist wütend geworden, wenn sie Dich nicht verstanden.
Ich habe – wütend über Deine Wut – Dich darauf
hingewiesen, daß es Deine Aufgabe ist, Dich verständ-
lich zu machen. Und inzwischen, finde ich, gelingt Dir
dies oft sehr gut. Wie gute Wissenschaftler auch, suchst
Du in Deinen Reden nach Möglichkeiten der Veran-
schaulichung für das, was Du meinst. Unvergeßlich ist
mir zum Beispiel Deine Erklärung, wie man den Son-
nenschutzfaktor zu verstehen habe. Damals habe ich –
wie auch sonst schon manches Mal – von Dir gelernt.
Seit die anderen Deine Beiträge verstehen können, seit
sie nicht mehr das Gefühl haben (müssen), daß Du mit
Absicht kompliziert redest, um Dich großzutun, seither
nehmen sie Dich gern dran, wenn Du Dich meldest,
hören Dir gern zu und versuchen, mit Dir ins Gespräch
zu kommen.
Du hast Glück, daß es in der Gruppe mehrere Kinder
gibt, die gleichgesinnte Gesprächspartner für Dich sein
können, also Kinder, die – ähnlich wie Du – für ihr Alter
ungewöhnlich gescheit, nachdenklich und sprachge-
wandt sind.
Für die Autorenlesung hast Du mit der Geschichte von

den Königen einen Text versucht, der mehr ein Lesetext als ein Vorlese-Text ist, denn er handelt auf so vielen Ebenen und in so vielen Zeiten gleichzeitig, daß man ihn beim einmaligen Hören nicht erfassen kann. Deshalb hattest Du, finde ich, auch keinen Grund, in der Versammlung wütend zu sein, daß die anderen durch diesen Text nicht durchsteigen konnten. Ich finde wichtig, daß Du diesen Text zu einem Ende bringst, auch wenn Dir bereits eine andere reizvolle Geschichte vorschwebt. Du hast eine vielschichtige Erzählstruktur gewählt, weil Du mit dem Text hervorragen wolltest, nun erwarte ich von Dir auch die Bereitschaft zu großer Anstrengung. Auch erwachsene Autoren müssen »Steine beißen«, wenn sie sich an Erzählstrukturen wagen, die außerhalb des Üblichen sind. Auch bei Deiner ersten Geschichte vom Urknall hast Du etwas sehr Kunstvolles versucht, nämlich mit einem Augenblick zu beginnen (»poff, jetzt war es geschehen«) und dann in einer Rückblende auf diesen Augenblick hin zu erzählen. Auch dies war zuerst schwierig für uns Zuhörer, denn solch komplizierter Text gelingt natürlich erst nach mehrmaligem Überdenken und Überarbeiten.

Dein Verhältnis zur Gruppe und das der Gruppe zu Dir ist von Monat zu Monat besser geworden. Als ich Dir zum Beispiel bei Deiner Königs-Geschichte eine Klärung vorschlug, beharrtest Du darauf, daß die Gruppe entscheiden möge, ob dies notwendig sei. Die Gruppe hat Dich beraten, und Du hast Dich beraten lassen.

Einmal, als Du wegen Krankheit nicht in der Schule warst, gab es in der Gruppe ein Gespräch über Dich. Es sei so schwierig, sagten sie, Dich in ihre Aktionen hineinzuholen, weil Du immer mit Deinen Büchern abtauchst, unter den Tisch oder in die Bibliothek. Als Du *mehr und mehr Unterricht versäumtest, weil Du in der Bibliothek in den Büchern versunken warst, wurde ein Dienst geschaffen, also jemand benannt, der Dich aus der Bibliothek holt, damit Du nicht mehr den Unterricht versäumst. Mehrere Kinder haben sich hierfür gemeldet, Du hast Dir die sanfte Sarah ausgesucht, vermutlich weil Du anfangs ein bißchen in Sorge warst, daß andere Dich unwirsch aus Deinen Büchern aufschrecken würden. Später zeigte sich, daß auch die anderen »Benjamin-Dienste« nur Freundliches im Sinn hatten, wenn sie Dich holen gingen. Und letztens hat die Gruppe einen Freudenhupfer dafür verlangt, daß Du es schon vier Wochen lang geschafft hast, nicht mehr geholt werden zu müssen.*

Einmal, als Du wie immer viel zu spät vom Ankleiden nach dem Turnunterricht in die Versammlung kamst und nur noch den Rest einer Geschichte von Annika und Nike hörtest, da sagtest Du, Du seiest richtig traurig, zu spät gekommen zu sein, denn Du hättest gerne die ganze Geschichte gehört. Und obwohl den anderen eigentlich Deine Trödelei beim Anziehen ein Dorn im Auge ist, haben Annika und Nike die Geschichte für Dich noch einmal von vorne gelesen, und der Rest der Gruppe fand dies in Ordnung.

Lieber Benjamin, Du mußt achtgeben, daß Du nicht zu tief abtauchst aus dem täglichen Leben mit den anderen. Es tut Dir gut, mit ihnen Schach zu spielen; in der Gruppe gibt es ernstzunehmende Partner und solche, denen Du beim Lernen helfen könntest. Es tut Dir gut, Deine Leseerfahrungen mit anderen im Gespräch auszutauschen; Du hast in der Gruppe keinen Mangel an Gesprächspartnern.

Auch während der Unterrichtszeit bist Du häufig hinter

Deinen Büchern. Ich kann das zulassen, weil Deine Leistungen in den Kulturtechniken auch ohne viel Übung gut sind. Allerdings verstehe ich nicht, warum Du 6–8 Bücher gleichzeitig ausleihen mußt und diese dann in Deinem Arbeitsfach das Chaos vervollkommnen. Wenn Du nicht liest, dann diskutierst Du heftig mit Gleichgesinnten über komplizierte Dinge dieser Welt. Für solche Diskussionen mußt Du unbedingt lernen, Deine Stimme zu kontrollieren, man hört sie noch zwei Flächen weiter, und das darf nicht sein, weder für Deine Fläche noch für die Nachbarn.

Hoch erfreut bin ich über Deine pädagogischen Talente: die Geduld, die Beharrlichkeit und die Erfindungen, die Du beim Lesen mit Kalle aufgebracht hast, waren manchem Berufslehrer überlegen. Die Freundlichkeit, mit der Du Verena durch die Schwierigkeiten des mathematischen Denkens hindurchführst (bei dem Pyramiden-Buch), ist so angenehm, daß sogar Verena ihre einst heftigen Aversionen gegen Dich abgelegt hat.

Deine Schulleistungen gehören in allen Bereichen zu den besten: Du kannst Null-Fehler-Diktate schreiben und brauchst dafür kaum zu üben; Du hast alle Rechenwege schnell verstanden und findest Lösungen für die Rechengeschichten. Für 1x1-Geschwindigkeit und -Sicherheit allerdings mußt Du in den Ferien noch einiges tun.

Deine erste Nacherzählung war hervorragend: Du wolltest die vorgelesene Kurzgeschichte in einen Märchenerzählton umwandeln, und dies ist Dir vom Anfang bis zum Ende gut gelungen. Auch bei der zweiten Kurzgeschichte hast Du etwas Besonderes versucht, nämlich eine Vorgeschichte, die der nachzuerzählenden Kurzgeschichte den Rang eines »Wissenschaftsbeweises« gibt.

Dies war ein (beinahe zu) schwieriges Vorhaben, aber im zweiten Anlauf ist es Dir gelungen. Zu diesem allerdings mußte ich Dich drängen.

Wie schnell Du Dir plötzlich nach anfangs vielen Qualen, Quengeleien und Querelen eine flüssige und klare Schreibschrift angeeignet hast, grenzt fast an (Schul-) Wunder. Lesen und Vorlesen kannst Du besser als mancher Zehntkläßler.

Lieber Benjamin, an meinem Bericht bis hierher siehst Du, daß ich mich freue, Dich in der Gruppe zu haben. Aber ich will nicht verschweigen, daß es auch für mich noch Situationen gibt, in denen ich Dich nicht verstehe und darum ärgerlich oder wütend bin. Warum Du zum Beispiel für die Zeugnismappe der 10er nur lustlose Krickeleien hingehauen hast, obwohl Du Dir das Thema der Mappe gewählt hast und obwohl Du gut zeichnen kannst, Einfälle hast und in der Eingangsstufe gelernt hast, wie wichtig es ist, daß man sich bei solchen Zuneigungs-Dingen besonders viel Mühe gibt, das finde ich ganz und gar unbegreiflich.

Daß Du manchmal noch immer auf andere losgehst wie ein wild gewordener Dinosaurier, obwohl Du doch der Sprache mächtig bist und inzwischen auch wissen könntest, wie sehr sich alle um Dich bemühen, das finde ich ganz und gar unnötig. Bitte sorge dafür, daß in Zukunft weder Kinder noch Erwachsene Deine Ausbrüche fürchten müssen. Du hast sie nicht mehr nötig!

Neulich hast Du uns alle mit Songs aus der Dreigroschenoper vergnügt. Du hast eine wohlklingende, kräftige Knabenstimme, über die jeder Chor glücklich wäre. Deine Musikalität und Deine langen Finger machen Dich vermutlich auch für das Klavier- oder Cembalo-

spiel geeignet. Aber vielleicht wäre folgendes noch pas-
sender für Dich: nämlich ein Erwachsener, der Dir ein-
bis zweimal in der Woche Computerlektionen erteilt.
Vielleicht wünschst Du Dir zum Geburtstag oder zu
Weihnachten von Deinen Eltern »einen Studenten für
Dich allein«. Vielleicht macht solcher Privatunterricht
zusammen mit Jan ja noch mehr Spaß.
Lieber Benjamin, ich wünsche Dir erholsame und ver-
gnügte Ferien. Bitte nimm Dir sehr, sehr ernsthaft vor,
der grauenhaften Unordnung in Deinen Arbeitssachen
Herr zu werden.

Benjamins Antwort auf den Bericht im 3. Jahrgang

```
                An : Heide Bambach
              Von : Benjamin
             Datum : 26. August 1992
          Betreff : Antwort auf Beurteilung
```

```
Liebe Heide,

Ich  wünsche  mir  sehr  endlich  mal  meine  "Wutausbrüche"  zu
verlieren. Mir ist sehr daran gelegen das 1*1 zu lernen, aber ich
schaff' das einfach nicht , ich weis das ich daran glauben muss,
aber    ich    rede    mir    es    dummerweise    so    stark    ein.
Ich  weiß,  daß  das  nich'  gut  is',  aber  ich  tus'  unbewusst.
Ich freu'' mich aufs neue Schuljahr, aber die Ferien sind auch
schön. Ich hoffe, daß wir wieder so eine nette Praktikantin haben,
wie  Jorinde  es  war.  Übrigens,  ich  sitze  am  Computer    (wie  du
bestimmt erraten hast). Mama steht hinter mir - ich habe sie darum
gebeten. Ich freue mich auf das neue Schuljahr, und freue mich auf
dich. Aber ein wenig Angst habe ich noch vor der Schule. Aber ich
hoffe dolle, das ich weniger "Wutausbrüche" habe.

Es grüßt dich Dein
```

Benja

```
Druckdatum :27. März 1993

PS.

Ich will noch ein bischen 1*1 üben...

PPS.

Ich freu' mich auf die Lichtjahre...

PPPS.

Ich werd versuchen meine Stimme zu dämpfen,
```

47

Benjamins zweiter Vorname war Elias – von seinen Eltern als Verbeugung vor Elias Canetti und dem – wie er sich selbst nannte – »Menschenwissenschaftler« Norbert Elias gedacht. Als kleiner Junge hatte Benjamin seinen großen Namen wie ein Versprechen auf die Zukunft getragen, manchmal auch wie ein Programm vor sich her. Als ich ihm einmal sagte, daß heutzutage auch Nobelpreise fast nur noch im Team zu erlangen seien und er deshalb unbedingt lernen müsse, mit anderen Kindern auszukommen, antwortete er: »Ich glaube, Du meinst Nobelpreise in den Naturwissenschaften.«

Zum Drama des hochbegabten Kindes gehört die Erfahrung, von anderen nicht verstanden zu werden, wie sehr man sich auch darum bemüht.

Benjamins Erfahrung mit gleichaltrigen Kindern während des 3. Schuljahres war: Ich rede und rede und rede, und je mehr ich rede, je genauer ich es erkläre, je mehr ich mich bemühe, um so weniger verstehen sie, fangen an zu lachen, wenden sich ab, sagen, ich sei ein Spinner. Und in der Tat war sein Kopf bisweilen von Gedanken bewegt, die auch ich nicht recht verstand, und leider schien er sich in der Rolle zu gefallen, vielleicht auch: in sie zu flüchten. Jedenfalls kultivierte er sie und war von daher neben aller staunenswerten Intellektualität bisweilen eben auch das, was man schlichtweg altklug nennen muß. Hinzu kam, daß er sich mit Dingen und Büchern beschäftigte, die auch er nicht wirklich verstehen konnte und von daher Unverdautes in seinem Kopf behielt. So begann zum Beispiel ein Buch, das er im Zuge seiner Computerleidenschaft las, mit einem allgemeinen Abriß über die Entwicklung der Intelligenztheorien und die Geschichte des Intelligenzbegriffs. Beides versuchte er mir zu erklären – wie meist zwischen Tür und Angel, also kurz vor Unterrichtsbeginn oder wenn ich gerade einen Elternbrief verteilen wollte oder die Streichhölzer für die Geburtstagskerze suchte. Von Intelligenztheorien und dem Intelligenzbegriff haben wir Lehrer ja mal was im Studium gehört, ich wußte also halbwegs Bescheid und wußte darum auch, daß er vieles nicht richtig verstanden hatte. In einer schlechten Mischung aus Ungeduld und Pädagogisierung versuchte ich, ihm dies zu bedeuten – und selbstverständlich geriet er außer sich. Es war vorauszusehen gewesen, aber ich hatte es in Kauf genommen, weil ich fand, er müsse auch lernen, seine intellektuellen Grenzen zu erkennen. Am nächsten Tag – so als wäre nichts gewesen – fing er an, mir etwas über künstliche Intelligenz zu erzählen. Und weil ich davon nun überhaupt nichts wußte und es ja nach wie vor gut mit ihm meinte, war ich in der Lage, so nachzufragen, daß er das Erklären von komplizierten Dingen für Laien üben konnte. Benjamins Pensum im 3. Schuljahr war weder das Rechnen noch das Lesen und – nachdem er sich zur Schreibschrift entschlossen hatte – auch nicht das Schreiben. Sein Pensum war, sich so auszudrücken, daß andere ihn verstehen, aber auch zu lernen, von sich selbst abzusehen. Es war ein hartes Brot für ihn, für seine Gruppe und für mich.

Bericht für Benjamin aus dem 4. Schuljahr

Lieber Benjamin,

Du hast geschafft, was Du Dir vorgenommen hattest! Du hast Dich mit den anderen Weiß-Kindern zusammengelebt und hast nun einen guten und wichtigen Platz in der Gruppe. Die anderen haben Dich schätzen gelernt, Deinen Gedankenreichtum, Deine Anteilnahme, Deine Hilfsbereitschaft und Deine nimmermüden Initiativen in Sachen Gemeinwesen. Und sie haben zu sehen gelernt, wie Du Dich darum bemühst, die Gruppe nicht mehr durch Ausbrüche zu belasten. Neulich hast Du selbst mir den Zirkelschluß beschrieben: Weil die anderen gemerkt haben, daß Du Dich bemühst, haben sie Dir geholfen, und weil Du gemerkt hast, daß sie Dir helfen wollen, war es für Dich leicht, Dich zu bemühen. Für die zweite Hälfte des vierten Schuljahres bist Du von ihnen zum Klassensprecher gewählt worden!

Ausgelöst durch Lenas ernsthaft anteilnehmende Frage an Dich, wie es sich denn anfühle, wenn man ausklinkt, habt Ihr alle zusammen ein langes einfühlsames Gespräch über innere Wut geführt, die manchmal so sehr heftig wird, daß sie einen überflutet. Und Ihr alle habt Euch darüber ausgetauscht, wie man solch aufsteigender Wut begegnen kann, und auch, was man tun kann, um sich hinterher wieder zu beruhigen.

Du hast in dieser Hinsicht viel geschafft: Für die allermeisten Situationen, die für Dich schwierig sind, findest Du jetzt Lösungen, also Wege, auf denen Du Deinem Anliegen treu bleiben kannst und dennoch das der anderen berücksichtigen. Und manche solcher Situationen kannst Du inzwischen fabelhaft meistern, wie zum Bei-

spiel den Konflikt mit den anderen wegen Deines vorab gefertigten Drehbuchs für den neuen Film mit den Studenten. Du hast Dich bemüht zu verstehen, was die anderen befremdete, und konntest daraufhin ruhig und gelassen Deine ebenfalls gut verständliche Sicht der Dinge entgegensetzen.

(Übrigens war es Dominik, der als erster Verständnis für Dein Vorgehen signalisierte und bei den anderen ein offenes Ohr dafür erreichte. Er war es auch, der damals, beim Gespräch über die Wut, aus eigener Erfahrung zu wissen schien, wie es sich anfühlt, wenn einem die Wut über den Kopf wächst. Und er hat schon manches Mal auf gute Weise versucht, Dich zu beruhigen, bevor Du außer Dich gerätst, oder auch, Dich zurückzuholen, wenn Du außer Dir warst. Vielleicht wächst Dir in ihm ein neuer Freund heran, wenn Du vom nächsten Schuljahr an ohne Jan sein mußt.)

Im Hinblick auf die schulischen Dinge hatten wir beide Glück: Diktatverbesserungen, Rechtschreib- und Rechenübungen galt es für Dich nur wenige zu erledigen, und so blieben mir diesbezügliche Kämpfe mit Dir erspart und ich konnte Dich den überwiegenden Teil der Zeit nach eigenen Vorstellungen arbeiten lassen. Nur auf das Schnelligkeits- und Sicherheitstraining beim Rechnen mußte ich Dich verpflichten, und das hat Erfolg gezeigt: Du gehörst jetzt zu denen, die ganz besonders schnell und sicher rechnen, im Kopf und auf dem Papier. (In der letzten Zeit allerdings hast Du das Rechnen so sehr vernachlässigt, daß eine Ferienauffrischung des kleinen und großen Einmaleins ratsam ist.)

Du warst in den zwei Jahren hoch engagiert für das Gemeinwesen (man könnte auch sagen: politisch tätig), zum Beispiel in Sachen Regenwald, bei der Aktion

Mensaessen oder als Mitherausgeber und Redakteur des Laborschulblattes, in dem es immer wieder auch um das Zusammenleben in der Schule ging. Weil Du anscheinend überwiegend Erwachsenenliteratur liest, beherrschst Du die Sprache der Erwachsenen in Deinen Artikeln und Flugblättern (fast) perfekt. Diese Kunst ist allerdings auch eine Gefahr: Erwachsensprache aus der Hand oder dem Mund eines Kindes klingt leicht anmaßend; das mußt Du bedenken, wenn Du über die Wirkungen Deiner Texte nachdenkst. (Vielleicht erinnerst Du Dich an unseren Disput um die Verwendung des Menschenrechtsparagraphen im Zusammenhang mit dem Mensaessen. Du schaffst inzwischen meist so vorzüglich, die Dinge, die Dir im Kopf herumgehen, für andere verständlich zu machen, daß Du als Fachmann und Berater sehr geschätzt bist, von Mädchen ebenso wie von Jungen. Und Deine Fähigkeit, anderen beim Lernen und Verstehen zu helfen, indem Du ihnen die Wege erklärst, ist ein Glück für die Gruppe. In der Versammlung gehörst Du jetzt zu denen, deren Anmerkungen besonders gefragt sind. Früher haben viele sich gefürchtet, Dich dranzunehmen, weil Deine Kritik so unerbittlich war und bisweilen auch nicht nachvollziehbar. Deine eigenen Texte sind kunstvoll und sehr bedacht gebaut, manchmal allerdings so kompliziert in der Vielschichtigkeit der Erzählebenen, daß es zumindest beim ersten Hören nur schwer gelingt, sie zu verstehen. Aber auch solcherart Rückmeldung kannst Du inzwischen annehmen, und bist bereit, Dich von anderen beraten zu lassen. Deine Fortsetzung des Briefromans über den wunderbaren Mongolen erreicht, finde ich, fast das literarische Vorbild, so geschickt und einfallsreich hast Du das Hin und Her der Briefe und unterschiedli-

chen Adressaten bedacht. Für Deine Geschichte von Omealá, dem Gespensterjungen, hast Du einen gut passenden Gespenstergeschichtenerzählton gefunden. Auch die Science-fiction-Geschichte, an der Du zur Zeit schreibst, beginnt vielversprechend, hoffentlich geht sie Dir mit den Sommerferien und dem Übergang ins 5. Schuljahr nicht verloren.

Erfreuliches auch aus dem Sportunterricht: Du hast Dich auf die Übungen an den Geräten eingelassen, obwohl sie Dir schwerfallen, und bist beim Akrobatik-Nachmittag mit Schwung über Dich hinausgewachsen: Du hast die Flugrolle über Kissen geschafft, den Bocksprung und den großen Mutsprung an das entfernte Trapez: Du hast mit den anderen Fußball gespielt und mit Begeisterung beim Dreischritteball und bei »What's the weather like, Mr. Woolf?« mitgemacht. In Emsdetten gehörtest Du zu den Matsch- und Sandgrubenbaumeistern; aber nicht nur das: Du hast Dich genau wie die anderen getraut, in die Tiefe zu springen. Die Radfahrprüfung hast Du hervorragend bestanden: In der Theorie konntest Du alle Fragen fehlerlos beantworten, beim Fahren im Verkehr hast Du Dich perfekt an die Regeln gehalten. Das Geschicklichkeitsfahren hast Du besser geschafft, als ich 2 Wochen zuvor vermutet hätte, als ich Dich das erste Mal auf dem Fahrrad sah. Du bist den Achter gefahren, ohne einen Klotz umzuwerfen; das ist für jemanden, der noch nicht viel Fahrpraxis hat, eine große Leistung. Dennoch: Fahrpraxis täte Dir gut – Deinem Körper und Deiner Unabhängigkeit. Du hast einen idealen Radfahr-Schulweg!

Lieber Benjamin, ich denke mit Freude an unsere zwei Jahre zurück. Du bist auf einem guten Weg und kannst *zuversichtlich ins fünfte Schuljahr gehen. Ich wünsche Dir alles Gute.*

Der Tag, an dem die Gruppe Benjamin zum Klassensprecher wählte, war einer der schönsten in meinem Lehrerinnendasein. Nicht, weil ich Klassensprecher für wichtig halte, auch nicht, weil ich fand, daß Benjamin für dieses Amt besonders geeignet sei. Im 4. Schuljahr gab es in der Gruppe rund ein Dutzend Kinder, die sich dieses Amt zutrauten; ich hatte hingegen versucht, der Gruppe den Klassensprecherzirkus auszureden, weil doch – wie ich meinte, jeder – für sich selbst oder für die Gruppe –, reden könne, wenn er was zu sagen habe. Die Gruppe aber hing an der Prozedur, und also schritten wir zur Wahl. Schon im Halbjahr zuvor hatten sich acht Kinder mit der den Kindern in diesem Alter eigenen Unbefangenheit selbst vorgeschlagen, auch Tobias und Benjamin waren dabei. Die Stimmen verteilten sich über alle acht, wobei das höchste Votum vier Stimmen waren, und einige außer ihren eigenen Stimmen keine bekamen. Die Gruppe hatte sich auf einen zweiten Wahlgang unter denen geeinigt, die drei oder vier Stimmen hatten. Wie von mir nicht anders erwartet, gehörten Tobias und Benjamin damals zu denen, die nur ihre eigene Stimme bekommen hatten. Beide waren tief betrübt und hatten ja auch recht mit der Vorstellung, daß jeder für sich in besonderer Weise dieses Amt besonders gut ausgeführt hätte. Benja hatte eine Lösung für seinen Kummer gefunden, die Hoffnung zuließ: »Wir können ja«, hatte er vorgeschlagen, »zweimal im Schuljahr wählen, oder vielleicht dreimal, dann kommen mehr von uns dran. Und wir können einen Jungen und ein Mädchen wählen und für jeden einen Vertreter. Ist auch besser, wenn man zu viert zu den Schülervertretungs-Sitzungen geht, dann ist man stärker gegen die Großen.« Dieser Vorschlag hatte großen Anklang gefunden. »Dreimal« fanden sie zuviel, sonst könne man sich gar nicht richtig gewöhnen.

Und so kam es, daß im Februar des 4. Schuljahres schon wieder Klassensprecher gewählt wurden. Diesmal gab es neun Kandidaten, vier Jungen, fünf Mädchen. Benja und Tobias waren wieder dabei. Diesmal war Benja gleich im ersten Durchgang der Junge mit den meisten Stimmen, die anderen verteilten sich auf zwei andere. »Sieben Stimmen hast Du bekommen«, freute ich mich mit ihm. »Na ja, eigentlich sechs, eine war von mir«, sagte er, fast befangen vor Glück. Was bei der letzten Wahl gegolten hatte, sollte auch diesmal gelten, es sollte eine Stichwahl zwischen den Jungen und Mädchen geben, die mehr als 4 Stimmen hatten. Mir wurde erneut klamm für Benjamin; seine beiden Konkurrenten waren diejenigen Jungen der Gruppe, bei denen auch ein Außenstehender das Amt des Klassensprechers vermutet hätte; außerdem war das Staunen über Benjamins viele Stimmen im ersten Wahlgang wie ein Raunen durch die Gruppe gegangen. Würden sie sich nun gegen ihn entscheiden? Ich hatte die Gruppe unterschätzt: Benjamin wurde gewählt, nicht nur als Vertreter, sondern als Sprecher. Das gewählte Mädchen – es war Annika, von der ich im nächsten Kapitel erzähle – hatte nur eine Stimme mehr als er und war schon zum dritten Mal gewählt worden; Benjamin wurde nicht müde, in seinem Glück immer und immer wieder auf diesen Umstand und – »der Korrektheit halber«, wie er sagte – auf seine eine Stimme weniger hinzuweisen. Ich glaube, auch darin fühlte er sich geschmückt: zusammen mit dem allseits geliebten Stern der Gruppe gewählt worden zu sein und fast so viele Stimmen zu haben wie sie.

Mit der Wahl von Benjamin zu ihrem Sprecher war die Gruppe in meinen Augen über sich hinausgewachsen. Diese neunjährigen Kinder hatten es fertiggebracht, davon abzusehen, wie nervig und schwierig dieser Benjamin meist auch jetzt noch für sie war, sie hatten sich unvoreingenommen vor Augen geführt, daß er mit all seinen rednerischen und organisatorischen Talenten – vielleicht auch mit seiner Widerstandskraft gegenüber Erwachsenen – tatsächlich »erste Wahl« war, die Interessen der Gruppe zu vertreten. Ich hätte sie alle umarmen mögen, so groß war mein Glück über diese Entwicklung.

Benjamins Gedanken über Gott und die Welt waren fast unablässig so heftig in Bewegung, daß er bis tief in die Nacht hinein keinen Schlaf finden konnte. Dies machte ihm Angst und quälte ihn. Er brauchte also Hilfe auch jenseits von Elternhaus und Schule. Bei einem – in Kurzzeittherapien geschulten – jungen Arzt lernte und übte Benjamin einige Wochen lang, seinen Körper zu entspannen, »den Strom in seinem Kopf abzuschalten« und mittels dieser Techniken Schlaf zu finden; in therapeutischen Gesprächen lernte er, seine Wutausbrüche von außen zu betrachten, sie rechtzeitig zu erkennen und in einer für andere erträglichen Weise zu »handhaben«. Letzteres konnte er nur mit Hilfe der Menschen um ihn herum, also war es an Benja, sich mit der Gruppe über seine Schwierigkeiten auszutauschen und ihr seine Bemühungen zu schildern. An der Einfühlsamkeit, mit der viele nachfragten, und an der Selbstverständlichkeit, mit der einige sagten: »Das kenn ich von mir«, war zu spüren, daß sie verstanden hatten, was er ihnen über sich zu sagen versuchte.

Kurz vor den Ferien, auf dem Weg zur Turnhalle, nahm Benjamin sehr entgegen seiner sonstigen Art meine Hand und schmiegte sich an mich. »Findest du auch«, antwortete ich, »daß wir beide in den vergangenen Jahren viel geschafft haben?« Dann verbesserte ich mich: »Du bist es, der es geschafft hat.« »Na, weißt du, . . .«, sagte er – noch immer begannen viele seiner Sätze mit »Weißt du«, einem Relikt aus seiner ehemals getönten Erwachsenensprache; aber nun störte es mich schon fast nicht mehr. »Na, weißt du, es ist wie ein Kreis: seit die anderen gemerkt haben, daß ich mich bemühe, bemühen sie sich auch. Und seit ich merke, daß die sich bemühen, ist das Bemühen für mich viel leichter.« In diesem Augenblick fiel mir eine Sentenz *Hartmut von Hentigs* ein. Es schien fast so, als habe Benjamin sie gelesen.

Wenn eine Gruppe eine Gemeinschaft ist, ist sie der beste Erzieher des einzelnen. Wie wird sie eine Gemeinschaft? Durch Aufgaben – zum Beispiel indem sie einem schwierigen Mitglied hilft, weniger schwierig zu sein – ein sinnvoller Kreislauf.

Benjamin hatte seinen ersten Schultag bei mir gemeinsam mit Kalle durchlitten, seither umsorgte er Kalle, und er wurde sein Lehrer. Dieser kleine Junge, bei jeglicher Überforderung in Tränen, lernte von Benjamin sogar »Schach« spielen, freilich nicht als Strategiespiel, sondern als »Räuberschach«, also »gewußt wie« man ziehen darf. Aber bereits dies schien mir wie ein Wunder zu sein bei einem Kind, dessen »Raumlage-Erfassungsvermögen« zum Beispiel nur minimal entwickelt ist. Benjamin erfand und zeichnete Leseübungsblätter für Kalle und entdeckte sich durch Einfühlung in Kalles Lernschwierigkeiten und die Erfindung von methodischen Antworten darauf vieles von dem, was man in neueren Theorien des Schriftspracherwerbs lernen kann. Er merkte, daß die im (Sonderschul-)Lehrgang vorgegebenen Lernschritte für Kalle zu groß waren, und führte eine Zwischenstufe ein. Bei Aufgaben, in denen durch den Ersatz eines Vokals oder eines Konsonanten ein neues Wort entstehen sollte, fügte er einen zusätzlichen Schritt ein, in dem Kalle den auszutauschenden Buchstaben eigens durchstreichen und den Ersatz drüberschreiben mußte, bevor er dann das komplett veränderte Wort – wie vom Lehrgang vorgesehen – dahinterschrieb.

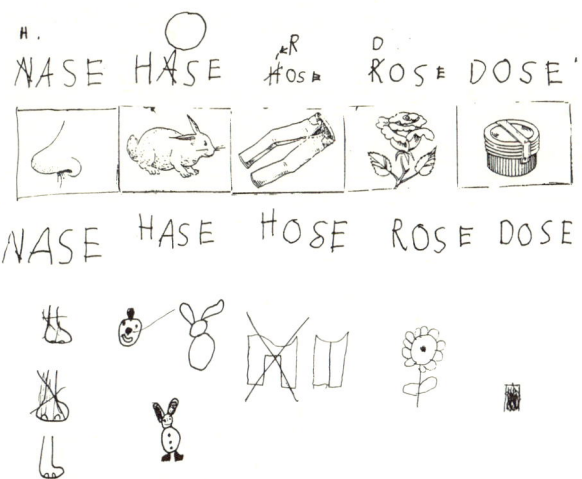

Benjamins Lese- und Schreibübung für Kalle

Benjamin hatte auf das Lesenlernen angewendet, was in der Didaktik der Mathematik als »Operationale Phase« eine wichtige Rolle spielt: das handelnde Verständnis dessen, was zu tun ist, muß der Abstraktion vorausgehen. Da er selbst niemals einem Leselerngang unterzogen oder beim Rechnen auf Anschauungsmaterial verwiesen wurde, konnte es nicht anders sein, als daß dies seine eigenen Erfindungen waren, natürlich angeregt durch das, was er in der altersgemischten Eingangsstufengruppe beim Unterricht für die anderen Kinder gleichsam nebenher mitbekommen hatte.

Daß Kalle bei Überforderungssituationen im 3. Jahrgang seine Verzweiflung fast nur noch mit Tränen, nicht mehr mit Fäusten, umgeworfenen

Stühlen und durch Weglaufen kundtat, ist das pädagogische Verdienst des Lehrers, der Kalle während seiner vier Eingangsstufenjahre betreut hat. Ein Jahr später als Gleichaltrige in den Vorschuljahrgang der Laborschule eingeschult, hatte Kalle während der ersten zwei Eingangsstufenjahre den größten Teil der Zeit unter dem Tisch verbracht oder war ins Freie geflüchtet, zu schulischen Anforderungen, also der Anbahnung des Lesens und Schreibens und Rechnens, wagte er sich nur auf dem Schoß seines Lehrers.

Der Durchbruch am Ende seines dritten Eingangsstufenjahres war da, als er während der Schreibschrift-Vorkurs-Schwünge den Schoß seines Lehrers mit den Worten verließ: »Das kann ich alleine«, und sich von da an jeden Morgen am Tisch um Schreibschriftschwünge bemühte. Von nun an war es möglich, ihm das Rechnen im Zehnerraum anhand von Perlen zuzumuten und das Sortieren der Buchstaben nach Silben (ba-be-bi-bo-bu, da-de-di-do-du usw.). Doch der Weg zum Lesen war scheußlich weit – ist es bis jetzt, wo Kalle ins 6. Schuljahr kommt. Es schien, als müsse er jeden Tag neu lernen, daß MAMA Mama heißt und PAPA Papa, und es konnte vorkommen, daß er nach fünf Tage langem PUMA-Üben am Montag danach wieder fragend sagte: »Tiger?« Übers Wochenende schien er fast alles zu vergessen, bis ins 4. Schuljahr hinein, im Grunde bis heute, und nach Ferienzeiten hat man das Gefühl, als müsse man wieder ganz von vorn anfangen.

Jenseits von schulischen Anforderungen jedoch war Kalle überall mittendrin; die anderen waren

staunend angetan von ihm, sowohl was das Aus-
maß seiner Schwierigkeiten als auch was seine
Durchhaltekraft betraf, und jeder war darauf aus,
ihm zu helfen. So war es für Benjamin in mehrfa-
cher Hinsicht eine Auszeichnung, daß Kalle sich
von ihm am liebsten helfen ließ.
Beim Fußballspiel und im Schulgarten gehörte
Kalle zu den Wortführern, und als ich im Lehrer-
café mal wieder ratlos vom Tiger, der eigentlich ein
Puma war, erzählte, da tröstete mich mein Kollege
aus den Naturwissenschaften: »Laß nur, ich mach
einen guten Gärtner aus ihm.«

Bericht für Kalle am Ende des 3. Schuljahrs

Lieber Kalle,

*Erwin sagt, daß Du im Garten der Beste von allen bist
und daß er einen guten Gärtner aus Dir machen wird.
Deiner vorzüglich zuverlässigen Mitarbeit im Garten
verdankt es die Gruppe, daß auch im nächsten Schuljahr
»Garten mit Erwin« auf dem Stundenplan stehen wird.
Das war wirklich einen Freudenhupfer wert!
Und ich verspreche Dir: Wenn Du das Lesenlernen
geschafft hast, dann gibt es bei den »Weißen« nicht nur
einen, auch nicht zwei, sondern drei Freudenhupfer auf
einmal! Die hast Du dann nämlich verdient!
Vielleicht dauert es ja nicht mehr lange, denn Du bist
auf dem Weg dahin. Von ungefähr 50 Wörtern kannst
Du jetzt die Einzelbuchstaben so hintereinanderlegen,
daß Du das Wort lesen und in Druckschrift abschreiben
kannst. Anschließend schaffst Du einige dieser Wörter*

auch nach Diktat; natürlich erst mal nur die leichten.
Nicht nur ich, sondern die ganze Gruppe und alle ande-
ren Erwachsenen bewundern Dich für die Energie, mit
der Du arbeitest. Das Lesen ist – glaube ich – für Dich
deshalb so schwierig, weil Dein Kopf immer wieder
vergißt, wie die Buchstaben klingen oder – beim Schrei-
ben – wie der Buchstabe aussieht, den Du im Wort
klingen hörst. Manchmal ist es für Dich sehr schwierig
zu hören, welche Laute im Wort klingen, und – noch
schwieriger – in welcher Reihenfolge sie klingen.
Manchmal graust Dir vor den Kassetten, mit denen Du
das Hören üben sollst, dennoch wirst Du im nächsten
Schuljahr damit weitermachen müssen. Vielleicht
schaffst Du dann nämlich das Lesen noch vor den
Herbstferien.
Mit dem Schreiben bist Du gut vorangekommen. Dein
Auge und Deine Hand haben sich an die Formen der
Buchstaben gewöhnt, vielleicht dauert es nicht mehr
lange, bis sie auch in Deinem Kopf fest drin sind. Nach
den Ferien darfst Du – wie Marco und Marcus und
Tobias – »Schiebe-Diktate« in Schreibschrift versuchen.
Das vierte Jahr im Haus 1 hat Dir sehr gut getan. Weißt
Du noch, wie Du früher beim Arbeiten immer den Uli
als Stütze brauchtest? Das letzte Eingangsstufenjahr
hat Dich fit gemacht für das Alleine-Üben. In den ersten
Monaten im Haus 2 hast Du meine Hilfe neben Dir
gebraucht und bist, wenn ich keine Zeit hatte, über
Deinen Aufgaben schnell verzagt. Dann aber hast Du
Dich offenbar daran erinnert, was Du alles schon allein
im Haus 1 konntest, und hast diese Dinge auch im
Jahrgang 3 alleine geschafft. Und später hast Du auch
an neuen Aufgaben allein arbeiten können, wenn ich sie
Dir geduldig genug erklärt hatte. »Wenn ich's erst mal

verstanden habe, kann ich's auch alleine«, hast Du dann glücklich gesagt und recht damit gehabt.

Du hast im Zahlenraum bis 100 gerechnet, manchmal auch über die Zehner hinweg (zum Beispiel 62 – 5); Du kannst die Zehner-, Fünfer- und Zweierreihe vom 1x1 rechnen und brauchst – wenn Du gut drauf bist – dazu keine Rechenmaschine mehr. Die Dreier- und Viererreihe schaffst Du mit Rechenmaschine.

Wir alle – die Gruppe, Jorinde und ich – freuen uns, daß Du in der morgendlichen Erzählrunde mitredest: fachmännisch vom Fußball oder Lebensweisheiten, die Du von Deinem Opa hast, oder Dinge, die bei Euch in der Nachbarschaft geschehen. Du gehörst mitten hinein in die Gruppe, jeder hilft Dir gerne beim Lernen. Du bist freundlich und friedlich zu den anderen, bist eifrig und geschickt beim Fußball, warst mutig beim Reiten, spielst Schach sogar gegen die »Rechenkünstler« – kurzum: der Jahrgang 3 inmitten der »Weiß« war ein gutes Jahr für Dich.

Das nächste Jahr wird nicht weniger anstrengend für Dich sein als das vergangene, denn Du mußt noch vieles schaffen, damit Du im Jahrgang 5 zurechtkommen kannst. Aber wenn Du so weiterarbeitest wie in den vergangenen Monaten, dann wirst Du gut vorankommen.

P.S. Deine Labyrinthzeichnungen und die Zeugnis-Mappe, die Du für die 10er gestaltet hast, finde ich ganz wunderbar schön. Beim Zeichnen und beim Malen findest Du Formen und Farben und Wege, die sehr, sehr schön anzusehen sind. Vielleicht kann das Zeichnen neben dem Gärtnern ein zweites Hobby von Dir werden. Ich wünsche Dir schöne Ferien und einen kraftvollen Start ins neue Schuljahr.

Gegen Ende des 4. Schuljahres, als der Übergang in die Sekundarstufe der Laborschule anstand, konnte Kalle zwar – wie er sagte – »auch schon etwas Einmaleins«, aber immer noch nicht lesen, obwohl ich während der zwei Jahre einen Studenten mit dem Schwerpunkt »Schriftspracherwerb« für ihn gewonnen hatte, der – für ein kleines Dankhonorar und von mir angeleitet – dreimal in der Woche eine Stunde lang eigens nur für Kalle da war, und obwohl Kalle außerdem noch einmal wöchentlich von *Gerheid Scheerer-Neumann* betreut und erforscht worden war, die eine Expertin für Schwierigkeiten auf dem Gebiet des Schriftspracherwerbs ist. Angesichts des Fachunterrichts, der auf Kalle in der Sekundarstufe zukommen würde, beschloß ich, für ihn ein »schützendes Gutachten« einzuholen – eines auf aktuellem Stand, denn aus Kalles Kindergartenzeit gab es bereits eine psychologisch-medizinische Diagnose seiner Auffälligkeiten und Schwierigkeiten. Das aktuelle *Gutachten einer Schulberatungsstelle,* das ihm sehr geringe Lernkapazitäten in allen schulerfolgsrelevanten kognitiven Bereichen bescheinigte, war mit folgendem Passus zusammengefaßt:

». . . Kalle erzielt in keinem (!) Untertest durchschnittliche Werte (diese liegen bei 10 WP). Sein Profil ist unausgeglichen und besonders in jenen Bereichen deutlich unterdurchschnittlich, wo Fähigkeiten zum Abstrahieren bzw. schlußfolgernden Denken verlangt werden. Deutlich oberhalb seines sonstigen Niveaus sind aber seine Fähigkeiten dort, wo soziale und zwischenmenschliche Aspekte angesprochen werden. So sind die Ergebnisse in dem Untertest ›Allgemeines Verständnis und Bilderordnen‹, der die Fähigkeit erfaßt, soziale Ereignisse in ihrer Abfolge zu erkennen und wiederzugeben, mit 9 Wertpunkten fast durchschnittlich. Es ist wahrscheinlich, daß diese deutlich über seinen sonstigen Fähigkeiten liegenden sozialen Faktoren durch den schulischen Einfluß mitbewirkt wurden.

Empfehlung:
Aufgrund seiner in diesem Test gezeigten Leistungen ist Kalle als deutlich lernbehindert einzuschätzen, und eine isolierte, auf den Schriftspracherwerb eingrenzbare Schulleistungsschwäche kann ausgeschlossen werden. Dieses bedeutet aber keineswegs, daß aufgrund des Gesamt-IQs eine Sonderschulüberweisung empfohlen werden kann. Aufgrund der in den sozialen Dimensionen erzielten Ergebnisse, die deutlich über seinem eigenen Durchschnitt liegen, muß im nachhinein seine bisherige Beschulung als in hohem Maße erfolgreich angesehen werden. Es erscheint fraglich, ob diese Fähigkeiten auch in einer anderen Schulform ähnlich günstig angesprochen würden. Auch die Beobachtung von Kalles Verhalten in der Testsituation und in der Klasse macht deutlich, daß er sich sozial integriert fühlt und hieraus Sicherheit und Stärke (und in der Testsituation seine hohe Motivation und Anstrengungsbereitschaft) bezieht.
Sollten nicht gravierende Faktoren dieses unmöglich machen, so ist ein weiterer Verbleib von Kalle in dem bestehenden, sicherheitsspendenden sozialen Kontext anzustreben. Ein Wechsel wäre erst dann notwendig, wenn die Klassengemeinschaft Kalle nicht mehr zu tragen vermag.«

Ich finde es nicht unwichtig anzumerken, daß der untersuchende Psychologe vor Kalles Untersuchung mir ausdrücklich gesagt hat, er sei kein Befürworter des »gemeinsamen Unterrichts von behinderten und nichtbehinderten Kindern«, da man in der Praxis den behinderten Kindern nicht gerecht werden könne. Nachdem er Kalle untersucht hatte, hat er dies differenzierter gesehen.

Mein Entwicklungsbericht für Kalle vor dem Übergang ins 5. Schuljahr

Lieber Kalle,

Du bist ein Fachmann im Garten und ein Könner in Sachen Fahrrad und Verkehrsregeln. Vielleicht wird einmal ein guter Gärtner aus Dir. Oder ein Fahrradreparaturmeister?

Deine Gruppe mag Dich sehr, Du gehörst mitten hinein und überall dazu. Du bist freundlich mit den anderen und sie mit Dir; sie bewundern Dich dafür, wie Du die Schwierigkeiten mit dem Lesen und Schreiben in Angriff nimmst, und ihnen liegt am Herzen, Dich dabei zu unterstützen. An den vielen Rechen- und Leseübungsblättern, die sie eigens für Dich ausgedacht und liebevoll gezeichnet haben, kannst Du dies erkennen.

Weil Du bereit warst, Dich anzustrengen, bist Du mit dem Lernen gut vorangekommen. Auch der Psychologe, der mit Dir gearbeitet hat, war erstaunt über den Eifer, mit dem Du an die Aufgaben herangegangen bist, und die Kraft, mit der Du die Anstrengungen durchgehalten hast. Und wer mitbekommt, wie Du mit den anderen spielst (zum Beispiel Schach) oder fachsimpelst (zum Beispiel über Dinosaurier), wie Du Dich um die Gruppenangelegenheiten kümmerst und Dich jetzt mehr und mehr auch an der Morgenrunde beteiligst, der kann sich vorstellen, daß Du im 5. Schuljahr mit Hilfe der anderen zurechtkommen wirst, auch wenn es bis jetzt mit dem Lesen und Schreiben noch nicht so klappt, wie Du es Dir gewünscht hast.

Du hast Dich in den vergangenen zwei Schuljahren mit all Deiner Kraft darum bemüht, das Lesen und Schreiben zu lernen. Und ich glaube, nun hast Du das Schwierigste überstanden. Du kannst jetzt alle Silben (ba, be, bi, bo, bu usw.) erkennen und zu Wörtern zusammenlesen; Du kannst in Bildwörtern (Dose, Hase usw.) fehlende Buchstaben einfügen und das Wort nachher ohne Bildhilfe lesen. Leichte Wörter kannst Du auch ohne Bildstütze lesen, und die ersten Bücher aus der Regenbogen-Lesekiste haben Dir soviel Spaß gemacht, daß Du Dich auch an die schwierigeren herangewagt hast.

Manchmal in den vergangenen Monaten warst Du nahe am Verzweifeln, wenn Du wieder Buchstaben vergessen hattest, die Du am Tag vorher noch gekonnt hast. Aber Du hast Dich trösten lassen und immer wieder erneut Anlauf genommen, und warst bereit, Dich anzustrengen. Gerheid Scheerer wird im 5. Schuljahr weiterhin da sein, um mit Dir zu üben, damit Du das Lesen so bald wie möglich gut kannst.

Du hast mir eine Geschichte diktiert, bei der Du schöne Wörter benutzt hast, und Du hast sie liebevoll mit Aquarellfarben illustriert. Als ich sie der Gruppe vorgelesen habe, hast Du viel Beifall bekommen. Die anderen freuen sich mit Dir über Deine Erfolge, und ich bin sicher, sie werden Dir im 5. Schuljahr helfen, mit Deinen Aufgaben zurechtzukommen. Sie bewundern die Kraft, mit der Du Deine Schwierigkeiten angehst, und sie mögen Dich gerne.

Das Rechnen ist Dir weniger schwer gefallen als das Lesen und Schreiben. Du kannst jetzt Plus und Minus über die Zehner rechnen und Hunderter zusammenzählen. Du kannst auch einen Teil der Einmaleinsaufgaben im Kopf, für die anderen weißt Du, wie Du sie mit der Rechenmaschine lösen kannst. Du hast Dein eigenes Rechenbuch und hast darin so gut gearbeitet, daß Du die ersten Aufgaben vom Rechenmeister aus dem Heft Nr. 3 mit der Gruppe mitmachen konntest und einen guten Teil davon richtig hattest.

Im Sport bist Du ein Meister beim Fußball und Tischtennis, beim Salto und bei den Bocksprüngen. Bei der Fahrradprüfung im Verkehr bist Du fehlerlos gefahren, und beim Geschicklichkeitsparcours hattest Du nur einen kleinen Fehler auf dem Spurbrett. Den Fragebogen für die theoretische Verkehrsprüfung hat Alfred Dir vorgelesen, außer einem kleinen Fehler hast Du alle Fragen richtig beantwortet.

Lieber Kalle, Du bist gut aufgehoben und wichtig in der weißen Gruppe, und darum ist es gut, daß Du mit ihnen in das 5. Schuljahr gehst und versuchst, dort zurechtzukommen. Eine bessere Hilfe beim Lernen als gute Freunde gibt es nicht, und die Erwachsenen werden darauf achten, daß sie Dir nicht zu schwierige Aufgaben stellen. Du brauchst Dich also nicht zu fürchten. Ich wünsche Dir Glück und alles Gute.

Der Vergleich zwischen Kalle und Benjamin kann helfen, um sich die Unterscheidung der Begriffe »Anforderung« und »Herausforderung« klar zu machen; beide werden ja in Leistungs-Diskussionen oft synonym verwendet. Für mich sind Anforderungen jene Ziele, von denen ich begründet möchte und erwarte, daß sie das betreffende Kind über kurz oder lang erreichen kann. Für Kalle kann dies der Zehner-Übergang sein, für Benjamin die schriftliche Division mit dreistelligen Zahlen. Es hat, finde ich, keinen Sinn, an die gesamte Klasse Anforderungen zu stellen, bei denen von vornherein klar ist, daß ein erheblicher Teil von Kindern »versagen« wird. Und es ist schädlich, wenn nicht gar schändlich, wenn die Schule diesen Kindern hernach auch noch quittiert – egal, ob in Noten oder in Worten –, daß sie zu der Erfüllung der an sie gestellten Anforderungen nicht getaugt haben. Weil es zudem in unserer Gesellschaft mindestens 3 bis 4% Kinder gibt, die wie Kalle auch die geringstmöglichen Anforderungen, die für andere gelten, nicht erreichen können, muß das System der Bewertung von Lernleistungen so angelegt sein, daß auch diese Kinder mit dem Gefühl leben dürfen, etwas wert zu sein.

Ganz anders verhält es sich mit dem, was ich als Herausforderung bezeichne und wovon ich glaube, daß jedes Kind sie braucht, um »sein Bestes zu geben« und an der – bisweilen – »über sich selbst hinauszuwachsen«. Herausforderungen gibt es nicht nur im Bereich von Schulleistungen. Die Selbstüberwindung, an einer Klassenfahrt teilzunehmen, für jemanden, der sich noch nie von zu Hause getrennt hat oder sich aus aktuellen Gründen nicht trennen mag, das Schwimmen im Tiefen für jemanden, der Todesangst bekommt, sobald er keinen Boden unter den Füßen hat, der Auftritt vor

Publikum für jemanden, der sich so gut wie immer versteckt hat, solcherart Grenzgänge und Selbstüberwindungen sind keine geringeren Herausforderungen, als wenn Benjamin sich selbst vornimmt, eine Geschichte auf drei Erzählebenen zu schreiben, und ich von ihm verlange, daß er dieses anspruchsvolle Vorhaben auch durchhält, oder wenn er von mir eine vergleichbar schwierige Aufgabe gestellt bekommt. Das Beispiel von Benjamins Text zeigt: Herausforderungen – die selbstgestellten ebenso wie die von außen kommenden – können mit schmerzenden Niederlagen verbunden sein. Aber bei diesem Begriff ist von vornherein deutlich, daß niemand das Recht hat, das Ergebnis mit »mangelhaft« oder »ungenügend« abzuurteilen.

Ich halte es übrigens für höchste Lehrerkunst, den Kindern Herausforderungen zu bieten, an denen sie über sich selbst hinauswachsen. Es geht bei der Abschaffung von Noten nämlich gerade nicht darum, der »Nivellierung von Leistungen und den Bequemlichkeiten der heranwachsenden Generation Vorschub zu leisten«, wie manche Gegner behaupten.

2. Stichwort: Selbstwertgefühl
oder
Es ist normal, anders zu sein

Man dürfe nicht vergessen, daß mitunter nichts
einen Schülernachmittag so erfreulich machen
könne, wie eine Zwei, die der Junge oder das Mädchen am Vormittag bekommen habe, mahnt *Gottfried Schröter* und weist darauf hin, daß »viele
Ziffernoten einer Bestätigung des Selbstwertge-
fühls dienen.«
Zwar möchte ich allen Kindern wünschen, daß sie
für das Gefühl, etwas wert zu sein, nicht die Noten
ihrer Lehrer brauchen, auch wünsche ich ihnen für
ihre Nachmittage Erfreulicheres als den bloßen
Stolz auf vormittägliche Schulleistungserfolge,
mehr noch allerdings beschäftigt mich die Frage:
Was ist eigentlich mit dem Selbstwertgefühl und
mit den Nachmittagen derer, denen die Schule die
besagten Zweien als Anlaß zur Freude ständig versagt und – der Logik des Systems folgend – auch
ständig versagen muß. Immerhin sind dies – selbst
bei wohlwollendster Anwendung der Notenstufen – weit mehr als die Hälfte aller Kinder; bei strikt
vollzogener »Normalverteilung« wären es mehr
als Dreiviertel. Die Beschwichtigung des Erzie-
hungswissenschaftlers, »manche freuen sich sogar
über das Ausreichend, das sie endlich geschafft
haben«, hilft da wenig, denn die Erleichterung,

endlich mit knapper Not am »mangelhaft« vorbei-
gekommen zu sein, ist eine Freude von anderer Art
als die, wirklich etwas geschafft zu haben. Ich finde: wer endlich etwas geschafft hat, muß sich »gut«
fühlen dürfen, denn er hat sein Bestes gegeben.
Gegen die Zwei als Quell mittäglicher Freude hätte
ich nichts einzuwenden, wenn sie dem Kind nicht
sagen würde: Du bist besser als die Kinder mit den
Dreien, sondern: Du hast Grund, Dich gut zu fühlen, weil Du es geschafft hast, Dein Bestes zu geben.
Die Schule jedoch verhindert mit ihren Zensuren
bei einer großen Zahl von Kindern den erfreulichen Nachmittag; sie versagt ihnen das verdiente
Selbstwertgefühl, und sie trägt ganz und gar un-
gerechtfertigt zu ihrer Bedrückung bei. Denn auch
ein »befriedigend« kann weh tun, wenn der
Freund sich »gut« oder »sehr gut« fühlen darf,
ohne hierfür mehr Anstrengungen aufgebracht zu
haben als man selbst. Um wieviel heftiger ist die
Kränkung für all jene, die ihre Leistungen mit
»mangelhaft« oder »ungenügend« quittiert bekommen, obwohl sie sich angestrengt haben.

Um Leistungswillen und Leistungszuversicht aufbauen zu können, brauchen Kinder einen Spiegel
dessen, was sie geleistet haben und wozu sie imstande sind. Nur dann werden sie ihr eigenes Maß
im Hinblick auf Anstrengungen finden, denen sie
sich unterziehen wollen, im Hinblick auf Bemühungen, auf die sie sich einlassen wollen, im Hinblick auf Leistungen, die sie erreichen wollen. Um
Lebensmut und Anstrengungsbereitschaft zu ent-

wickeln, brauchen Kinder etwas, das ihnen – im Rückblick auf den Weg, der hinter ihnen liegt – Zuversicht für das gibt, was vor ihnen liegt, und damit meine ich nicht nur die schulischen Anforderungen. Notenzeugnisse sind eben nicht nur ungerecht, sondern sie sind auch kontraproduktiv für solcherart ermutigende Erziehung.

Tobias

Da war zum Beispiel Tobias, der mit seinen Leistungen jegliche Notenskala nach oben und unten gesprengt hätte. Jeder Erwachsene, der ihn bei unseren Gruppengesprächen erlebte oder in der freien Arbeitszeit seine Sachdispute mit Freunden verfolgte, hat in ihm einen künftigen Landesschülersprecher oder einen Hoimar von Ditfurth, Alfred Biolek oder Joschka Fischer gesehen; jeder hat ihn für einen Viel-Leser gehalten, wenn er ihn in der Bibliothek nach jeweils einem ganz bestimmten Lexikon zur Klärung einer jeweils sehr speziellen Frage suchen sah. Aber auch so gut wie jeder hat mit mir angefangen, über Sonderpädagogik zu diskutieren, wenn er gesehen hatte, welche horrenden Schwierigkeiten Tobias mit dem Schreibenkönnen und dem Lesenlernen, dem Merken von Einmaleinszahlen und dem Finden bestimmter Worte hatte. Noch nach einem Jahr fielen ihm an manchen Tagen die Namen von Kindern seiner Gruppe nicht ein.

Für Tobias' Schwierigkeiten gab es entwicklungsphysiologische Gründe. Obwohl ich eigentlich gegen gutachterliche Etikettierungen von Kindern mit »sonderpädagogischem Förderbedarf« bin

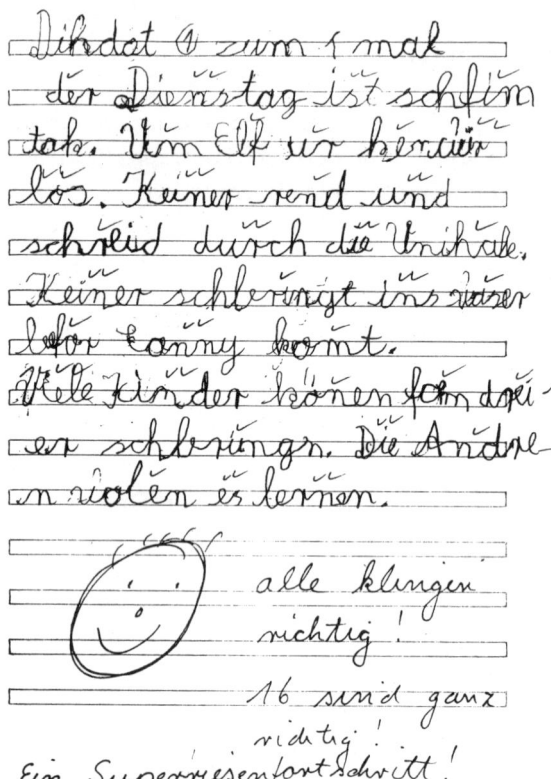

Conny 17.2.92

Diktat zum 1 mal
der Dienstag ist schön
tak. Um Elf ur herum
lös. Keiner rend und
schreid durch die Turnhal.
Keiner schbringt ins wasser
bfor Conny komt.
File Kinder könen kam drei-
er schbringn. Die Andre-
n wolen es lernen.

alle klingen
richtig!
16 sind ganz
richtig!
Ein Superriesenfortschritt!

Tobias macht Fortschritte. Die Ermutigungen in Heide Bambachs Handschrift sind im Original schön grün. (Sorry, die Verlegerei)

und finde, die Schule sollte alle Kinder so nehmen, wie sie sind, und sich auf sie einstellen, habe ich für Tobias gegenüber seinen Eltern durchgesetzt, daß seine enormen Schwierigkeiten in Teilbereichen des Lernens diagnostisch abgeklärt und gegebenenfalls »dingfest« gemacht werden – also auch für ihn ein »schützendes Gutachten«, um ihn vor den zu hohen Anforderungen oder Erwartungen zu bewahren, denen sich Tobias allseits gegenübersieht. Als kleiner Bruder einer strahlend sicheren und schulleistungsstarken großen Schwester hatte er nämlich seine ersten Schuljahre darauf verwendet – genauer gesagt: verschwendet –, seine Schwierigkeiten zu tarnen oder ihnen rechtzeitig genug, also noch vor ihrer Entdeckung, auszuweichen. Diese Meisterleistung hatte ihn in ständiger Unruhe gehalten, hatte ihn den überwiegenden Teil seiner Aufmerksamkeit und seiner Kräfte gekostet und hatte es den Erwachsenen um ihn herum fast unmöglich gemacht, ihm beim Lernen zu helfen. Hierin lag sicher ein Grund, weshalb Tobias' Leistungen in bestimmten Bereichen noch schwächer waren, als sie es vielleicht hätten sein müssen. »Ich weiß, wie das Wort heißt, es fällt mir nur gerade nicht ein«, entgegnete er mir, wenn ich mit ihm zusammen versuchte, die Laute eines Wortes, das er nicht lesen konnte, herauszufiltern; »ich habe gemerkt, daß das falsch ist, aber ich hatte gerade keine Lust, es zu verbessern«, sagte er, wenn ich ihn darauf hinwies, daß er sogar sein liebstes und meistgeschriebenes Wort »Indianer« auf einer Seite dreimal verschieden geschrieben habe, jedesmal anders, als am Tag zuvor geübt.

Mit der ihm verbleibenden Kraft baute Tobias seine Stärken aus: zum Beispiel seine Einfühlsamkeit in soziale Situationen, sein Interesse für soziale Zusammenhänge, seine Neugier auf Naturphänomene und Technisches allgemein, sein freundliches Wesen, sein gewinnendes Äußeres, seine Kontaktfähigkeit zu jedermann, seine Bereitschaft, sich zu äußern ... Aber er baute dies alles nicht nur aus, sondern er kultivierte es, und zwar in einer Weise, die ihm zusätzliche Probleme schaffte: zum Beispiel redete er unablässig, oft Wichtiges, noch öfter Wichtigtuerisches, er mischte sich überall ein, engagierte sich für mehr Dinge, als er bewältigen konnte; bei der Suche nach Freundschaft mit Jugendlichen aus höheren Jahrgängen vernachlässigte er die Pflege seiner Freundschaften in der Stammgruppe, benahm sich in ihnen wie ein »Popper«, nur daß heutzutage so etwas »Skater« heißt, mit der entsprechenden Kluft von oben bis unten; er war der erste Junge, den die Mädchen sich auserkoren, aber sein Glück darüber war so groß, daß er damit die Gruppe auch nervte und einige Mädchen sich wieder von ihm abwandten. Obwohl er sozusagen der Typ eines »geborenen« Klassensprechers war, hat ihn – zu seiner großen Enttäuschung – niemand dafür vorgeschlagen.

Der Bericht über Tobias am Ende des 4. Schuljahres beginnt so:

Lieber Tobias,

Deine Balance-Kunst war eine der Sensationen der Akrobatik-Vorführung. Es war atemberaubend zu sehen, mit welcher Kühnheit und Konzentration Du von einer Rolle auf die andere gesprungen bist und immer mehr Kissen dazwischen aufgetürmt hast – so viele wie nie zuvor, so hoch, daß es auch ohne Balancierrollen unter den Füßen schon eine Kunst gewesen wäre, sie aus dem Stand zu überspringen. Fabelhaft, wie Du Deine Riesenaufregung in Höchstspannung hast verwandeln

können! Bewundernswert, wie Du all Deine Kräfte auf
den Punkt genau hast sammeln können! Keiner, der
Dich so gesehen hat, wird sich vorstellen können, von
welch heftiger Unruhe Du früher geplagt warst. Auch
das Lesen hast Du geschafft! Plötzlich war es da – nach
all den jahrelangen Mühen ...

Wer Tobias' Balance-Akt gesehen hat, der wäre
wahrlich nie auf den Gedanken gekommen, daß
dieser Elfjährige gegen »erhebliche Störungen der
Grob- und Feinmotorik« und gegen bisweilen dra-
matisch erscheinende »Teilleistungsschwächen«
kämpfte.

Tobias' Kunst auf den Balanciertonnen war der
glückliche Höhepunkt in der Geschichte eines Kindes, das acht Lebensjahre, davon drei Schuljahre,
damit verbracht hatte, davonzulaufen – vor sich
selbst und der Ohnmacht gegenüber seinen
Schwächen, vor den eigenen Ansprüchen und den
vermutlich nur unausgesprochenen Erwartungen
seiner Familie, er müsse gleichsam naturgegeben
genauso begabt, leistungsstark und erfolgreich
sein wie seine für ihn in jeder Hinsicht bewun-
dernswerte ältere Schwester.

Tobias' Balancierkunst begann mit Bockspringen.
Natürlich konnte dieser langbeinige und kühne
Junge einen Bock in »normaler Höhe« überspringen; was er nicht konnte, war gezielt anlaufen, mit
beiden Füßen abspringen, die Hände zum Sprung
plazieren ...; er sprang so ungestüm, daß er beim
Sprung wenn schon nicht den Bock, so doch meist
mich, in der Rolle der Helfenden und Sichernden,
wie es in der Sportlehrersprache heißt, mitriß. Aber

er kam rüber, höher und höher, und das war für ihn wichtig. Je höher wir den Bock stellten, je weniger Kinder ihn überspringen konnten, um so mehr stieg Tobias' Ehrgeiz, auch die höchste Stufe zu schaffen. Um es zu schaffen, mußte er seine Sprungkraft auf den Punkt des Absprungs konzentrieren, und als er es schaffte, spielte für ihn und die anderen keine Rolle mehr, daß er – als langbeinigster von allen – es natürlich leichter hatte als die anderen.

In seiner Gruppe gab es Annika, ein Kind, dem alles zuzufliegen schien, buchstäblich alles, besonders aber im Sport. Zwei Jahre jünger als Tobias, mehr als zwei Köpfe kleiner als er, beteiligte sie sich wie selbstverständlich am höher und immer noch höher und schaffte die Höchststufe, höher als sie selbst groß war. Erfolg verbindet – er verband auch Tobias und Annika.

Annika konnte – wie schon gesagt – alles. Auch auf den Tonnen balancieren, mit großer Anmut und anscheinend vollkommener Mühelosigkeit. Tobias wollte auch auf Tonnen balancieren können. Wer je ein »hyperkinetisches Kind mit gestörter Bewegungskoordination« gesehen hat, das zu Balancieren versucht, kann ahnen, was dies Vorhaben für ihn bedeutete.

Annika übte mit Tobias, gab ihm Tips, rollte neben ihm her . . . und plötzlich, kurz vor Ende des 3. Schuljahres, nach wahrlich unzähligen Abstürzen schien irgendein Wink des Himmels Tobias gezeigt zu haben, was er mit seinem Körper tun muß, um sich oben auf dem wackligen Ding zu halten und die Tonne daran zu hindern, nicht immer wieder unter seinen Füßen davonzuflitschen. Er hatte es geschafft! Er war oben geblieben! Im nächsten Schuljahr würde er – so glaubte er – auch alles andere schaffen, was Annika konnte: rückwärts laufen, auf den Rollen jonglieren, auf eine zweite Rolle umsteigen, auf eine zweite Rolle aufspringen . . . Er schaffte es tatsächlich. Die beiden erfanden eine gemeinsame Nummer für unseren Abschiedszirkus. Der Höhepunkt sollte sein, wie jeder von beiden von seiner sich bewegenden Rolle aus über ein Hindernis auf eine dahinter liegende zweite Rolle springt und dort die Balance fortsetzt. Die Nummer stand. Zwei Wochen vor der Aufführung – Annika war mit dem Training ihrer Flick-Flacks am Boden beschäftigt – begann Tobias, das Hindernis zwischen den beiden Rollen zu erhöhen; einen Schaumstoffquader nach dem anderen türmte er zwischen sich und der zweiten Rolle auf. Acht Stück schaffte er schließlich, das war fast doppelt so hoch, wie der Radius der Tonne, von der er absprang. Die anderen Kinder hörten auf zu turnen und schauten Tobias wie gebannt zu. Auch Annika. Vielleicht hat sie gespürt, daß hier fast so etwas wie ein Wunder vor sich ging, jedenfalls machte sie keine Anstalten, es ihm nachzutun. »Tobias soll das Tonnenbalancieren allein vorführen«, sagte sie, »ich hab so viele andere Nummern.« Tobias war enttäuscht, für ihn war Annika der Star, und er wußte wohl auch, daß ein besonderer optischer Reiz der Nummer im extrem ungleichen Größenverhältnis des balancierenden Pärchens gelegen hatte. »Mal sehen, vielleicht«, beschwichtigte sie seine Enttäuschung, aber zu mir sagte sie anschließend: »Ich finde, er soll die Nummer allein machen.«

Am Tag der Aufführung, eine halbe Stunde vor Beginn, war Tobias so aufgeregt und blaß und angespannt, daß man um ihn fürchten mußte; bei der Eingangsnummer – alle Artisten springen über den Bock – blieb er am kleinen Bock hängen, erstmals im ganzen Schuljahr. Nach etwa einer halben Stunde, die ich für ihn zum »Abregen« geplant hatte, war »seine« Nummer dran. (Annika hatte ihm am Vormittag bei der Hauptprobe endgültig überredet, die Balancier-Nummer allein zu zeigen.) Wie es sich für Zirkusleute gehört, hatte er einen Assistenten, der ihm das Sprunghindernis aus den Schaumstoffquadern bauen sollte.

»Hepp«, sagte er jedes Mal, wie er es von echten Zirkusstars gehört hatte, wenn das Hindernis um einen Schaumstoffblock erhöht werden sollte. Und dann sprang er in höchster Konzentration. Frenetischer Jubel bei seiner Gruppe, als er den Achterturm geschafft hatte. Wie im Rausch sagte er: »Weiter«, und zeigte auf die noch daliegenden Würfel. Und danach noch mal: »Weiter! Hepp!« Er hatte die magische Zahl Zehn erreicht und konnte es selbst kaum fassen.

Dies also war der Höhepunkt der langen Geschichte eines Kindes, das vor sich selbst davongelaufen war. Ich wollte sie ausführlich schildern, damit meine Leserinnen und Leser verstehen, warum Tobias' »Beurteilung« mit diesem Höhepunkt beginnen mußte.

Bericht für Tobias am Ende des 4. Schuljahrs

Lieber Tobias,

Deine Balance-Kunst war eine der Sensationen der Akrobatik-Vorführung. Es war atemberaubend zu sehen, mit welcher Kühnheit und Konzentration Du von einer Rolle auf die andere gesprungen bist und immer mehr Kissen dazwischen aufgetürmt hast – so viele wie nie zuvor, so hoch, daß es auch ohne Balancierrollen unter den Füßen schon eine Kunst gewesen wäre, sie aus dem Stand zu überspringen. Fabelhaft, wie Du Deine Riesenaufregung in Höchstspannung hast verwandeln können! Bewundernswert, wie Du all Deine Kräfte auf den Punkt genau hast sammeln können! Keiner, der Dich so gesehen hat, wird sich vorstellen können, von welch heftiger Unruhe Du früher geplagt warst.

Auch das Lesen hast Du geschafft! Plötzlich war es da – nach all den jahrelangen Mühen. Du kannst etwas, das mancher Erwachsene mühsam trainieren muß, nämlich beim bloßen Überfliegen eines Textes wissen, was ungefähr drinsteht. Auf diese Weise hast Du Dir – unterstützt durch das sehr genaue Studium von Abbildungen – ein außergewöhnlich hohes Sachwissen (zum Beispiel über Indianer und Delphine und Wale) zusammengelesen; Dein großes Vorwissen aus Filmen hat den Sinn des Gelesenen zusätzlich gestützt. Jeder, der Dich diskutieren und erklären hört, muß Dich für eine wahre Leseratte halten. Großgedruckte Buch- oder Übungstexte kannst Du jetzt auch genau Wort für Wort richtig lesen; den Inhalt aus Lexika oder Fachbüchern hast Du Dir im großen und ganzen zusammengesucht; um kleine Details genau genug mitzubekommen, mußt Du noch ruhiger und gründlicher nachlesen, was da genau steht. Noch ist es so, daß Deine Gedanken und Einfälle dem gedruckten Wort vorausfliegen.

Dein Indianerheft finde ich außergewöhnlich. Es zeigt, mit welch einfühlsamer Anteilnahme Du dem Schicksal der Indianer nachgegangen bist, ihre Unterdrückung durch die Weißen, der Gefährdung ihrer Kultur und ihrer Bräuche, ihrem tapferen Widerstand. Zugleich staune ich über die Eigenständigkeit, mit der Du dies alles dokumentiert hast: in Zeichnungen, Fotokopien und Texten, in denen Du mit eigenen Worten zusammengefaßt hast, was Du aus Filmen weißt und Dir aus Büchern zusammengesucht hast. Ich habe Deine Hefte schon vielen Leuten gezeigt, aus Freude über Deine eigenständige Arbeit. Inhaltlich und sprachlich sind Deine Texte hervorragend zu lesen, allerdings sind sie für Außenstehende noch sehr schwer, und auch Du selbst kannst manchmal nicht mehr herausfinden, was manche Deiner Worte heißen sollen. Das liegt zum einen an Deiner sehr krakeligen Schrift (sie ist auf rätselhafte Weise flüchtig und verkrampft zugleich), das kommt auch daher, daß Du manche Wörter nur ungefähr so schreibst, wie sie klingen. Dies gilt verwunderlicherweise auch für solche Worte, die Du schon hundertfach gesehen und geschrieben und auch geübt hast, wie zum Beispiel das Wort Indianer. Offenbar hast Du bisher beim Schreiben alle Deine Kräfte auf die Klarheit Deiner Gedanken und auf die Suche nach dazu passenden Wörtern verwendet. Ich habe Dich vor Augen, wie Du lange Zeit dasitzt und überlegst und Dich mit Deinen Nachbarn berätst, wie Du die Vielseitigkeit Deiner Vorstellungen und Gedanken in Dein Heft auf die Reihe bekommen könntest. Von nun an, denke ich, kannst und mußt Du häufig vorkommende Wörter auch in Deinen freien Texten zumindest so schreiben, wie sie klingen! Bei Wörter-Diktaten machst Du das: Die meisten der diktierten Wörter »klingen richtig«, ein gut Teil davon ist inzwischen ganz richtig, also so, wie die Rechtschreibregeln es verlangen. Die Unterscheidung von p und b sowie g und k hast Du bisher vernachlässigt (Du hattest einfach beschlossen, nur p und nur g zu verwenden), und bei unseren Übungen mit lautunterstützenden Gebärden habe ich gemerkt, daß Dir diese Unterscheidung tatsächlich sehr, sehr schwer fällt. Dennoch: Du kannst sie jetzt (beziehungsweise weißt, was Du tun mußt, um sie herauszufinden), und deswegen mußt Du sie nun auch anwenden – es wenigstens versuchen. Text-Diktate waren im 4. Schuljahr noch sehr schwer für Dich, die Sätze haben verhindert, daß Du Dich auf die Richtigschreibung der einzelnen Wörter konzentrierst. Wenn Du einen eigenen Erwachsenen hattest, der für Dich allein ganz langsam und oftmals hinterher diktierte, dann ging es besser. Ich weiß, lieber Tobias, Du bist so sehr an Inhalten und Vorstellungen interessiert, daß Dir das sorgfältige Üben von Rechtschreibung ein Gruus ist. Dennoch mußt Du da jetzt ran – ich hoffe, daß Dir das von Deinem Psychologen empfohlene Computerprogramm helfen kann.

Du gehörtest zu den Gründern des Regenwald-Clubs und hast lange Zeit die Aktivitäten dieses Clubs mitbestimmt und viel Zeit und Engagement dafür aufgebracht. Und Du bist – wie schon gesagt – Fachmann in Sachen Indianer, Wale, Delphine und noch sehr viele andere Dinge der Welt; als solcher bist Du in der Gruppe hochgeschätzt und häufig gefragt, denn Dir geht nicht nur viel durch den Kopf, sondern Du hast zugleich eine

83

erstaunliche Fähigkeit, Dein Wissen mitzuteilen. In der Versammlung hattest Du an der Verbesserung von Texten entscheidenden Anteil; Du bist den Texten, die Du gehört hast, mit Deinen Vorstellungen gefolgt und hast auf diese Weise alle Unklarheiten und Unstimmigkeiten herausgehört. Deine Anmerkungen zu den Texten anderer Kinder (auch Deine Gedanken zu den Büchern, die ich vorlese) sind immer ganz besonders wichtig gewesen, und die einfühlsame, nachdenkliche Art, mit der Du sie vorgetragen hast, ist für die Autoren eine wirkliche Hilfe gewesen und hat unsere Gespräche reich gemacht (diese Fähigkeit hast Du mit Paul und Pedro gemeinsam).

Deine eigenen Geschichten sind leider bisher so gut wie immer in einem großen, sehr bedachten und meist auch sehr komplizierten Geschichtenentwurf steckengeblieben. Das lag aber vermutlich daran, daß Deine Schreibfertigkeiten für die Fülle Deiner Gedanken und Vorstellungen noch nicht ausreichte. Durch Schreibübungen in den Ferien wird sich dies hoffentlich ändern!

Beim Rechnen bist Du anscheinend durch Deine Schwierigkeiten hindurch. Lange Zeit schien es so, als wollten die Einmaleinszahlen partout nicht in Deinem Kopf hängenbleiben, und weil dies so war, hast Du das Üben verflucht und bist ihm ausgewichen. Das hat alles nur noch schlimmer gemacht. Nun aber, seit Du Dich zu halbwegs regelmäßigem Rechentraining durchgerungen hast (oder besser gesagt: von uns Erwachsenen gerungen worden bist), zeigt sich erfreulicher Erfolg: Den letzten »Rechenmeister« hast Du in den vorgegebenen 10 Minuten geschafft, und alle Aufgaben sind richtig. Nun, wo Du das Einmaleins sicher und schnell genug kannst, wird Dir das schriftliche Malnehmen und Teilen vermutlich keine großen Schwierigkeiten mehr machen, denn verstehen kannst Du die Rechenwege recht leicht. Schriftlich Plus und Minus rechnen kannst Du gut.

Die Fahrradprüfung hast Du hervorragend bestanden. Du bist im Verkehr und auf dem Geschicklichkeitsparcours fehlerlos gefahren und hast bei der Theorie nur einen kleinen Fehler gemacht.

Im Sport hast Du mit Begeisterung bei der Akrobatik und beim Turnen mitgemacht. Unermüdlich hast Du den Handstandüberschlag geübt, sogar den Flick-Flack versucht und das Rad, und Du bist bei Akrobatikfiguren dabeigewesen, die sehr schwierig sind, weil sie Ruhe und Körperbalance verlangen. Als zuverlässiger und überhaupt nicht wehleidiger »Unterbau« bei den Pyramiden warst Du sehr geschickt. Du warst unumstrittener Meister auf den Balanciertonnen und hast auch dafür unermüdlich geübt.

Lieber Tobias, im 5. Schuljahr wird es nicht so leicht sein, wie Du es Dir wünschst. Du wirst zusätzlich üben müssen (mit dem »Computerprogramm für Kinder mit Rechtschreibschwierigkeiten« und regelmäßig das Rechnen im Kopf), und Du wirst Dich darauf einlassen müssen, diese Übungen sehr gründlich, sorgfältig und bedacht zu erledigen, weil sie sonst an Deinem Kopf vorüberrauschen. Aber in allen Lernbereichen, in denen es darum gehen wird, über die Welt, wie sie ist und wie sie sein könnte, nachzudenken und das hierzu notwendige Wissen zu erwerben, da wird es Dir gutgehen, denn ich vermute, Du wirst – wie bisher – zu denen gehören, die die Gruppe voranbringen. Kinder und Erwachsene werden Dich schätzen wegen Deiner außergewöhnlich *sachkundigen, einfühlsamen und bedachten Beiträge zu Euren Gesprächen. Ich wünsche Dir alles Gute.*

P.S. Du bist sehr darauf aus, schon im 5. Schuljahr mit einer 2. Fremdsprache beginnen zu dürfen. Um dies schaffen zu können, mußt Du zuvor in den Sommerferien sehr gründlich etwas gegen Deine Schreibschwierigkeiten getan haben. Ich traue Dir zu, daß Dir dies gelingt. Denn wer sich etwas so sehr wünscht wie Du, der kann vielleicht tatsächlich Berge versetzen. Ich wünsche Dir Kraft und Glück!

Meine Zeugnistexte seien eher Liebeserklärungen als Entwicklungsberichte, sagte mir vor einiger Zeit ein Regelschulkollege, und vermutlich werden auch einige Leser und Leserinnen meines Textes für Tobias finden, daß das Ganze doch wohl sehr beschönigend klinge angesichts eines Kindes, das erst im Winter des 4. Schuljahres das Lesen lernte und am Ende des 4. Schuljahres noch so schreibt, wie das Faksimile zeigt.

»Büffeljagd« – aus Tobias' Indianerheft im 4. Schuljahr. In der Reinschrift: »Die Indianer umzingelten die Bisons. Viele (der Indianer) starben. Die Indianer zogen den Bisonherden hinterher. Sie probierten nur männliche Büffel (zu schießen). Doch die Eisenbahn zerstörte alles.«

Zunächst dachte auch ich, die Sache mit der Liebeserklärung dürfe ich als Lehrerin nicht auf mir sitzenlassen. Aber darf ich wirklich nicht? »Liebe macht blind«, sagt ein Sprichwort, wonach man tunlichst auf Zuneigung beim Zeugnisschreiben verzichten sollte. Aber wie für alles in der Welt, so gibt es auch hier eine gegensätzlich passende Lebensweisheit: »Man sieht nur mit dem Herzen gut. Das Wesentliche ist für die Augen unsichtbar.« *(Saint-Exupéry)* Vielleicht ist sie auch nicht richtiger als die erste. Aber sie deutet etwas von der Haltung an, die ich beim Schreiben der Berichte tatsächlich einnehme.

Verrückterweise war dieser Tobias, den ich mitsamt seinen scheußlichen Schwierigkeiten liebgewonnen habe, dasjenige Kind, das mir während unseres ersten Jahres, dem 3. Schuljahr, weitaus am meisten zu schaffen gemacht hatte – innerlich und äußerlich. Dies lag nicht nur an seiner unbeschreiblich großen Unruhe – äußerlich und innerlich –, die für uns alle, mich und die Gruppe und ihn selbst, manchmal nicht mehr erträglich zu sein schien. Es lag vor allem daran, daß ich ihm nicht helfen konnte. Denn er wollte sich nicht helfen lassen, eben weil er mit aller Macht jemand sein wollte, der keine Hilfe braucht. »Na klar weiß ich, daß da kein ›j‹ rein gehört«, sagte er, wenn er zum 37. Mal Indijaner geschrieben hatte und ich ihn darauf aufmerksam machte. Ich konnte weder mit ihm lautieren noch ihm anhand von Rechenstäben das Verdoppeln von Zahlen erklären (»Ich hab nur grad mal wieder vergessen, daß 2 mal die 8 = 16 ist«); wenn die anderen mit echten Aquarellfarben auf echtem Aquarellpapier kleinformatig kunstvoll malten, verlangte er ein vierfach großes Blatt, verbrachte die Stunde damit, es mit großer Geste einzufärben und erklärte anschließend in mein fragend ungeduldiges Gesicht, daß dies ein Wasserfall sei – gegebenenfalls ein Feuerwerk –, ob ich das denn nicht sehen könne.

Ich muß gestehen, ich tue mich schwer mit Kindern, die soviel »Wind um nichts machen«. Ich finde solche Kinder schwierig, schwieriger als Kalle und Benjamin, die in derselben Gruppe waren. Im Grunde ist es das Verdienst meiner ehemaligen Schülerin Jorinde, mir Augen und Herz für Tobias geöffnet und einen Zugang zu ihm verschafft zu haben, als sie 20 Jahre jung – als angehende Erzieherin ihr Praktikum bei mir machte. Sie spürte wohl, daß ich mit diesem Jungen nicht wirklich zurechtkam. »Ich mag ihn sehr«, sagte sie, »ich glaub, ich war auch mal so.« Daß sie ihn besonders mochte, erschien mir als Glück, daß sie auch so gewesen sei, erschien mir als barer Unsinn. Denn ich wußte doch, daß sie die Laborschule als eine unserer besonders leistungsstarken Schülerinnen verlassen hatte, und sie war mir aus dem 3. und 4. Schuljahr als besonders pflegeleichtes, lernmotiviertes, sozial eher angepaßtes Mädchen in Erinnerung. Aber im Laufe unserer Gespräche über Tobias erinnerte ich mich daran, daß sie erst während ihres 2. Schuljahres zu uns an die Schule gekommen und in ihren ersten Zeiten unbegreiflich zaghaft und bewährungsängstlich gewesen war. Jorinde also nahm sich Tobias' an. Sie half

ihm, sich selbst gut zu finden. Durch ihre Zuneigung und ihr Verständnis gewann er die Kraft,
seinen ja tatsächlich sehr großen Lernschwächen
und -schwierigkeiten ins Auge zu sehen, sich ihnen zu stellen, sie in Angriff zu nehmen. Als er
soweit war, waren auch Lernfortschritte möglich.
Jetzt konnte er akzeptieren, daß ich auch bei ihm –
ebenso wie bei zwei anderen Kindern – als Fortschritt werten wollte, wenn er Wörter lautorien-
tiert aufgeschrieben hatte, also so, daß sie »richtig
klingen«. Jetzt konnte ich ihm Schreibschriftübun-
gen abverlangen, die er zuvor als langweilig und
kränkend empfunden hatte, weil seine Freunde sie
bereits in der Eingangsstufe absolviert hatten; jetzt
konnte ich mit ihm Leseübungen an Texten machen, die so groß gedruckt waren, daß er sie zuvor
als »Babykram« von sich gewiesen hatte; jetzt
konnte ich von ihm verlangen, das eben gelernte
Einmaleins »zur Sicherheit« übers Wochenende
noch einmal zu üben, was er früher als Demüti-
gung seiner Person aufgefaßt hatte. Und jetzt war
möglich und von Erfolg gekrönt, daß die Kunstleh-
rerin, als sie einmal über seinem malerischen Ge-
tue fast die Nerven verlor, ihn fest am Arm packte,
ihn neben sich an die Tafel stellte, seinen Arm
führte und – vermutlich gegen alle Kunstpädago-
gik – sagte: »So, Tobias, wenn Du einen Baum
malen willst, dann geht das so: er hat einen Stamm
und Äste, der Stamm steht auf der Erde, er ist
dicker als die Äste . . . Sieh nach draußen und guck
Dir an, wie ein Baum aussieht.« Das Ganze geschah mit so entschiedener Stimme, daß Tobias
aufhörte, sich zu entwinden, körperlich und inner-

lich. Und danach – auch dies eines der Wunder – zeichnete er mit einer Rohrfeder auf sein zuvor eingefärbtes Blatt ein Geäst von ganz und gar eigensinnig optischem Zauber und geriet vor Freude über das, was ihm da gelungen war, fast aus dem Häuschen. Gleich sofort wollte er einen Rahmen dafür haben, und einen Fön, um das Bild zu trocknen, denn gleich heute wolle er es nach Hause mitnehmen. Wir beschafften einen Fön und machten seinem Bild ein Passepartout, durch dessen Farben die Wirkung seiner Kunst noch gesteigert wurde. Es wurde der Durchbruch beim Malen: Tobias hatte gelernt, daß ein Bild nicht »auf der Flucht« entstehen kann, sondern nur, wenn man es sich so ruhig und konzentriert vor Augen führt, daß es Gestalt annimmt.

Gegen Ende des 3. Schuljahres war Tobias von all seinen Anstrengungen und den Durchbrüchen erschöpft. Ein neuer Drahtseilakt begann: Hatte er zuvor alle Kräfte damit verbraucht, seine offensichtlichen Schwächen zu verstecken und sich selbst dazu, versuchte er jetzt, den als notwendig erkannten Anstrengungen dadurch zu entkommen, daß er seine Schwächen als Waffen benutzte. Wir sollten ihn endlich in Ruhe lassen, sagte er, wir hätten doch selbst gesagt, wie vieles er schon geschafft habe, der Psychologe habe ihm erklärt, was mit seinem Kopf anders sei als bei anderen, ob wir eigentlich wüßten, wie saumäßig schwer dies alles für ihn sei, und so weiter. Kurzum: die Wirklichkeit korrespondierte immer noch längst nicht mit seinen Hoffnungen und Ansprüchen, er verlor den

Mut, erlahmte in seinen Anstrengungen, wurde wieder schwierig – für uns Erwachsene, die anderen Kinder und für sich selbst. In diese Situation kam der erste Bericht, am Ende des 3. Schuljahres. Es war einer der schwierigsten, die ich je zu schreiben hatte, denn er mußte die Balance halten zwischen Ermutigung und Unerbittlichkeit.

Bericht für Tobias im 3. Schuljahr

Lieber Tobias,

Du bist ein Glück für die Gruppe, wenn es darum geht, Konflikte zu klären und Lösungen zu finden. Du kannst Dich in andere einfühlen und machst Dir Gedanken, und Du hast die Fähigkeit, Deine Gedanken und Gefühle zu äußern. Am freundschaftlichen Zusammenhalt, der Eure Gruppe auszeichnet, haben Deine Gesprächsbeiträge hohen Anteil.

Manchmal kommt es mir fast als Wunder vor, wie Du es geschafft hast, all Deine nervige Unruhe hinter Dir zu lassen. Nun hast Du Deinen Tisch zum »Anti-Quatsch-Tisch« erkoren und Dir vorgenommen, dafür zu sorgen, daß er dies auch ist und bleibt. Noch etwas anderes Wichtiges hast Du im 3. Schuljahr geschafft: Du kannst jetzt die Schreibschrift aus dem Kopf heraus (überwiegend) richtig und in (fast) gutem Tempo schreiben; dies zu lernen war sehr schwierig für Dich, und deshalb kannst Du stolz sein, es bis hierhin geschafft zu haben. Zufrieden kannst Du Dich allerdings noch nicht damit geben, denn mehrere Buchstaben bedürfen noch der Klärung: Du unterscheidest zum Beispiel nicht zwi-

schen a und o, zwischen r und n und u. Manchmal fiel
Dir die Form irgendeines Buchstaben überhaupt nicht
ein, und dann war es Dir zu lästig, auf Deiner Buchsta-
bentabelle nachzusehen, und Du hast statt dessen ›ir-
gendwas‹ geschrieben. Auch insgesamt mußt Du noch
etwas für die Ausgeglichenheit Deiner Schrift tun; das
Schreibübungsheft war dazu gedacht, leider hast Du es
so schnell wie nur irgend möglich loswerden wollen und
es deshalb mehr oder weniger vergeudet.

Wenn Du Dir Mühe gibst, kannst Du jetzt Wörter aus
dem Kopf so schreiben, daß sie (fast) richtig klingen,
wenn man sie laut liest; mit »fast« meine ich, daß bei
Dir häufig ein weicher Laut (zum Beispiel Ginder statt
Kinder) steht, wenn ein harter klingen müßte – oder
umgekehrt (zum Beispiel Pulle statt Bulle). Es ist deshalb weiterhin wichtig, daß Du genau auf die Laute
hörst, und wenn Du Dir unsicher bist, die Tricks mit der
Hand anwendest, die wir geübt haben.

Über dem »Schreiben wie es klingt« bist Du mit dem
Lesen vorangekommen. Du kannst eigene Geschichten
schreiben und sie vorlesen. Du hast Mut gewonnen,
Diktate »wie sie klingen« mitzuschreiben, und hast
beim zweiten Mal auch die Nacherzählung versucht.

Das alles sind erfreuliche Fortschritte, auf die Du stolz
sein kannst. Leider kann ich Dich nicht auf diesen
Erfolgen ausruhen lassen, auch wenn Dir zur Zeit sehr
danach zumute ist. Denn Du hast noch ein großes
Pensum vor Dir, das Du unbedingt schaffen mußt, um
im 5. Schuljahr zurechtkommen zu können.

Von nun an mußt auch Du Schritt für Schritt die
richtige Schreibweise der Wörter lernen, das heißt, daß
auch Du Dich auf das einlassen mußt, was ich im
Unterricht für alle bespreche. Bislang hast Du eher so

getan, als gehe Dich dies alles nichts an. Manche leichten Regeln – zum Beispiel der große Anfangsbuchstabe am Satzanfang –, die wir im Kreis und an der Tafel x-mal besprochen haben, hättest Du eigentlich schon seit Wochen anwenden müssen, denn die damit zusammenhängenden Fehler haben nichts mit Deinen Lese-Rechtschreib-Schwierigkeiten zu tun, sondern nur mit Unaufmerksamkeit für das, was im Unterricht besprochen wurde. Die Fortschritts-Diktate wolltest Du gerne »wie sie klingen« mitschreiben, Du hast Dich gefreut, daß Du dies kannst. Leider hat Deine Freude nicht dazu gereicht, die sich anschließenden Übungen vollständig und sorgfältig zu bearbeiten. In der »Wörterliste zum Bauernhof« zum Beispiel, die Du abschreiben solltest, hast Du viele Schreibungen, die ich nicht verstehe.

Tägliches Üben täte Dir auch im Rechnen gut. Du hast zwar den Einmaleins-Führerschein geschafft, aber Du weißt, daß ich dabei ein Auge zudrücken mußte. Denn sobald Du aufgehört hast, Deinen Kopf zu trainieren, wurde das, was Du schon mal konntest, leider in Windeseile weniger. Du mußt darauf achten, daß dies nicht passiert, denn nach den Sommerferien stehen für Dich die schriftlichen Rechenverfahren mit großen Zahlen an, und dann mußt Du das Kopfrechnen mit kleinen Zahlen – mal und geteilt, plus und minus bis 100 – sozusagen »im Schlaf« können, also ganz und gar sicher und schnell.

Ein Pferdeheft oder ein Bauernhofheft habe ich Dir erlassen, weil ich dachte, Du würdest die Zeit für Dein eigenes Thema nutzen oder für das Cassetten-Training. Leider bist Du damit erst bei Lektion 7, ich hatte erwartet, daß Du längst vor den Sommerferien mit allen 20 Lektionen fertig bist. Eines Deiner Themen ist die Zerstörung des Regenwaldes. Es gibt in Deiner Gruppe einen Regenwald-Club, um dessen Aktionen Du Dich anfangs heftig bemüht hast. Einen ganzen Nachmittag lang hast Du am Kopierer Deines Vaters gestanden, um die Regenwald-Zeitung herzustellen. Wovon Dein Themenheft handelt, kann ich auf den einzigen beiden Seiten, die davon existieren, nicht erkennen. Du hast gesagt, daß Du Dich für die Samurai-Ritter interessierst und bist sehr häufig deshalb in die Bibliothek gegangen. Vielleicht hältst Du der Gruppe einmal einen Vortrag über die Samurai, damit könntest Du das fehlende Themenheft wettmachen.

In der Sporthalle bist Du besonders kühn auf den Balancier-Tonnen; Du bist ein guter »Unterbau« für die Akrobatik-Pyramiden. Du kannst, dank Deiner langen Beine, über einen hohen Bock springen, warst dabei allerdings meist so ungestüm, daß Du Bock und Helfer dabei fast umgerissen hast. In Emsdetten auf dem Bauernhof warst Du einer der Spezialisten für den Esel Räuber. Mit freundlicher Beharrlichkeit hast Du den Esel dazu veranlaßt, das zu tun, was Du von ihm wolltest.

Geradezu fabelhaft finde ich Dich in der Versammlung. Du hast ein sehr feines Ohr für Sprache und eine hohe Fähigkeit, schwierige Texte zu verstehen. Deine »Sagen und Fragen« zu den Geschichten anderer Kinder gehören zu den ganz besonders wichtigen Versammlungsbeiträgen, ebenso wie all das, was Du zu den Vorlesebüchern äußerst.

Lieber Tobias, ich wünsche Dir gute Ferien und einen frischen Start ins 4. Schuljahr.

Von der wichtigsten Entwicklung dieses 3. Schuljahres erzählt der Bericht mit Absicht nicht; es ist
die Geschichte von Tobias' »Tarnkappe«. Tobias
trug vom ersten Schultag an eine Schirmmütze, die
er sich weder mit Milde noch mit Strenge nehmen
ließ. Der Schirm engte sein Blickfeld ein, so daß er
nur einen Teil dessen mitbekommen konnte, was
um ihn herum vorging; Schulisches – an der Tafel
und in seinem Heft zum Beispiel –, aber auch
Nichtschulisches – das Geschehen an den Nachbartischen zum Beispiel. Folglich war er noch un-
ruhiger, als er ohnehin schon war, ewig in Bewegung, zumindest was die kompensatorische Wahr-
nehmung von Geräuschen und seine Wege zu den
Freunden an den Nachbartischen betraf. Ich
brauchte eine Zeitlang, um diesen Zirkel zu erkennen – jedenfalls nahm ich an, daß es diesen Zirkel
gab –, und wollte nun erzwingen, was er auf gut
zureden hin nicht tat, nämlich die Mütze abzuneh-
men. Seine Eltern waren voller Zustimmung und
erhofften meinen Sieg; schafften sie es doch nur,
ihm während der Mahlzeiten die Mütze zu verbie-
ten.
»Laß ihm die Mütze, er braucht sie«, sagte Jorinde,
»ich habe einen Freund, der hat auch so eine. Ich
glaube, der braucht die, um sich drunter zu verstecken. Das ist wie eine Tarnkappe.«
Ich muß gestehen, daß das Bild der Tarnkappe zum
Verständnis dieses wichtigtuerischen und groß-
sprecherischen Jungen, der soviel Getöse und
Wind um seine Person machte, daß man gar nicht
an ihn herankommen konnte, für mich nicht gerade nahelag, und ohne Jorindes Hinweise hätte ich

sicher länger gebraucht, um einen Weg zu ihm zu finden. Natürlich verbot es sich von selbst, ihn mit der Tarnkappenfigur zu konfrontieren; dies ist einer der Gründe, weshalb diese vielleicht wichtigste aller Geschichten im Bericht unerwähnt bleibt. Für Tobias und die Gruppe war die Mütze keine Tarnkappe, sondern eine Skatermütze, und er war ein Skater, der Skaterklamotten trug, die er sich von seinem Taschen- und Geburtstagsgeld kaufte und gegen Eltern und Lehrer mit aller Macht verteidigte. Dennoch folgte ich Jorindes Rat und ließ ihm die Mütze für drei weitere Wochen. Dann aber, gekoppelt an einen der ersten sichtbaren Lernerfolge, verlangte ich kategorisch von Tobias, daß die Kappe zu Hause bleiben müsse. Irgend etwas in meinem Ton ließ mich siegen; am nächsten Tag war die Mütze zu Hause geblieben. Und nun erst konnte auch ich sehen, daß er sie wirklich gebraucht hatte, denn nun hatte er sich seine Haare so ins Gesicht frisiert, daß ihm ein langer Pony bis tief über die Augen hing. Es war wie bei Kleinkindern, die beim Versteckspielen denken, wenn sie sich die Hand vor Augen halten und selbst nichts sehen, dann sieht auch sie keiner. Tobias konnte durch den Pony hindurch noch weniger sehen als unter dem Schatten seines Mützenschirms. Um zu schreiben oder zu lesen, egal ob an der Tafel oder im Heft, um Kinder im Gespräch anzublicken oder einen Blick von ihnen aufzunehmen, mußte er seinen Kopf nach hinten werfen, damit die Haare sekundenlang aus der Stirn waren. Er warf fast unentwegt. Einige Tage später war ich den Zirkus leid und verlangte mit demselben Ton der Ent-

schiedenheit, er solle sich den Pony kürzer schnei-
den. Er tat es nicht, wollte nicht mehr zur Schule,
haßte mich und haßte seine Eltern, weil sie mit mir
gemeinsame Sache machten, führte sich auf wie
ein Samson, dem eine Dalila die Haare und damit
die Manneskraft rauben wollte. Ich war im Zug-
zwang und lenkte ein: Wenn er denn wirklich am
Kopf friere, sagte ich, dann solle er in Gottes Namen wieder seine Mütze aufsetzen, jedoch nur,
wenn die Haare drunter blieben und der Schirm
nach hinten gedreht sei. Denn niemand könne lesen lernen, solange er die Buchstaben nicht richtig
sehen kann, behauptete ich sozusagen kraft meines Amtes.

Er schien zu begreifen, daß in unser beider Kampf
Existentielles aufeinanderprallte: sein Widerstand
gegen meinen Versuch, ihn seiner Kappe zu berau-
ben, meine Entschlossenheit, ihm das Gesichtsfeld
zu erweitern, damit er lesen lerne. Am nächsten
Tag hatte er die Mütze auf, die Haare drunter, den
Schirm nach hinten. Und was ich schon geahnt
und unfairerweise auch gehofft hatte, trat nach
einigen Tagen ein: der Schirm störte am Kragen
und war unbequem. Ich hatte darauf gesetzt, daß
dies für Tobias Anlaß sein würde, die Mütze von
sich aus aus dem Verkehr zu ziehen. Das tat er
auch, nachdem er zunächst immer wieder versucht hatte, sie umzudrehen, es aber leid geworden
war, daß nun auch die anderen Kinder ihn jedesmal daran erinnerten, daß sie andersherum sein
müsse. Nach einigen Tagen blieb die Mütze zu
Hause, und die Haare fielen wieder über die Augen. Ich war ratlos und wütend und wünschte, ich

hätte nie damit begonnen, mich auf dieses strapaziöse Kind einzulassen. Da kam uns die Haar-Mode und Tobias' soziales Engagement für alles und jedes, also auch für die Punker vor Bielefelds Punker-Pavillon zu Hilfe. Weil dieser Punker-Pavillon in der Nähe der Anwaltspraxis seines Vaters lag, hielt sich Tobias häufig interessiert dort auf, und uns in der Schule hielt er lange Reden über das, was eine Stadt wie Bielefeld Menschen wie diesen antue. »Aber manche von denen tragen Fascho-Klamotten, Springerstiefel und so«, wagte einer aus der Gruppe einzuwenden. »Denkste«, brauste Tobias auf, »die tragen Antifa-Klamotten.« Und dann holte er aus zu einer langen Rede, aus der wir lernten, daß Springerstiefel natürlich nicht gleich Springerstiefel seien, sondern daß es darauf ankomme, wie die Schuhbändel geschnürt seien, und daß die Bomberjacke zwar eine Bomberjacke sei, aber ein kleines Abzeichen darauf habe, das zeige, daß es Antifa-Jacken seien.

Dies alles predigte er im gewohnten Ton, der uns Unwissende wissen ließ, daß wir unsere bürgerlichen Pflichten vernachlässigen, wenn wir von solcherlei bedeutungsvollen Unterschieden keine Ahnung haben. Aber – seine Identifikation mit den Punkern hatte mindestens ein Gutes: die Punker nämlich brachten ihre Haare mit Haarwachs oder -gel zum Stehen, und das tat Tobias mit seinem langen Pony nun auch.

Lange Zeit war nun wirklich Ruhe an der Haarfront. Das Glück wollte es, daß Tobias in dieser Zeit mit dem Lernen tatsächlich etwas besser vorankam als zuvor, was wohl daran lag, daß er insgesamt Schritt für Schritt zur Ruhe kam, innerlich und äußerlich.

Vielleicht ist es um der Sache willen nützlich, wenn diejenigen Leserinnen und Leser, die meinen Erzählungen über Tobias bis hierher gefolgt sind, meinen Bericht für ihn beim Übergang ins 5. Schuljahr (s. o. *S. 81ff.*) noch einmal lesen. Vielleicht ist nun zu verstehen, warum ich meine, daß auch »Liebeserklärungen« Entwicklungen aufzeichnen können.

Natürlich war diese Entwicklung von vielerlei Gesprächen mit seinen Eltern begleitet. Meine Berichte waren Grundlage unseres Austauschs und vieler Erzählungen. Tobias' Eltern haben gemerkt, daß auch sie – unbewußt – von Tobias gewollt haben, daß er ein anderer sei, als er ist. Sie haben entdeckt, welch wahnwitzige Leistungen er auf diesem (Irr-) Weg erbracht hat, und sie sind fasziniert von der Kraft, die sie an ihrem Kind erkannt haben. Sie wissen nun aus eigener Erfahrung, daß nicht nur Kinder allgemein, sondern auch Geschwister so verschieden sein können, daß eines es mit dem Lernen sehr, sehr leicht und das andere es damit sehr, sehr schwer hat. Sie haben sich klargemacht, daß beides mit dem vielbesagten »guten Willen« meist wenig zu tun hat, und oft gar nichts.

Tobias ist inzwischen im 6. Schuljahr. Er hat tatsächlich und wider Erwarten die Sommerferien nach dem 4. Schuljahr durchgearbeitet, um im 5. Schuljahr zusammen mit seinen Freunden am Lateinunterricht teilnehmen zu dürfen. Und – ebenfalls wider Erwarten – ist er dort auch nicht ausgestiegen, wie dies nach dem 5. Schuljahr möglich gewesen wäre. Noch immer hat er qualvolle Schwierigkeiten mit der Rechtschreibung, die zu bewältigen ihn den größten Teil seiner Kraft kosten. Noch immer hat er Lücken in Mathematik, weil seine Schreibschwierigkeiten ihn so viel seiner Zeit kosten und seine Merkschwäche nach wie vor gravierend ist. Noch immer kann er seine Genugtuung daraus ziehen, daß jedes Projekt, jedes Vorhaben durch seine Mitarbeit Profil gewinnt und die anderen ihm dies auch anerkennend spiegeln. Wie alle anderen Kinder seiner Gruppe gibt er sein Bestes; manchmal überanstrengt er sich dabei und hängt wieder durch. Aber insgesamt fühlt er sich gut, und ich finde, er hat allen Grund dazu.

Annika

Für Annika, deren zugeneigte Zurückhaltung Tobias' triumphalen Zirkus-Erfolg möglich machte, stellt sich die Frage nach dem eigenen Wert anders als bei Tobias.

Körperlich war Annika auch noch nach dem 2. Eingangsstufenjahr* die Kleinste ihrer Gruppe. Bei den »Weißen« im Jahrgang 3 war sie zudem auch noch die Jüngste, denn wir hatten sie nach nur zwei Eingangsstufenjahren (also am Ende des Jahrgangs 1) in den Jahrgang 3 springen lassen, weil sie bereits damals leistungsstärker und sozial kompetenter war als die meisten »Übergänger«,

---

* Die Laborschule beginnt mit einer dreijährigen Eingangsstufe, in der Kinder im Vorschulalter (Jahrgang 0) zusammen mit Kindern der Jahrgänge 1 und 2 in altersgemischten Gruppen leben und lernen.

die nach drei oder vier Eingangsstufenjahren in den Jahrgang 3 übergingen. Für Annikas Freundin Anna – von der ich unter dem *Stichwort: Beschönigungen* erzähle – war sie eine so wichtige und gute Stütze beim Lernen und im Leben, daß die beiden Mädchen unbedingt zusammenbleiben sollten und wir Annika auch darum springen ließen.

Für Kinder, die nach nur zwei Eingangsstufenjahren in den Jahrgang 3 springen, gelten in der Laborschule folgende Vereinbarungen: Die Kinder müssen »emotional und motorisch ausgeglichen, zu sozialem Lernen bereit und fähig, sachorientiert und lernmotiviert« sein und die sogenannten Kulturtechniken (Lesen, Schreiben, Rechnen) so gut beherrschen, daß sie ohne zusätzliche Nachhol-Hilfe zu den leistungsstärksten Kindern des Jahrgangs 3 gehören. Bisher traf dies nur für Kinder zu, die im ersten Schulhalbjahr ihren Geburtstag haben, also im Regelschulsystem als sogenannte »Kann-Kinder« vorzeitig ins erste Schuljahr aufgenommen werden können.

Annika war ein solches »Kann-Kind«, zudem also die Jüngste und Kleinste der »weißen« Gruppe. Ersteres machte ihr zu schaffen. Sie glaubte beweisen zu müssen, daß sie den Sprung verdient hatte, und bemühte sich sehr darum, Bestleistungen in all den Bereichen zu zeigen, in denen ihr dies möglich schien. Es ging ihr nicht darum zu beweisen, daß andere weniger konnten als sie, es ging ihr nur darum zu beweisen, daß sie vollauf genug konnte, um zu dieser Gruppe zu gehören. Um sie zu beruhigen, versicherte ich ihr dies im Bericht am Ende des 3. Jahrgangs noch einmal ausdrücklich, freilich absichtsvoll auf die Gruppe hin bezogen (»*manches von dem, was Dir gelingt, gehört zum Besten, was die weiße Gruppe zu bieten hat*«) oder aus der Sicht der anderen Kinder (»*unbestrittene Meisterin bist Du beim Geschichtenschreiben*«).

Mein Bericht für Annika am Ende des Jahrgangs 3 beginnt folgendermaßen:

Liebe Annika,

Du hast Deinen großen Sprung von den »Einern« im Haus 1 zu den »Dreiern« im Haus 2 prima geschafft. Du bist zwar die Jüngste, aber manches von dem, was Dir gelingt, gehört zum Besten, was die weiße Gruppe zu bieten hat. Unbestrittene Meisterin bist Du beim Geschichtenschreiben. Niemand hat so viele Geschichten erfunden wie Du, und niemandem sind so viele ganz besonders schöne Geschichten gelungen wie Dir. Anscheinend nimmst Du die Bücher, die Du liest und hörst, mit sehr feinem Ohr auf. Und was Du aufnimmst, verbindest Du mit Deinen eigenen Gedanken und Vorstellungen und läßt daraus Deine eigenen Geschichten wachsen. Man sieht und hört ihnen an, wie Du Dich um einen schönen Erzählton bemühst und nach Worten suchst, die zur Stimmung in der Geschichte genau passen. Und auch die »Sagen und Fragen« von anderen machst Du Dir zunutze. Sie sind Dir Anlaß zum erneuten Nachdenken und Bemühen, und nicht selten hat dies dann Deine Texte nochmals verfeinert. Alles zusammen – Deine feinen Ohren, der reiche Schatz an Worten in deinem Kopf, Deine Offenheit für die Anmerkungen der anderen und die Mühe, die Du Dir beim Verfassen der Texte gibst – macht, daß manche Deiner Geschichten

kleine Kunstwerke geworden sind. Man könnte sie so,
wie sie sind, in einem richtigen Buch abdrucken.

Nicht nur ich, sondern auch die anderen Kinder
merkten, daß Annika ein außergewöhnliches lite-
rarisches Talent besitzt. Natürlich gelang ihr deshalb und aufgrund ihres Qualitätsbewußtseins
auch die erste Nacherzählung einer Kurzgeschichte, die ich der Gruppe als Anforderung gestellt
hatte, hervorragend. Aber diese Textform meister-
ten auch noch einige andere Kinder, und um ihnen
Mut zum Schreiben auch eigener Texte zu machen,
las ich ihre Texte anerkennend in der Versammlung vor. Annikas Text las ich – obwohl er zu den
besten gehörte – nicht vor; ich sagte ihr und den
anderen Kindern, daß ja jeder wisse, daß sie hervorragende Texte schreiben könne und ich diesmal
lieber Texte von Kindern vorlesen wolle, die bisher
noch nicht zu hören waren. Die Gruppe fand dies
in Ordnung, auch Annika schien zufrieden. Später
hörte ich jedoch, wie sie an ihrem Arbeitstisch
mehrmals betonte, auch ihr Text zähle zu den besten, Ieide habe das gesagt. (Meiner Ansicht nach
war der Text sogar mit Abstand der beste, vermutlich sah Annika dies auch so, und deshalb kam es
sie offenbar sehr hart an, daß ich ihren Text nicht
vorlesend anerkannt hatte.)
Bei der nächsten Nacherzählung versuchte sie einen Text, den ich – ihrer Meinung nach – schon
allein deshalb vorlesen mußte, weil er ganz und
gar anders war als alle anderen Texte. Anders war
er in der Tat, aber er war – weil sie die Anerkennung hatte erzwingen wollen – mißlungen, und

ich sagte ihr dies. Für sie war es die erste Erfahrung mit einem mißratenen Text, und sie weinte bitterlich. Ich blieb unerbittlich, zeigte mich ungerührt von ihren Tränen, weil ich für sie wollte, daß sie solche Art Enttäuschungen oder Niederlagen ertragen lernt. Die Gefühle der anderen Kinder wendeten sich gegen mich; sie waren befremdet, weil mich Annikas Tränen nicht zu rühren schienen. Also war es an ihnen, Annika zu trösten, und das war mir nur recht. Eine Woche später lag auf meinem Schreibtisch eine zweite Fassung von Annikas Hand, in bewährter Meisterschaft und ohne extraordinäre Ambitionen. In ihrem Bericht am Ende des dritten Schuljahres erzähle ich von dieser Geschichte:

Klar, daß jemandem, der so schreiben kann wie Du, auch so etwas wie die Nacherzählung vom Spinnchen und dem Hirsch hervorragend gelingt. Und deshalb habe ich damals Deinen Text nicht ausdrücklich hervorgehoben, sondern die gut gelungenen Texte derjenigen Kinder vorgelesen, die (noch) nicht so sicher sind wie Du, daß sie sehr gute Texte schreiben können. Bei der zweiten Nacherzählung (der Geschichte vom Eichhörnchen und den Mäusen) wolltest Du etwas ganz Besonderes machen, hast Dich aber in eine Richtung bemüht, die nicht gelingen konnte: Du hast versucht, aus der besinnlichen Erzählung eine Witze-Geschichte zu machen und dadurch ist eine Menschenkinder-Geschichte daraus geworden, die nicht zur Stimmung der Geschichte paßt, die ich vorgelesen hatte. Als ich diesen Text als Beispiel dafür vorlas, daß jedem – trotz aller Bemühungen – manchmal ein gutgemeinter Text danebengehen kann,

da warst Du bitterlich traurig. Die anderen haben Dich
sehr lieb getröstet, weil sie wissen, wieviel Mühe Du Dir
jedesmal gibst, und weil sie alle von sich wissen, wie
enttäuschend es ist, wenn man sich Mühe gibt und
dennoch keinen Erfolg hat. Und – natürlich – weil sie
Dich alle sehr mögen und ihnen Dein Kummer leid tat.
Vielleicht aber hast auch Du gemerkt, daß es für die
anderen ein Trost war zu wissen, daß auch Geschichten-
Künstlerinnen wie Dir mal ein Text mißlingen kann.
Einige Tage später hast Du mir eine neue Fassung der
Nacherzählung vom Eichhörnchentext auf den Schreib-
tisch gelegt. Ich habe mich über Deine Einsicht gefreut.

Der Bericht am Ende des 3. Schuljahres endet mit
der Betonung von Annikas Wert für die »weiße«
Gruppe:

Für die Versammlungen bist Du nicht nur wegen Dei-
ner eigenen Geschichten sehr wichtig, sondern auch
wegen Deiner »Sagen und Fragen«. Du nimmst an
allen Geschichten einfühlsam und nachdenklich Anteil,
auch an denen, die nicht so gekonnt sind wie Deine; mit
Deinem feinen Sprachempfinden und Deinem Gespür
für andere Menschen kannst Du heraushören, worum
andere sich bemüht und was sie gemeint haben, und Du
hast eine wohltuende und hilfreiche Art, es ihnen zu
sagen. Viele Geschichten sind durch Deine Hinweise
und Anregungen verbessert worden. Auch für die Mei-
sterschreiber neben Dir bedeutet Deine Anerkennung
viel; es tut ihnen gut, daß Du an ihren Texten ähnlich
viel Freude hast wie an Deinen eigenen. Und auch wenn
ich vorlese, hörst Du – glaube ich – sehr gerne und ganz
und gar aufmerksam zu, machst Dir Deine Gedanken

und Vorstellungen, und vermutlich beginnt manchmal
dann schon eine neue Geschichte in Deinem Kopf zu
wachsen.
Liebe Annika, wie gut, daß Du zu den »Weißen« ge-
hörst! Und wie schön, daß die »Weißen« so gut zu Dir
passen!

Beim Zeugnisschreiben habe ich zunächst gezö-
gert, ob ich die Episode mit der mißlungenen
Nacherzählung zur Sprache bringen sollte. Immerhin lag sie lange zurück, war überwunden, Annika
hatte Einsicht gezeigt. Beim Schreiben von Entwicklungsberichten muß man sich nämlich vor
Augen halten, daß Kinder kritisch zu sehende Vor-
kommnisse, die Monate zurückliegen, zu Recht als
»überwunden« ansehen und wollen, daß sie »vorbei« sind. Man kann nicht wissen, ob man ihnen
nicht weh tut, wenn man noch einmal die Rede
darauf bringt, und sei es auch nur in einer die
Entwicklung anerkennenden Form.
Deshalb bin ich normalerweise sehr vorsichtig mit
dem Erzählen von »ollen Geschichten«. Bei dieser
hier aber habe ich mich entschieden, sie als ein
Schlüsselerlebnis für etwas zu beschreiben, das
Annikas Lebensthema ist und wohl auch bleiben
wird. Daß es ihr eigenes Thema war, hatte ich
Wochen zuvor in einer ihrer »erfundenen Geschichten« erkannt.
Sie hatte von dem Mädchen Kamira erzählt, das
am Nil lebt und von einer »geheimnisvollen Stimme« gebeten wird, auf dem Grund des Flusses
nach dem Rechten zu tauchen. Dort lebe ein Fisch,
so die geheimnisvolle Stimme, der glaube, in allem

der Beste zu sein, die anderen Fische kämen sich deshalb unnütz vor, wagten sich gar nicht mehr aus ihren Höhlen hervor. Kamira solle hinunter- tauchen und mit dem Fisch reden. Dies ist Annikas Geschichte:

Kamira und der Nil

Es war einmal ein Mädchen, das wohnte am Nil und hieß Kamira. Kamira hatte eine Schwester, die hieß Eischa. Ei- scha war größer und älter als Kamira. Eines Abends, als Kamira gerade in ihrer Hütte schlief, sagte eine ge- heimnisvolle Stimme: »Kamira! Kamira, hörst Du mich?« Kamira wachte auf und hörte die Stimme immer noch und frag- te: »Woher kommt die geheimnisvolle Stimme?« »Ich bin's, der Nil.« »Aber wieso sprichst Du mich denn an?« »Weil Du gerade das richtige Mädchen bist. Ich suche das richtige Mädchen schon lange. Vielleicht kannst Du mir hel- fen. Also: In mir ist ein Fisch geboren, der glaubt, er wäre der Größte und Stärkste. Aber das stimmt nicht, er ist genauso wie die anderen, und jetzt denken die anderen, daß er der Beste wäre und sie nicht mehr gebraucht werden. Sie verschwinden in ihre kleinen Höhlen. Der Nil gehört aber allen und nicht nur dem Fisch. Kannst Du mir helfen, daß die anderen

Fische wieder aus ihren Höhlen kommen?« Kamira dachte nach: »Also – ich kann ein bißchen fischisch, ich tauche erst mal zu dem Fisch und rede mit ihm.« »Hast Du einen Plan, Kamira?« »Ja. Aber woher weißt Du, daß ich Kamira heiße?« »Weil ich höre manchmal den Namen Kamira, und da dachte ich, daß Du Kamira heißt.« »O.k., soll ich Dir den Plan sagen?« »Ja.«
»Bla bla da du bla bla.«
»O.k., aufgepaßt, ich springe!«, und Kamira sprang. Sie tauchte bis auf den Grund. Sie suchte den Fisch und suchte, aber sie fand den Fisch nicht. Dann tauchte sie weiter und fragte den Nil: »Wo ist der Fisch gerade?« »Hinter dem großen Felsen.« »Danke, lieber Nil.« »Gern geschehen.« Kamira tauchte hinter den großen Felsen. Da war der Fisch. Kamira sagte ihm, er solle hinter dem Felsen warten. »O.k.«, sagte er zu ihr, und sie tauchte nach oben, weil sie keine Luft mehr hatte. Der Nil sagte zu ihr: »Ich gebe Dir eine Kette, damit kannst Du so lange unter Wasser bleiben, wie Du willst.« »Danke, lieber Nil. Ich kann sie gebrauchen, denn ich kann nicht so lange tauchen. Ich springe!«, und Kamira sprang und schwamm bis zu dem Fisch.
»Guten Tag, Herr Fisch, ich wollte mit

Ihnen sprechen. Also: Die anderen
Fische kommen nicht mehr aus den
Höhlen, weil Sie Herr Fisch...!«
sprach Kamira.»Was ich Fisch? Ich gar
nichts Fisch.« »...Sie denken, Herr
Fisch, Sie denken...«, sagte Kamira,
»Was denke ich? Was?« »Also – Sie
denken, daß Sie der Beste wären. Das
können Sie auch ruhig denken, aber Sie
müssen es ja nicht immer betonen.«
»O.k., dann werde ich das nicht mehr
tun.« Da tauchte Kamira wieder an das
Licht.
Von da an kamen die Fische wieder aus
den Höhlen.

Die »weiße« Gruppe zeigte sich tief beeindruckt
von diesem Text (». . . die ist erst acht«, flüsterte
Tobias voller Stolz einem neben ihm sitzenden
Besucher zu); mit der Erzählabsicht waren alle
ganz und gar eins. Ohne daß darüber geredet wurde, war klar, daß alle der Meinung waren, es müsse
in der Welt ebenso zugehen wie in dieser Geschichte. Und sie beteiligten sich an der Wiederherstel-
lung des Friedens im Fluß: Sie gaben zu bedenken,
daß die Kette zwar beim Tief-Tauchen, aber nicht
beim Lange-Tauchen helfen könne, sie schlugen
vor, Kamira solle anstelle der Kette ein ausgehöhl-
tes Bambusrohr nehmen, dann könne sie »unten
bleiben so lange wie nötig, weil sie durch das Rohr
Luft holen kann.« Annika tauschte die Kette gegen
ein Bambusrohr aus. Es gab die Frage, warum
anfangs von der größeren und älteren Schwester

die Rede sei, wo die doch im weiteren Verlauf gar keine Rolle mehr spiele. In ihrer Geschichte strich Annika die große Schwester; in Wirklichkeit aber hat sie eine, und vermutlich hatte sie diese in den Text eingeführt, damit daran die besondere Auszeichnung klar werde, die darin bestand, daß sich die geheimnisvolle Stimme an sie – die kleine – um Hilfe wendet und nicht an die ältere Schwester. Keiner schien zu merken, jedenfalls hat es niemand geäußert, daß in dieser Geschichte »die zwei Seelen« in Annikas Brust einander begegnen.

Daß Annika auch Kamira ist, kann man an ihrem Heft sehen, ab und zu steht da ein verräterisches »ich«, gestrichen und durch »Kamira« ersetzt. Der Fisch ist genervt vom Vorwurf, er halte sich für den Besten. Das dürfe er ja auch ruhig denken, sagt Annika-Kamira zu ihm (und zu sich selbst), nur betonen solle er es nicht immer. Der Fisch zeigt Einsicht.

Auch Annika will und kann ihre Talente nicht verleugnen. Sie beharrt darauf, Bestmögliches schaffen zu können, sie weiß genau, wann ihr dies gelingt, sie möchte sich darüber freuen dürfen und stolz darauf sein; aber ihr liegt nicht daran, damit anzugeben und auf andere herabzuschauen. Wenn es manchmal dennoch danach aussieht, dann will sie dies als Mißverständnis oder als Versehen gewertet haben. Ich glaube, davon erzählt diese Geschichte, auch wenn Annika dies nicht bewußt zu sein scheint.

Am Ende des 4. Schuljahres habe ich Annika folgenden Bericht geschrieben:

Bericht für Annika im 4. Schuljahr

Liebe Annika,

wie gut, daß Du vor zwei Jahren in die »weiße« Gruppe gesprungen bist. Du hast Deine Talente eingebracht und warst zugleich rundum wohltuend für die anderen durch die freundschaftliche und verträgliche Art, mit der Du ihnen entgegengekommen bist. Sie haben Dich zweimal hintereinander zur Gruppensprecherin gewählt, obwohl Ihr nach dem ersten Mal eigentlich einen Wechsel geplant hattet. Du hast etwas geschafft, was manch anderen Menschen, die durch außergewöhnlich gute Leistungen hervorragen, nicht gelingt. Deine Gruppe kann sich mit Dir über Deine Künste mitfreuen, betrachtet sie auch ein wenig als »weiße«-Künste und hat damit ja wohl auch recht. Denn wenn Du Dich in der Gruppe nicht wohl fühlen würdest, dann würde Dir sicherlich weniger gelingen. Natürlich beneidet Dich mancher oder manche um das, was Dir zuzufliegen scheint, und sieht nicht, wie sehr Du Dich um Qualität über das Talent hinaus bemüht hast. Aber neidisch, also ablehnend, ist keiner, wohl auch, weil Du wohltuend vorsichtig bist mit allem, was nach Angeben aussehen könnte. Du hast Dich riesig und zu Recht gefreut, wenn Dir etwas geglückt ist. Aber es ist Dir nur selten passiert, daß Du Genugtuung aus dem Vergleich mit Kindern gezogen hast, denen diese Dinge weniger leicht fallen als Dir und darum trotz gleicher Bemühung auch weniger gut gelingen.

Dein Kopf ist voller Geschichten und Erfindungen. Meist sprudelte bereits die nächste und übernächste, während Du noch mit einer oder zwei anderen an der

Arbeit warst. Und für alle hattest Du hohe eigene Qua-
litätsmaßstäbe; bei Texten, die Dir besonders lieb oder
wichtig waren, hast Du die meisten der möglichen Ver-
sammlungsfragen selbst gefunden und Deine Antwort
im vorhinein eingearbeitet. »Ich lese mir meine Ge-
schichten ganz oft durch, bevor ich sie vorlese, ob alles
in die Zeit paßt und so, ob alle Wörter stimmen . . .,
manchmal mache ich was weg oder was hin . . .«, hast
Du uns mal gesagt, als Du in der Versammlung für den
schönen Erzählton einer Geschichte bewundert wur-
dest. Trotzdem hast Du Dich auch noch auf das, was den
anderen auffiel, eingelassen und die Geschichte ein wei-
teres Mal überarbeitet.

Ich habe Dich mal gedrängt, eine angefangene Geschich-
te weiterzuschreiben, da hast Du mir mit ruhiger Sicher-
heit geantwortet: »Mir fällt gerade nichts dazu ein, und
wenn ich schreibe, ohne daß mir was einfällt, dann wird
es nicht gut.« Du hast ganz und gar recht damit gehabt,
und ich habe daraus gelernt, noch vorsichtiger zu sein
mit dem Drängen. Deine »Geschichte vom Schloß Pol-
terstein«, die Du auf der Autorenlesung vorgelesen
hast, hätte wohl mancher Berufsschreiber nicht ge-
schafft, so geschickt hast Du mit den gespenstischen
Wörtern herumjongliert. Seither hat die Gruppe die
Vorstellung, daß aus Dir eine Astrid Lindgren werden
könnte. In anderer Weise ebenso kunstvoll finden wir
den ersten Teil Deines Briefromans über »Adlerauges
Abenteuer«. Wie Du darin das Hin und Her der Briefe
und Informationen bedacht hast, wie Du die unter-
schiedlichen Schreiber mit unterschiedlichen Briefstilen
und Inhalten charakterisiert hast, das zeigte, wie be-
dacht Du beim Schreiben vorgehst und wie groß das
Talent ist, das Dir dabei hilft. Das letzte Drittel dieses

*Briefromans ist nicht ganz so stark wie die ersten Teile,
aber daran bin vermutlich ich schuld, weil ich Dich zur
Unzeit zum Weiterschreiben gedrängt habe und Dich
mit einem inhaltlichen Vorschlag auf Abwege geführt
habe.*

*Von niemandem gibt es so viele Geschichtenhefte wie
von Dir – an manchem Tag hast Du fast ein halbes Heft
mit Deinen Ideen gefüllt –, manche Texte hast Du nur
für Dich oder für das Vorlesen im Freundinnenkreis
geschrieben, manche hast Du gar nicht vorlesen mögen,
weil sie Deinen hohen Qualitätsvorstellungen nicht ent-
sprachen. Und etliche sind noch nicht fertig, weil sie von
einer neu gewachsenen Geschichte überdeckt wurden.
Aber an der Geschichte von Deinem Traum kann ich
sehen, daß Du oft lange Zeit später von Dir aus an diese
angefangenen Geschichten zurückkehrst, nämlich
dann, wenn Dir wieder was eingefallen ist.*

*Neben der geschriebenen Erzählwelt gibt es von Dir
noch eine ebenso reizvolle gezeichnete Erzählwelt, nämlich die Comic-Geschichten, die »Quatsch-Hefte« und
die »Alles-Mögliche-Hefte«. In ihnen stecken Kostbarkeiten an Erfindungen und Gestaltungen, und ihre Her-
stellung war zugleich so etwas wie Euer Freundinnen-
Vergnügen (zusammen mit Lena oder Katrin oder Sarah). Am liebsten hättet Ihr wohl jeden Tag mehrere
Stunden hierfür zur Verfügung gehabt, und noch mal
einige Stunden für Eure ebenso phantasievollen Spiele
mit den Monchichi-Häusern und dann noch die
Schreibzeit für die Geschichten. Zu meinem Erstaunen
hast Du gesagt, Du könntest am besten inmitten Eurer
– wie ich finde ziemlich redseligen – Tischgemütlichkeit
schreiben, und sieht man die Produkte an, so muß ich
Dir recht geben. An Konzentration auf den Text und*

Bemühung um Qualität hat es Dir jedenfalls nicht gemangelt; Du konntest – wenn ein Einfall Dich bewegte – inmitten Deiner unterhaltsamen Freundinnen ganz und gar versunken in Dein Vorhaben sein.

Aber Du kannst nicht nur Deinen eigenen Einfällen folgen, Du hast auch einen hervorragenden Text zu einem vorgegebenen Thema verfaßt, nämlich die Koffer-Geschichte. Tagelang hast Du voller Energie daran gearbeitet, und das Produkt ist so, wie es wohl nur wenige Zehnjährige schaffen.

Eine lange Geschichte (einen Briefroman) hast Du mit Lena zusammen angefangen, eine andere – im Ronja-Räubertochter-Stil – zusammen mit Johanna. Beide – Lena und Johanna – haben niemals zuvor oder danach mit solcher Lust geschrieben wie in der Zusammenarbeit mit Dir.

Wenn Du keine Astrid Lindgren werden willst, wie wäre es dann mit Zirkuskünstlerin? Deine Turnkünste und der Eifer, mit dem Du trainiert hast, haben andere angesteckt, es Dir nachzutun. Ich fand sehr schön, wie Ihr Eure Künste zusammengestellt habt, also nach harmonischen Übergängen, Auf- und Abgängen gesucht habt; ich fand auch gut, daß Ihr – Du und Lena – darauf geachtet habt, genügend Rollen in Eure Kür einzubauen, damit Lena keine Rückenschmerzen bekommen muß. Bei der Vorführung am Akrobatik-Nachmittag haben alle sehr bewundert, wie spiegelgleich Du Dich mit Deinen jeweiligen Partnerinnen bewegt hast. Und Dein Riesen-Bocksprung war eine Flug-Sensation!

Schreiben, Vorlesen, Zeichnen, Turnen, Spielen – zu all diesen schönen Künsten von Dir kommt noch das Aquarellieren hinzu. Beim Illustrieren Deiner Geschichten hast Du mit sicherem Auge und sicherer Hand manch-

mal nur einige Tupfer und Striche gebraucht; und wenn Du Lust hattest zum Malen von richtigen Bildern, sind die sehr schön und ganz eigen geworden, zum Beispiel der Birnbaum des Herrn von Ribbeck auf Ribbeck.

Für die Rechtschreibung hast Du phasenweise eifrig geübt; inzwischen hast Du auch in den meisten unge-übten Diktaten keine Fehler – ich erinnere mich noch an Deine Freude, als dies das erste Mal der Fall war. Auch in Deine Geschichten, die Du in hohem Tempo schreibst, hält mehr und mehr die Rechtschreibung und Zeichen-setzung Einzug, ohne daß dies Deinen Erzählfluß bremst. Mit Deiner Schrift bin ich nun gut zufrieden; Du hast sie einer Klärung unterzogen und kippelst nicht mehr auf der Suche nach einer eigenen Handschrift in alle Richtungen und zwischen Druck- und Schreib-schrift hin und her.

In Emsdetten warst Du hin und herbewegt zwischen dem Rücken der Pferde (vor allem des störrischen Po-nys) und dem Turnen mit Alex; fast unnötig zu sagen, daß Du in der abendlichen Sandgrube zu den tollkühn-sten Hoch-Weit-Springern gehörtest. Die Fahrradprü-fung hast Du sowohl im Verkehr als auch beim Geschicklichkeitsfahren im Parcours fehlerlos geschafft; bei der Theorieprüfung hast Du nur einen ganz kleinen Fehler gemacht.

Das »Rechentraining« hat Dir Sicherheit und Schnel-ligkeit beim Kopfrechnen gebracht; die letzten Rechen-meister hast Du in der Hälfte der vorgegebenen Zeit ohne Fehler geschafft. Die schriftlichen Rechenverfah-ren mit großen Zahlen hast Du gelernt, hier fehlt Dir vermutlich noch die Übung, um auf Dauer sicher zu sein. An den Pyramiden-Sachaufgaben hast Du nur anfangs gern gearbeitet, lieber bist Du – wenn ich Dich

frei ließ – Deinen Erfindungen nachgegangen, zum
Beispiel der Erfindung von tüfteligen Textaufgaben,
zum Beispiel der Erfindung von Rechtschreibübungen
für diejenigen, die damit Schwierigkeiten haben.
Liebe Annika, nicht nur Du hast in den vergangenen
zwei Jahren viel gelernt, sondern auch ich von Dir. Ich
wünsche Dir Glück und alles Gute für Deine nächsten
Laborschuljahre.

Die erste Seite von Annikas Geschichte »Hokuspokus Hexenzauber«:
vom ambitionierten Bildungsweg der Hexe Korbinia Rempler.

Hokuspokus Hexenzauber

Es war einmal, im Jahre 1940, da stand in einem Wald, der Hexokus heißt, eine
Hexenhütte. Dort wohnte Hexe Korbinia Remplem mit einem jungen Zauberer, der
hieß: Professor Dr. Nixo Magiera. Er kam von der Hexenuniversität im Jahre 1640.
Er mußte ihr beim Jahr des Wissens helfen, damit sie nicht durchfällt. Das Jahr des
Wissens ist ein Jahr des Hexens. Dort kann man ein Professorenstudium machen.
Korbinia Remplem hatte schon das Räubanische Abitur, das Hexanische Abitur und
das Zaubanische Abitur.

3. Stichwort: Bildung
oder
Die Menschen stärken, die Sachen klären

Am besten gefalle ihm die Definition von Bildung als »Befreiung zu sich selbst«, sagt *Gottfried Schröter*. Diese habe nichts mit der gewissen Bequemlichkeit desjenigen zu tun, der sich nicht gern gefordert sehen möchte. Der Weg zur »Freiheit zu sich selbst« sei nicht bequem und er bringe auch die Erkenntnis der eigenen Grenzen mit sich. Schüler wünschten, das wisse er, ein bewertendes Echo ihrer Arbeit, und das in Klarheit und Deutlichkeit.

Hartmut von Hentig, der Erfinder und Gründer der Laborschule, hat vor 10 Jahren – und damals genau 10 Jahre nach Eröffnung der Laborschule – unter der Überschrift »Die Menschen stärken, die Sachen klären« noch einmal seine Vision von der humanen Schule skizziert. Inzwischen ist dieser Satz zum bildungspolitischen Allgemeingut geworden, jedenfalls, wenn man es daran mißt, wie häufig er offen oder still zitiert wird, zu hören und zu lesen ist. Irritierend allerdings ist, wie häufig er verstellt wird. »Die Sachen klären und die Menschen stärken« heißt es nicht selten. Ob dahinter schulmeisterliche Besserwisserei über die »richtige« Reihenfolge steckt? Oder ob es lediglich so ist, daß sich viele diesen Satz zu eigen gemacht haben, aber eben doch längst nicht alle genau genug verstanden haben, wie er gemeint war? Zwar ist *Hentig* nicht müde geworden, immer wieder zu betonen, daß für ihn nichts von beiden einen prinzipiellen Vorrang habe, weder in der Form »Erst muß das eine getan sein, dann erst kann das andere darauf aufbauen« noch in der Form »Wenn man das eine nur gründlich genug betreibt, dann folgt das andere fast von allein«; dennoch finde ich, daß durch die Änderung der Reihenfolge eine Akzentverschiebung entsteht, die das Gemeinte verfehlt.

Lena zum Beispiel ist ein gut begabtes Kind; wäre sie Schülerin einer Regelgrundschule gewesen, ihr Zeugnis am Ende des 4. Schuljahres hätte vermutlich aus Zweien und Dreien bestanden, die Gymnasialprognose wäre ihr sicher. Lena ist das einzige und spät geborene Wunschkind ihrer Eltern; sie wird so liebevoll behütet, versorgt und betrachtet, wie man es jedem Kind nur wünschen möchte. Dennoch zeigte sie in vielen Lern- und Lebensbereichen eine rätselhafte Zaghaftigkeit und die Neigung zu voreiliger Entmutigung. So als sei sie – angesichts der Kinderschicksale um sich herum – bange, die Wohlbehaltenheit ihres Lebens könne wie eine Seifenblase platzen, falls sich zeigen sollte, daß sie in Wahrheit doch nicht die Lichtgestalt ist, die alle, besonders natürlich ihre Eltern, in ihr sehen.

Vor allem Neuen, bei dem sie nicht von vornherein ganz sicher sein konnte, daß sie es besonders gut können würde, behauptete sie, das könne sie nicht, und trat den Beweis an, daß sie recht hatte. Bereiche, in denen sie Freundinnen hatte, die hierfür besonders talentiert waren, nahm sie von sich aus gar nicht erst in Angriff. In der Eingangsstufe hatte sie eine Freundin, die blitzschnell rechnen konnte. Lena schloß aus dem Vergleich mit ihr, daß sie selbst nicht rechnen könne, und wich dem Rechnen aus. Im 3. Schuljahr befreundete sie sich mit Annika, deren Künste in Text, Bild und Bewegung überragend waren; Lena behauptete daraufhin lange Zeit, keine Geschichten schreiben zu können, für Turnen unbegabt zu sein und mit dem freien Malen nicht zurechtzukommen. Dabei ging sie in die Kunstschule und fiel dort auf durch die Qualität ihrer Arbeiten, dabei machte sie Yoga und fiel dort auf durch die übermäßige Gelenkigkeit ihres Körpers, dabei war sie schon seit ihrem ersten Schuljahr eine bezaubernde Briefschreiberin.

Sie war ein Kind, das bei jedem Lehrer, bei jeder Lehrerin zu den Lieblingen zählen und sogar in einer Dreißiger-Schulklasse besondere Zuneigung erfahren würde. Und dennoch war sie – bei genauem Hinschauen – eines der Kinder, das mir Sorgen gemacht hat, mehr als manches der offiziellen Sorgenkinder. Lediglich in Rechtschreibung, die ihr zuflog, ohne daß sie sich darum mühen mußte, schien sie sich gut zu fühlen, machte aber nie ein Aufheben davon. Die meisten ihrer Null-Fehler-Erfolge »vergaß« sie ganz einfach, ihren Eltern zu erzählen. Was tut man, damit ein solches Kind das leistet, was es kann? Wie kann ein solches Kind gestärkt werden? Wie hilft man einem solchen Kind, ohne ihm seine Schwierigkeiten psychologisch zu deuten? Denn davon wäre es noch befangener geworden. Wie bestätigt man ihm seine Fähigkeiten, ohne seine Leistungen hochzujubeln? Denn das hätte sie mit ihrer geradezu seismografischen Einfühlung in Erwachsene als Pädagogisierung entlarvt, und es hätte ihre Bangnis gesteigert. Und was schreibt man ihr ins Zeugnis, wenn man eigentlich der Meinung ist, daß sie mehr kann, als sie gezeigt hat?

Bericht für Lena im 3. Schuljahr

Liebe Lena,

Du hast Glück mit der »weißen«-Gruppe, denn es sind Kinder darin, die zu Dir sehr gut als Freundinnen und Freunde passen. Und die »weiße«-Gruppe hat Glück mit Dir, denn ein so heiteres, einfühlsames und nachdenkliches Mädchen, wie Du eines bist, wünscht sich jeder zur Freundin. Du bist in der Mitte der Gruppe, und was Du sagst, gilt besonders viel, obwohl – oder gerade weil – Du Dich nicht danach drängst, »Bestimmerin« zu sein, und obwohl Du in den ersten Monaten leise und zurückhaltend warst. Inzwischen gehörst Du zu denen, die den Ton kräftig (mit)angeben; es ist ein freundschaftlicher, fröhlicher Ton, der die »weiße«-Gruppe auszeichnet, und Du hast großen Anteil daran, daß dies so ist. Ich mag Deinen Humor und staune über Deine nimmermüde Erfindungskraft beim Spielen mit Schlümpfen, Käfern, Krümeln und allem, was Dir sonst noch in die Hände kommt. Alles kannst Du in Deinen Spielen zum Leben erwecken, Sarah und Du, Ihr seid Künstlerinnen

im Spieleerfinden; sogar Christoph, der sonst mit Mäd-
chen noch nichts im Sinn hat, hat sich in Emsdetten
davon bezaubern lassen und das Käfer-Krankenhaus
mit Dir zusammen eingerichtet. Deine poetischen Spiele
sind Deine Geschichten. Andere Kinder erfinden ihre
Geschichten beim Schreiben, Du tust es beim Spielen.
Und irgendwann – da bin ich sicher – wirst Du auch
Spaß daran haben, Geschichten auf dem Papier weiter-
zuspinnen, also sie aufzuschreiben und uns vorzulesen.
Die Geschichte vom Teddy, die Du mit Annika zusam-
men angefangen hast, könnte so etwas werden; der
Anfang war so außergewöhnlich schön, daß es sogar
Benjamin bedauert hat, zu spät gekommen zu sein und
nur die letzten Sätze gehört zu haben. Das will was
heißen! Ihr beide habt es wohl gespürt und habt bereit-
willig eigens für ihn noch mal von vorne gelesen. Da-
nach habt Ihr leider aufgehört zu schreiben; vielleicht
schien Euch das, was Ihr vorhattet, doch zu schwierig.
Ihr habt versucht, eine Geschichte aus den verschiede-
nen Blickwinkeln zweier Personen so zu erzählen, daß
sich unterwegs beide immer wieder treffen. Das ist eine
äußerst schwierige Erzählform, aber ich traue Euch
beiden zu, daß Ihr sie schafft. Vermutlich hilft es, wenn
Ihr Euch als erstes über den ungefähren Verlauf der
Handlung verständigt, und dann jeder seine Geschichte
auf ein gemeinsames Ende hin erfindet.
So flüssig und ausdrucksvoll und verständig vorlesen
wie Du können längst nicht alle Erwachsenen. Bei der
ersten Autorenlesung mit einem Text von Kati aus der
»umbra«-Gruppe warst Du, glaube ich, weniger aufge-
regt als beim zweiten Mal mit Deinem eigenen Text. Bis
wenige Tage vor der Autorenlesung in der Schule hast
Du gesagt, Du wollest Deine Geschichte nicht öffentlich

vorlesen. Schließlich aber habt Ihr Euch gegenseitig Mut gemacht, und auch Du hast es – trotz heftigen Herzklopfens – gewagt und gut geschafft. Nun weißt Du für das nächste Mal, daß Du es kannst!

Die beiden Nacherzählungen sind Dir gut gelungen, obwohl Du beide Male nur langsam in Gang gekommen bist und am liebsten wieder aufgehört hättest. Plötzlich aber warst Du dann drin in der Geschichte, und dann ist es von Satz zu Satz bis zum guten Ende leichter gegangen. Du hast den Erzählton der Geschichte gut aufgenommen und alles Wichtige anschaulich beschrieben. – Du bist eine Leserin von dicken Büchern und liest wohl ab und zu sogar schon Zeitungen. Vielleicht findest Du unter den »Nachrichten aus aller Welt« manches, was Dich zu einer Geschichte anregt. Oder Du erzählst einfach mal ein Kapitel Lindenstraße und stellst Dir dabei vor, Du bist eine von denen.

Du gehörst zu den beneidenswert glücklichen Menschen, die für Rechtschreibung wenig tun müssen, um damit Erfolge zu haben. Fast alle Deine Diktate sind fehlerfrei, und zwar (ungeübt) gleich beim ersten Mal. Auch in Deinen freien Texten schreibst Du fast alles richtig. Darauf kannst Du sehr stolz sein. Ich fände es allerdings auch nicht schlimm, falls es eine Zeitlang mal anders wäre, dann nämlich, wenn Du mehr Kraft auf das Erfinden als auf das Richtigschreiben verwenden würdest. – Neuerdings schreibt Annika ihre Texte in Druckschrift, und Du tust es auch. Man kann es gut lesen, aber ist diese Schrift wirklich angenehmer zu schreiben? Ich finde Deine Handschrift auch schön. Eine herrlich schöne »weiße«-Erfindung fällt mir im Zusammenhang mit Deinem Namen ein, nämlich die »Quatsch-Hefte«. Ich vermute, daß die Anregung hier-

zu Deine 0-Fehler-Gesichter im »Fehlerlos-Heft« wa-
ren. Die Quatsch-Männchen, die vor allem Ihr (Du und
Sarah und Annika) erfunden habt, sind so reizvoll, daß
ich Eure Hefte am liebsten ausstellen möchte. Und auch
Eure Zeugnismappen für die Zehner sind kleine Kunst-
werke: auf Deiner Mappe für Rosa und Tini hast Du die
Hobbys der beiden in so liebevoll-bedachter Weise zu
einem Bild zusammengefügt, daß ich Dich vor lauter
Bewunderung und Freude am liebsten umarmt hätte.
Und Deine und Annikas »Rettung« der Mappen, die
anderen Kindern zuvor mißlungen waren, war ein viel-
leicht noch größeres Kunststück – ich jedenfalls hatte
ratlos davorgesessen und nicht gewußt, was man tun
könnte, um sie ansehnlich zu machen. Euch dagegen ist
es mit leichter Hand und geradezu verblüffenden Ein-
fällen gelungen.
Zum Rechnen war – als Du aus dem Haus 1 kamst – in
Deinem Kopf: erstens kann ich es nicht, und zweitens
mag ich es nicht. Das war wie die Geschichte von dem
Huhn und dem Ei, also die Frage: was von beidem war
zuerst da: ich mag es nicht, und darum kann ich es
nicht? Oder: Ich kann es nicht, und darum mag ich es
nicht. Egal, wie herum es war – jedenfalls magst Du's
neuerdings, und Du kannst es plötzlich: nämlich zehn
große Zahlen schriftlich zusammenrechnen, im großen
Einmaleins malnehmen (zum Beispiel 4x23) und sogar
das schriftliche Minusrechnen (von dem manche Kinder
sagen, es sei scheußlich schwer) hast Du schnell und
leicht verstanden und rechnest jetzt auch die Aufgaben
richtig, in denen die 0 eine Klippe ist. Nun behauptest
Du nur noch, die Geteiltaufgaben des kleinen Einmal-
eins nicht zu können und nicht zu mögen und »einfach
nicht zu kapieren«; dabei gibt es daran gar nichts zu

123

kapieren, sondern nur zu üben, dabei hast Du den Einmaleins-Führerschein bestanden, und die Teilaufgaben haben dazugehört. Auch den Rechentest damals hast Du – zwar langsam, aber überwiegend richtig geschafft. Ich empfehle Dir für die Ferien einige Rechenspaziergänge mit Deinem Vater oder Deiner Mutter, auf denen Du Deinen Kopf in Schnelligkeit und Sicherheit beim Einmaleins und Eins-durch-eins, beim Plus- und Minus-Rechnen über die Zehner hinweg bis 100 übst.

Die Nächte in Emsdetten hast Du im einzigen »gemischten« Zimmer verlebt. Das war offenbar so vergnüglich, daß Du für Heimweh keinen Platz hattest. Tagsüber bist Du mutig und anmutig geritten – auch auf den ungewohnt großen Pferden; die Tobespiele in der Sandgrube hast Du ebenso genossen wie die leisen besinnlichen Käfer-Spiele mit dem von der Mittagssonne heißen Sand zwischen den Händen.

In der Sporthalle hast Du mit meiner Hilfe unermüdlich das Balancieren auf den Tonnen geübt; jetzt kannst Du es vorwärts und rückwärts und ganz und gar sicher. Überhaupt bist Du auf dem Wege, eine Meisterin in Akrobatik zu werden; Du übst die Kunststücke so lange, bis Du sie kannst: Kopfstand, Handstand, Brücke . . . und es sieht so aus, als sei Dein Körper für alles dies besonders günstig gebaut. Ich freue mich sehr auf die »Kür«, die Du Dir zusammen mit Sarah ausdenken wirst. Und ich finde, daß meine Lieblingsmusik mit der Panflöte zu Euch beiden ganz besonders gut paßt. – Genauso wie Deine Akrobatik-Künste bewundere ich die Beharrlichkeit, mit der Du das Bockspringen geübt hast, so lange, bis Du es allein konntest. Manchmal warst Du nahe am Verzagen, weil Du gesehen hast, daß es Deinen Freundinnen soviel leichter fiel als Dir. Den-

*noch bist Du nicht verzagt! Und das ist mindestens so
stark, als wenn Du lange Beine hättest und den Zehner-
bock schaffen würdest.*

*In den Versammlungen und den Morgenrunden gehör-
test Du zu den zurückhaltenden Kindern und warst
dennoch sehr wichtig: Du hast ein sehr feines Ohr für
Sprache, und Du hörst so aufmerksam zu, daß Du
sprachliche und gedankliche Unstimmigkeiten in den
Texten merkst, die sogar mir entgehen würden, wenn
Du nicht darauf aufmerksam machen würdest. Deswegen gelten Deine Anmerkungen und Deine Anerkennung den anderen Kindern besonders viel, sie sind dazu
angetan, die Texte weiterzubringen. Auch wenn Du
Dich verteidigend oder klärend in Dispute über Konflikte und Mißstimmungen einmischst, gilt Dein Wort viel.
Das kommt daher, weil Du nachdenkst, bevor Du redest,
weil Du Dich in die Menschen einfühlst, bevor Du
urteilst, und weil Du gegenüber jedem ganz und gar fair
zu sein versuchst.*

*Bei der Arbeit an Deinen Themenheften scheint es Dir
vorwiegend um die Arbeits-Gemütlichkeit zusammen
mit den anderen gegangen zu sein. Du hast mehrere
Hefte in Deinem Kasten, fast alle sind zauberhaft angefangen, aber mit kaum einem bist Du bisher über die
ersten zwei Seiten hinausgekommen. Über Hamster
und Meerschweinchen, Papageien und Affen hast Du
anfangs zusammen mit Annika gearbeitet, die Indianer
jetzt sind angeregt von Pedro, das Heft über Meeressäu-
getiere, das mit einer sehr schönen, zart-farbigen Zeichnung einer Robbe beginnt, hast Du zusammen mit
Sarah begonnen. Auch Dein Pferdeheft ist noch ziemlich
am Anfang; es hat einen sehr schönen Emsdetten-Co-
mic. – Außer den Themenheften gibt es in Deinem*

Arbeitskasten ein Heft über Schriften, das Gedichtheft, ein Comic-Heft – alles Dinge, bei denen es schön wäre, wenn Du von Dir aus weiter daran arbeiten würdest.

In letzter Zeit geht es – finde ich – an »Deinen« Tischen etwas zu vergnüglich zu; Ihr stört mit Eurem Gekichere andere, und einige von Euch (Du gehörst dazu) vergessen vor lauter Vergnüglichkeit das Arbeiten. Ich habe nichts dagegen, daß Ihr Euch die Arbeit vergnüglich und gemütlich macht; aber ich muß Euch auseinandersetzen, wenn Ihr das Arbeiten fast ganz vergeßt.

Liebe Lena, ich wünsche Dir schöne Ferien und freue mich auf das nächste Schuljahr mit Dir.

Lenas Bericht zwischen den Zeilen gelesen: Mit dem freien Schreiben von erfundenen Geschichten kommt sie nicht so zurecht, wie sie sich das wünscht. Ihr falle nichts ein, sagt sie, die schon vor dem 1. Schuljahr von ganz allein Lesen lernte und seither viele Kinderbücher im Kopf hat, die im 2. Schuljahr das Tagebuchschreiben für sich entdeckte und die jenseits des Unterrichts – im Bericht nenne ich ihre Spiele Käfer- und Krümelspiele – so phantasievoll ist, daß man nur staunen kann. Vielleicht sind ihr die wahrhaft druckreifen Texte, die ihre Freundin Annika hervorsprudelt, ein dermaßen leuchtendes Vorbild, daß sie vermuten muß, ihre eigenen könnten im Schatten stehen. Vielleicht ist sie aber auch bloß zu scheu, schreibend eigene Gedanken und Gefühle preiszugeben. Der Schritt, zusammen mit der Freundin einen gemeinsamen Text zu wagen, kann gar nicht hoch genug gewertet werden, und deshalb steckt in meinem Bericht

der Versuch, Lena die Enttäuschung über das Mißlingen des Vorhabens erträglich zu machen.

Weiterhin zwischen den Zeilen gelesen: Lena kann
bestens vorlesen und weiß das auch, und also ver-
ursacht es ihr keine Aufregung, wenn sie einen
Text vorliest, der nicht ihr eigener ist. Ihren eigenen
Text jedoch wagt sie bei der ersten Autorenlesung
nicht vorzulesen.

Der Hinweis auf die vielen angefangenen, abgebrochenen und von Freundinnen angeregten Themenhefte soll dem Kind sagen: Ich finde es o.k.,
wenn Du Anregungen von anderen aufnimmst,
ich finde es nicht o.k., wenn Du Arbeiten vorzeitig
abbrichst, und im übrigen finde ich es auch schade
um die von Dir angefangenen Dinge, denn sie sind
sehr, sehr schön angefangen. Für die Eltern gesagt:
Sie hat das Bedürfnis, es der erfolgreichen Freundin gleichzutun, aber sie bricht die Dinge ab, noch
ehe deutlich werden könnte, daß sie sie möglicher-
weise nicht ganz so gut kann.

Aus Lenas »Quatsch-Heft«: Selbstkritik zwischen zwei Comics. . .

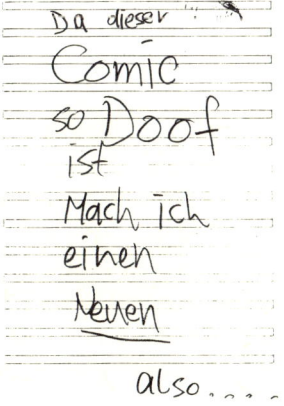

Auch Lenas Weg zum Vertrauen in ihre eigene Leistungsfähigkeit begann über die Balance auf den Tonnen. Was sich hinter dem »unermüdlichen Üben« verbirgt, vermag nur jemand zu erinnern, der dabei war, und nur jemand hoch genug einzuschätzen, der dieses zaghafte Kind vor Augen hat. Lenas Zuneigung in Richtung Jungen richtete sich auf Tobias. Vielleicht bewunderte sie ihn wegen seiner Furchtlosigkeit mir gegenüber, vielleicht hatte sie auch das richtige Gespür, sich vor ihn stellen zu müssen angesichts meiner schwindenden Geduld mit ihm. Mit Bewunderung hatte sie Annika auf den Tonnen balancieren sehen und miterlebt, wie Tobias es lernte. »Du kannst es auch, ich helfe Dir«, hatte ich zu ihr gesagt. Es dauerte lange, bis sie sich traute, auf so ein rollendes Ding draufzusteigen. Ich stützte sie, und am Ende der Stunde schaffte sie es, ein bis zwei Meter alleine oben zu bleiben. »Machen wir heute wieder Tonnen?«, fragte sie von da an an jedem Sporttag schon frühmorgens. Die Tonnen gehörten eigentlich zu den Dingen, die die Kinder ohne meine Hilfe übten, aber Lena brauchte nun mal meinen kleinen Finger als Halt und Sicherheit, mehr noch mein anfeuerndes »Ja! Ja!« bei jeder ohne Absturz überstandenen Drehung, und also bekam sie beides.

Irgendwann konnte sie es allein; fürs Rückwärtsüben verlangte sie nur noch beim ersten Mal nach meinen Versicherungen; als auch das klappte, übte sie Auf- und Absprung und Jonglieren auf den Tonnen ganz allein. Anders als bei ihren Null-Fehler-Diktaten erzählte sie ihren Eltern freudig von dieser neuen Kunst. Ihre Mutter kam in die Schule, um zuzuschauen und sich mitzufreuen – noch war es zu früh. Lena schaffte allenfalls die Hälfte dessen zu zeigen, was sie schon konnte. Am nächsten Sporttag fragte sie wieder wie einst: »Machen wir heute wieder Tonnen?« Das hieß soviel wie: Hilfst Du mir wieder? Aber weil diesmal sie es war, die den Erfolg wollte, brauchte sie meine Hilfe nur anfangs ganz kurz und im Grunde nur als Rückversicherung.

In der nächsten Sportstunde übte ich mit Annika den Bogengang, eine für Schulkinder nicht gerade übliche turnerische Anforderung. Lena kam hinzu und sagte, sie wolle nun doch den Handstandüberschlag versuchen, ob ich ihr helfen würde. Für mich war dieser Satz eine Sensation, eigentlich ein Geschenk. Denn bevor das Balancieren begann, hatte ich wochenlang versucht, Lena zur Rolle, zum Handstand und zur Brücke zu bewegen, als ich diese Figuren mit Annika und den anderen Bodenturnerinnen übte. Immer hatte Lena sich in Ablehnung gewunden und weggedreht, bis ich schließlich die Geduld verloren und ziemlich genervt gesagt hatte: »Dann läßt Du's eben!«

Nun – nach dem Balanciererfolg kam Lena von sich aus zum Bodenturnen zurück, und wie ich vermutet hatte, erlaubte ihr biegsamer Körper ihr fast alle Kunststücke, die sie bei der bewunderten Freundin gesehen hatte. Im Bericht über das dritte Schuljahr steht noch, daß sie sich die sanfte, zurückhaltende Sarah als Partnerin für eine Zirkus-Kür gewählt hatte; tatsächlich hat sie dann beim Zirkus nicht nur mit Sarah zusammen geturnt, sondern auch im Doppel zusammen mit Annika.

In Noten gesprochen wären die turnerischen Leistungen, die Lena während des 1. Halbjahres des 3. Schuljahres gezeigt hatte, kaum mehr als ausreichend gewesen. Ohne Tobias und Annika als Vorbild für Lena wäre es vielleicht dabei geblieben. So aber hätte Lena am Ende des 4. Schuljahres in jeder Regelschule für ihre Turnkunst eine Eins bekommen, es sei denn, die Normalverteilung hätte dies verboten, weil es in ihrer Klasse zwei oder drei Höchstleistungsturnerinnen gegeben hätte.

Mit Lenas Texten war es ähnlich. Lange wagte sie sich an das Erfinden nicht heran. Man kann von einem leistungsfähigen Kind verlangen, daß es eine Geschichte schreibend nacherzählt, also den Erzählton aufnimmt und auf die Pointe hinerzählt. Aber man kann ein Kind nicht zwingen, eine Geschichte zu erfinden. Man kann vielleicht – nach wohlabgemessenem Abwägen – mit einiger Aussicht auf Erfolg von Menschen verlangen »Nimm Dich zusammen« oder »Da mußt Du hindurch«. Hingegen ist die Aufforderung »Sei spontan« – und analog dazu »Sei kreativ« oder »Erfinde eine Geschichte« – ein Paradox. Wenn Lena von sich sagte, ihr falle nichts ein, deshalb könne sie keine eigene Geschichte schreiben, dann war dies ihre Wahrheit, und es war sinnlos, sie im Zeugnis dafür zu tadeln. Allenfalls konnte helfen, ihr zu zeigen, welch wunderbare Phantasiewelten sie um sich herum aufgebaut hatte, und sie zu verlocken, diesen auch mal schriftlich Gestalt zu geben. In beiden Berichten habe ich diesen Versuch unternommen.

Bericht für Lena im 4. Schuljahr

Liebe Lena,

beim Akrobatik-Nachmittag bist Du nicht nur über Dich selbst hinausgewachsen, sondern geradezu geflogen! Mit dem gelungenen Bocksprung, von dem Du noch zwei Stunden zuvor gesagt hattest, den schafftest Du nie, fing es an, und als Du dann eine Stunde später Dich zur Flugrolle über 10 Kissen anstelltest, war die Sensation perfekt: Als Du die 4 und 6 Kissen geschafft hattest, dachte ich: »Na siehst Du«, als Du die 8 Kissen übersprangst, hatte ich Herzklopfen, weil Du das noch nie gemacht hattest, als Du Anlauf für die 10 Kissen nahmst, dachte ich: »Nun ist sie vor Freude übergeschnappt«, und zum ersten Mal war es so, daß ich Angst hatte und Du keine. Meine Angst war unnötig – Du sprangst einfach drüber, mit solcher Leichtigkeit, als hättest Du dies seit Monaten Woche für Woche getan. Keiner der Zuschauer konnte auch nur ahnen, welche Schwerstarbeit es für mich war, Dir zu helfen, an Dein Können zu glauben. An diesem Nachmittag aber warst Du Dir dieses Könnens ganz sicher. Sogar an das weit entfernte Trapez bist Du so lange gesprungen, bis Du es geschafft hast, und als Du nach den kühnen Turnereien am Trapez abrutschtest, hatten wir anderen mehr Angst um Dich als Du. Du nämlich hast Dich beim Fallen geschickt wie ein Kätzchen zusammengerollt und wolltest gleich darauf weiterspringen.
Zwischen Deinen schwungvollen Luftsprüngen lag die Akrobatik mit Alex. Hoch oben auf den Füßen von Alex' Kerze machtest Du Dein Vogelnest, ruhig und sicher, als sei dies für Dich ganz und gar selbstverständlich.

Später dann den Pas de deux mit Annika und den mit Sarah und Verena. Handstandüberschlag, Kniehandstand, Bogengang, Brücke . . . all das hast Du im letzten halben Jahr gelernt. Ob Du noch weißt, wie es anfing? Ich werde es nie vergessen, und wenn ich mal wieder jemanden habe, der zögerlich ist, sich schwierige Dinge zuzumuten, weil er sich fürchtet, daß er sie vielleicht nicht können wird, dann werde ich mich daran erinnern, wie vergnügt Lena war, als sie ihre Zögerlichkeit überwunden und gezeigt hatte, was sie kann.

Bei Euren Bodenturnereien haben die Zuschauer ganz besonders bewundert, mit welcher Ruhe und Konzentration und Sicherheit Ihr (Du und Annika und danach Du und Sarah) Euch spiegelgleich bewegt habt.

Auch der Vorlesenachmittag war Überwindung und Erfolg zugleich für Dich. Und auch dafür hatte ich zuvor Schwerstarbeit mir Dir zu leisten. Es ist tatsächlich leichter, Schulanfängern das Lesen und Schreiben beizubringen, als eine Vorlesekünstlerin wie Dich dazu zu bewegen, eine eigene Geschichte in der Öffentlichkeit vorzulesen. Noch am Tag zuvor war nicht sicher, ob Du Dich überwinden würdest, und ich war kurz davor, es aufzugeben, Dir Mut zuzureden. Dann aber hast Du Dich entschlossen, zur Generalprobe zu kommen, und am Nachmittag hast Du einen großen Vorleseerfolg mit Deiner Geschichte von der Hexe Wackelzahn gehabt. Christoph hat sich gewünscht, daß Du seine Geschichte vorliest, denn Du bist eine hervorragende Vorleserin. Als eigene Geschichte hast Du einen Text vorgelesen, den Du für Deine Eltern zu Weihnachten geschrieben hast, zu einem neuen hast Du Dich leider nicht durchringen können. Am Tag vor Emsdetten, als die Geschichten für die Lesung fertig sein sollten, hast Du zu

meiner großen Freude zu Hause locker und hintereinan-
derweg ein Abenteuer der »Clique 007« erfunden und
aufgeschrieben, mochtest dann aber diese Geschichte
doch nicht vorlesen, weder in der Gruppe noch vor den
Eltern.

Ich glaube, Du hast Dir selbst einen sehr, sehr hohen
Maßstab für Deine eigenen Geschichten gesetzt, und
läßt die Flügel hängen, weil Du diese Qualität nicht
umstandslos erreichen kannst. Ich glaube, Du mißt Dei-
ne Text an den besten Texten der Gruppe und machst
Dir nicht gut genug klar, daß man solche Texte nur
schafft, wenn man sehr viel schreibt und auch riskiert,
daß darunter bisweilen weniger gute Texte sind. Die
meisten der ganz besonders guten »weißen« Texte sind
erst durch die Versammlungsgespräche so besonders gut
geworden, und dazu hast Du – seit wir für die »Sagen
und Fragen« Stichwortzettel haben – kräftig beigetra-
gen. Ob meine Vermutung stimmt, daß Du Dich mit
Deinen eigenen Texten nicht gern den Versammlungs-
gesprächen hast aussetzen mögen?

Zauberhaft und überaus reich sind die Comic-Geschich-
ten, die Du »nur so« für Dich selbst und die Tischge-
mütlichkeit erfunden und gezeichnet hast. Hunderterlei
Kleinigkeiten und Liebigkeiten sind Dir dazu eingefal-
len. Neben den Comics gibt es in der »weißen«-Gruppe
noch eine Geschichtenwelt, die ebenfalls zum großen Teil
von Deinen Einfällen lebt, nämlich die Monchichi-
Stadt. Ich kann nur hoffen, daß ich in meiner nächsten
Gruppe wieder eine Lena und Annika und Sarah und
Katrin habe, die solche Welten erfinden.

Die Radfahrprüfung hast Du – entgegen Deinen vorhe-
rigen Achs und Wehs – sehr gut bestanden: Du bist
fehlerlos im Verkehr gefahren und hast in der Theorie

nur eine der vielen Fragen nicht ganz richtig, weil übervorsichtig, beantwortet. Auch den Geschicklichkeitsparcours hast Du gut gekonnt, lediglich am schmalen Spurbrett, das ich übrigens überhaupt nicht kann, bist Du mit dem Vorderrad vorzeitig abgerutscht. Nach dieser Prüfung habe ich wieder in meinen Gedanken »Na siehst Du« zu Dir gesagt.

Eine weitere »Na siehst Du«-Geschichte ist Deine Beziehung zum Rechnen. Es war leichter für mich, Dir neue Rechenwege beizubringen, als Dir zu versichern, daß Du das Rechnen lernen kannst, freilich nicht ohne Übung. Der aber bist Du über lange Zeit hinweg immer wieder neu ausgewichen. Bei den letzten Rechenmeistern hattest Du alle Aufgaben richtig, ohne daß Du alle Übungen hierfür erledigt hattest. Dies kannst Du als Beweis dafür nehmen, daß Du rechnen kannst! Hättest Du das regelmäßige Rechentraining auf Dich genommen, dann wärest Du jetzt vermutlich doppelt so schnell und also gut in der vorgegebenen Zeit. Schriftliche Plus- und Minus- und Malaufgaben mit großen Zahlen hast Du gut verstanden; das schriftliche Teilen mußt Du – wie alle Kinder, die bei Alfred im Kurs waren – noch nicht können.

Der einzige Bereich, wo wir beide keine »Na siehst Du«-Geschichte haben, ist wohl die Rechtschreibung. Auf diesem Gebiet gehörst Du zu den Glücklichen, die Spitzenleistungen schaffen, ohne sich hierfür besonders anstrengen zu müssen. Auf diesem Gebiet bist Du Dir auch Deiner Fähigkeiten ganz sicher, hast Dich auf die Diktate gefreut, sie ruhig und gelassen hinter Dich gebracht und die vergnügten 0-Fehler-Gesichter für das »Fehlerlos-Heft« erfunden.

Liebe Lena, Du bist wichtig für die anderen, im 2.

Halbjahr hat Dich die Gruppe zusammen mit Annika zur Klassensprecherin gewählt. Ich wünsche Dir Glück und alles Gute für Deine nächsten Laborschuljahre – vielleicht können Dich ja Deine Erfolge beim Vorlesen und der Akrobatik für alle zukünftigen Bewährungen beflügeln.

Lena ist inzwischen im sechsten Schuljahr. Sie hat sich daran gewöhnt, »ihr Bestes zu geben«, und manchmal nimmt sie jetzt von sich aus Anlauf, um »über sich hinauszuwachsen«.

4. Stichwort: Zensurensprache
oder
Gute Noten sind angenehm,
aber nicht genug

Der Wunsch der Kinder nach Zensuren hänge nicht mit der Verderbtheit der Leistungsgesellschaft zusammen, sagt *Gottfried Schröter*, sondern mit dem Wunsch eines jeden Menschen zu erfahren, wo er steht, was er kann, wo besondere Fähigkeiten und wo besondere Defizite sind. Die Zensurensprache sei klar und deutlich. Er sei für Ziffernzensuren, gegebenenfalls ergänzt durch Kommentare. Es gebe Schüler, die »Romane« über ihren Leistungsfortschritt nicht mögen, und den Einserschülern sei es eh egal, ob Ziffern- oder Wortzensur, sie seien immer zufrieden.

Jacob und Christina aus der »weißen«-Gruppe waren solche Einserschüler. Vermutlich wären sie mit einem Einserzeugnis zufrieden gewesen, und ich hätte mir die Sache mit einem Ziffernzeugnis einfach machen können – zumal sie die Laborschule verließen, um auf ein Gymnasium zu wechseln. Aber ich wollte von ihnen mehr als ihre hervorragenden Leistungen. Und dazu brauchte ich die »Romane«. Auch Philipp, der die Schule wegen Umzuges verließ, hätte ich mit »befriedigenden« Zensuren abspeisen können, und vermutlich wäre dies für ihn und seine Mutter einfacher gewesen als ein Entwicklungsbericht, denn es hätte ihnen zum damaligen Zeitpunkt erspart, über seine Schullaufbahn nachzudenken.

Auch die Selektionsfunktion von Noten dürfe nicht nur negativ gesehen werden, sagt *Gottfried Schröter*. Er wolle nicht mit einem Piloten fliegen, der nicht in einer anspruchsvollen Prüfung mit Abschlußzeugnis nachgewiesen habe, daß er sein Metier versteht. Selbst bei Lehrerprüfungen stehe er als Lehrerbildner manchmal im Zwiespalt: Einerseits wolle er »gnädig sein und diese Dame, jenen Herrn das Examen bestehen lassen«, auf der anderen Seite habe er als Prüfer auch die Aufgabe, ungeeignete LehrerInnen soweit als möglich aus den Schulen fernzuhalten.

Dem kann ich nur zustimmen: Auch ich möchte mich keinem Piloten anvertrauen, der nicht nachgewiesen hat, daß er für diese Aufgabe gut ausgebildet worden und gut geeignet ist. Und bei Lehramtskandidaten, denen ich anmerken kann, daß ihnen die Eigenheiten von Kindern eine Last sind, bei künftigen Lehrerinnen und Lehrern also, von denen ich finde, daß sie für diesen Beruf ungeeignet sind, wäre ich mit meinen Bewertungen höchstwahrscheinlich weit weniger gnädig als *Gottfried Schröter*.

Nur – solcherart Qualifikationsbewertungen sind gar nicht Gegenstand der Zeugnisdiskussion! In ihr geht es um das Aufwachsen von Kindern und Jugendlichen und um die Frage, ob hierfür ihre Einstufung in ein Notensystem nützlich ist. Aktuell geht es in Grundschulen um die Frage der Abschaffung von Notenstufen im 3. und 4. Schuljahr.

Für das 3. Schuljahr möge das ja noch hingehen, hört man sagen, aber im 1. Halbjahr des 4. Schuljahres, wenn es um die Entscheidung für weiterführende Schulen geht, dann spätestens brauche man ein Notenzeugnis, um richtig entscheiden zu können. Braucht man es wirklich? Sagt ein Notenzeugnis tatsächlich etwas darüber aus, ob ein Kind die gymnasiale Laufbahn bewältigen wird? Immerhin gibt es Untersuchungen, die einen sehr geringen Voraussagewert der Grundschulnoten für die späteren Schullaufbahnen feststellen. Wäre nicht auch den Gymnasien mehr damit gedient, wenn ihnen an Beispielen erläutert würde, warum die bisherige Lehrerin dem Kind zutraut, gymnasiale Lernanforderungen zu bestehen, oder weshalb sie Sorge hat, daß es scheitern könnte. Ich möchte an Jacob, Christina und Philipp zeigen, daß es für eine weiterführende Schule kein Verlust sein muß, wenn sie anstelle eines Zeugnisses einen Bericht bekommt, der ihr hilft, sich ein Bild von dem betreffenden Kind zu machen. Bei ihnen habe ich ausprobiert, ob sich der Entwicklungsbericht am Ende des 4. Schuljahres im Hinblick auf die weiterführende Schule so schreiben läßt, daß das übliche »Übergangsgutachten« entfallen kann. Alle drei aufnehmenden Schulen waren von den Berichten sehr angetan.

Jacob

Jacob, der in eines der neuen Bundesländer umzog, weil sein Vater dort eine Professur bekommen hatte, war von seinem ersten Schultag an darauf bedacht gewesen, ein Spitzenschüler zu sein. Er hatte das Zeug zu hervorragenden Leistungen in allen Lernbereichen – außer Sport –, bereits die Tatsache, ein fehlerloses Rechenblatt nur als Zweitschnellster abgegeben zu haben, bereitete ihm Unruhe und Anspannung. Für ihn wollte ich während des 3. und 4. Schuljahres, daß er lernt, die Sachen selbst zu lieben und nicht nur die höchstrangige Bewertung seiner Leistungen. Und ich wollte für ihn die Erfahrung, daß es beim Lernen und Zusammenarbeiten mit anderen Kindern ebenso großes Glück geben kann wie das berechtigte Glück über die hervorragende Bewertung dessen, was einem allein gelingt.

Jacob war von seiten seiner Familie hohen Leistungserwartungen ausgesetzt, und lange Zeit schien es so, als verwende er all seine Kraft darauf, diese Erwartungen zu erfüllen. Für das Zusammenleben mit anderen schien von ihm nichts mehr übrig; immer wieder neu verlor er seine Freunde, sie ermüdeten unter seinen Endlos-Disputen und waren genervt durch seine Besserwisserei. Freunde der Familie beschrieben ihn als Kind, das außer Rand und Band war, sobald der Leistungsrahmen um ihn herum fehlte, man erzählte sich, daß er während des Essens auf dem Tisch herumturne, mit den Händen im Essen herummansche, keinen Augenblick Ruhe geben könne und auf die entsprechenden Vorhaltungen von Erwachsenen mit Jähzornausbrüchen reagieren würde. Auf unserer Klassenfahrt bekam ich eine Ahnung davon, daß an diesen Erzählungen etwas Richtiges war.

Das Glück wollte es, daß es in Jacobs Stammgruppe Benjamin gab und noch andere Kinder, die zwar nicht so schulleistungsstark waren wie Jacob, aber so einfallsreich, nachdenklich und produktiv, daß er sie bewunderte und sich zum Vorbild nahm. Das Konkurrieren mit ihnen verbot sich von selbst, also entspannte er sich und wuchs und entfaltete sich inmitten all der Anregungen, die er von den anderen erhielt. Inmitten der blanken Notensprache hätte ich ihm lediglich bescheinigen können, daß er in allem – außer Sport – »sehr gut« sei, in der Sprache der Berichte konnte ich seine Leistungen gewichten und ihm sagen, was mir für ihn und seine Entwicklung wichtig schien.

Bericht für Jacob im 3. Schuljahr

Lieber Jacob,

Du gehörst zu den beneidenswerten Menschen, denen alles Lernen leichtfällt. Und da Du zudem ehrgeizig bist, beim Unterricht aufmerksam und bei Deinen Arbeiten (meistens) sehr sorgfältig und konzentriert, schaffst Du hervorragende Leistungen. Beim Rechtschreiben und Rechnen gehörst Du zu den »Könnern«. Deine Geschichten werden von der Gruppe mit Spannung erwartet und mit Freude und Bewunderung gehört. Dein Themenheft über Dinosaurier ist Anregung und Qualitätsmaßstab für andere.

In der großen Runde magst Du offenbar nicht gern reden, aber mit Deinen Freunden und Tischgefährten bist Du den ganzen Tag in heftigem Austausch über wichtige Themen dieser Welt: Regenwald, Gifte in Nahrungsmitteln, Umweltverschmutzung, und so wei-

ter. Die anderen sind beeindruckt von dem Ernst, mit dem Du Deine Themen verfolgst; sie bewundern Dein Wissen und werden angeregt von all dem, was Du äußerst. Manchmal allerdings sind sie wohl auch etwas genervt von der »Engstirnigkeit«, mit der Du Deine Ansichten äußerst. Zum Beispiel gab es in der Gruppe ein langes gutes Gespräch darüber, daß man Dein Engagement für die Bäume zwar verstehe, nicht aber die Unmäßigkeit Deines Ausbruchs angesichts einer Baumhütte, die die anderen sich aus Ästen gebaut hatten, die von Bäumen stammten, die bereits entwurzelt im Wald dalagen. – Auch ich kann oft den Druck in Deiner Stimme nicht verstehen, vor allem wenn es um Alltägliches geht. Ich denke da zum Beispiel an den Ton, mit dem Du jemanden »verbesserst«, der – von mir gefragt, wie spät es sei – auf seine Uhr sieht und sagt, es sei sechs Minuten vor neun, wenn es auf Deiner Uhr sieben Minuten vor neun ist. Ich denke zum Beispiel auch an den Ton, in dem Du mich korrigierst, wenn ich versehentlich »bis morgen« sage, obwohl am nächsten Tag schulfrei ist und ich eigentlich bis »übermorgen« hätte sagen müssen. Du bist klug genug, um zu wissen, daß es sich in solchen Situationen um Dinge handelt, deren Korrektur ganz und gar unerheblich ist. Du hast es nicht nötig, bei solchen Unwichtigkeiten der »Besserwisser« zu sein, denn es gibt so viel Wichtiges, das Du sehr genau und manchmal tatsächlich auch besser weißt als andere.

In Deinem Emsdetten-Heft hast Du Texte zum Problem der »Käfighühner« abgeschrieben. Vielleicht kannst Du zum Thema der industriellen Tierhaltung insgesamt weiterarbeiten, in Illustrierten hierzu Material sammeln und Deine Zeichenkünste auch Deinem Heft zu-

gute kommen lassen. Die Tierspuren, die Du im An-
schluß an die Käfighühner eingeklebt hast, passen näm-
lich nicht dahin.

Mit Deinem Themenheft »Ungeklärte Geheimnisse«
bist Du noch nicht recht vorangekommen. Vermutlich,
weil der überwiegende Teil der Arbeit zu diesem Thema
in heftigen, anregenden Diskussionen mit Gleichge-
sinnten bestanden hat. Du hast Glück, daß es in der
»weißen«-Gruppe ungewöhnlich viele wissensdurstige
und vielwissende Kinder gibt.

Beim Rechnen gehörst Du – wie schon gesagt – zu den
Könnern; Du hast den »Rechentest für alle« in der
drittbesten Zeit fast fehlerlos geschafft und anschließend
auch noch »Aufgaben für Rechenkünstler« gelöst. Von
den Rechengeschichten hast Du einen Teil bearbeitet
und dafür das Lexikon zu nutzen gewußt; ich hoffe, im
nächsten Schuljahr schaffst Du die anderen auch noch.
Deine Texte sind hervorragend, und auch die Art, wie
Du sie vorträgst. Dein Dinosaurier-Text und Deine
Geschichte vom Kuskus Kuki gehörten zu den Höhe-
punkten unserer Autorenlesungen. Ich beneide Deine
Eltern um das Buch mit den wunderbaren Illustratio-
nen, das Du ihnen zu Weihnachten gemacht hast. Und
ich hoffe sehr, daß Du für die neuen Teile der Geschichte
noch ebensolche Illustrationen versuchst. – Klar, daß
Dir auch Nacherzählungen hervorragend gelingen. Du
hast beide Male einen schönen und passenden Erzählton
gefunden und bist geschickt im Zusammenfügen Deiner
Gedanken.

Die Rechtschreibung fällt Dir nicht schwer, in unge-
übten Diktaten hast Du meist nur kleine Fehler, für die
Fortschritts-Diktate hast Du jedesmal viel geübt, und
dann höchstens einen kleinen Fehler gemacht.

In der Sporthalle hast Du Dich am liebsten zusammen mit Deinen Freunden bei Rollenspielen vergnügt; Ihr habt dabei als Requisiten alles benutzt, was Euch in die Hände kam. Zum Üben der Kunststücke an den Geräten mußte ich Dich drängeln, und letztendlich hast Du Dich auch drängeln lassen. Wie alle Kinder bist auch Du in Emsdetten geritten, aber das Toben und Rollenspielen und Bauen in der Sandgrube hat Dir wohl mehr gefallen. Zusammen mit Benjamin hast Du einen Comic nach dem anderen durchgespielt.

Lieber Jacob, ich wünsche Dir erholsame Ferien und einen fröhlichen und lockeren Start in das vierte Schuljahr. Du kannst ganz sicher sein, daß Du nach Eurem Umzug in der neuen Schule mit Deinen Leistungen gut zurechtkommen wirst.

Nun also hatte er ein Gymnasium vor sich, ein ehemaliges Sport-Gymnasium der DDR, das sich seither, zumindest dem Gerücht nach, zu einem Elite-Gymnasium westlicher Prägung gewandelt hatte. Jacob fürchtete sich vor dem Wechsel, obwohl ich ihm mehrmals versichert hatte, daß er – gäbe es bei uns Noten – ein Zeugnis mit lauter Einsen und Zweien haben würde. Dennoch kam seine alte Bewährungsangst wieder hervor. Er fing an, Fehler in Diktate hineinzudenken, mit einer Nacherzählung kam er nicht zu Rande, weil plötzlich das Wort »Aufsatz« in seinem Kopf spukte und er den eigenen Höchstleistungsansprüchen nicht gerecht zu werden meinte, er brauchte im Rechentest unnötig und ungewöhnlich viel Zeit, kurzum, in einem Notenzeugnis nach dem 1. Halbjahr des

4. Schuljahres hätte ich ihm – bei Licht besehen – seine verdienten Einsen nicht mehr geben können. Der aufnehmenden Schule habe ich mitgeteilt, daß Jacob für den Besuch eines Gymnasiums aus meiner Sicht gut geeignet sei; das von der Schule erwartete Notenzeugnis habe ich verweigert und wollte es zunächst durch folgendes Gutachten ersetzen:

Gutachten
für den Übergang auf eine weiterführende Schule

Jacob ist in allen Lernbereichen zu herausragenden Leistungen fähig, und es ist ihm sehr wichtig, solche Leistungen auch zu erbringen. Er hat in den vergangenen zwei Jahren geschafft, ein eigenes inneres Maß für die Qualität seiner Arbeiten zu finden und nimmt sich seither für Dinge, die ihm am Herzen liegen, die Zeit, die es braucht, um Dinge in Ruhe und auf höchstmöglichem Niveau tun zu können. Vermutlich wird er in einem Schulsystem, das ihm nicht mehr erlaubt, Anfang und Ende seiner Arbeiten selbst zu bestimmen, zunächst Schwierigkeiten haben, die geforderten Aufgaben fristgemäß zu erfüllen. Aber dies wird lediglich eine Frage der Umstellung sein; ich gehe davon aus, daß Jacob nach einiger Zeit der Umgewöhnung allen Anforderungen bestens entsprechen wird.

Bisher durfte er beim Verfassen freier Texte alle seine Kräfte auf die Gestaltung des Textes sowie auf sprachliche und gedankliche Klarheit verwenden und die Rechtschreibung als nachrangig betrachten. Da er aber die Rechtschreibregeln beherrscht und über einen recht großen rechtschriftlich gesicherten Grundwortschatz

verfügt, wird er, sobald dies von ihm gefordert wird,
vermutlich nach kurzer Zeit beides zusammenbringen
können, gedankliche Kraft und rechtschriftliche Sicher-
heit . . .

Mitten beim Schreiben des Gutachtens fand ich,
daß alles dies auch in Jacobs Entwicklungsbericht
zu finden sei, und beschloß zu versuchen, ob Jacobs Gymnasium sich zufriedengeben würde,
wenn es nur diesen Entwicklungsbericht bekäme.
Es war zufrieden, und seither schreibe ich Gutachten nur noch dann, wenn sie – trotz des Entwick-
lungsberichts – ausdrücklich angefordert werden.
Bisher ist dies noch nicht geschehen.

Jacobs Entwicklungsbericht im Hinblick auf seinen Übergang an ein Gymnasium lautete so:

Lieber Jacob,

Deine neue Schule kann sich freuen, daß sie einen wie
Dich bekommt – sehr sachkundig in vielen Dingen,
gesprächsfreudig, initiativ und auf Verständigung in
der Gruppe bedacht.
Du warst der Mitbegründer des Regenwald-Clubs, der
Herausgeber des Laborschulblattes, Du hast bei den
Videodreharbeiten eine wichtige Rolle gespielt, Dein
Bild-Vortrag über Eure Reise nach Venezuela hat in der
Gruppe einen hohen Maßstab für solcherart Vorträge
gesetzt.
Wenn ich in Zukunft an Dich denke, dann werden mir
vor allem die langen Gespräche im Ohr sein, die Du –
zusammen mit den anderen Indianerfachleuten der

Gruppe – über Deinen Old-Shatterhand-Text geführt hast. Und auch, wie gut Du mit diesem Text den Erzählton des Karl May aufgenommen hast, wie schlüssig Du Deinen Textentwurf gegen die Einwände der anderen zu verteidigen wußtest und wie Du Dich dennoch auf jede der diskutierten Genauigkeiten eingelassen hast, sie überdacht und Deinem Text in mehrfachen Überarbeitungen hast zugute kommen lassen. An solcherart gründlicher Textarbeit könnte sich noch mancher Zwölftkläßler ein Beispiel nehmen. Das Ergebnis – der mehrfach überarbeitete Anfang von Old Shatterhand II – ist hervorragend, und ich hoffe sehr, daß Du im nächsten Jahr Zeit und Gesprächspartner findest, um den Text zu einem guten Ende zu schreiben. Und da ich auch Deine Zeichnungen sehr gerne mag, würde ich mich freuen, wenn Du trotz Deines Umzugs nach Jena noch ein paar Illustrationen für diesen Text zustande bekommst.

Du hast im vergangenen Jahr für Dich persönlich etwas sehr Wichtiges geschafft: Du hast ein gutes Gespür entwickelt für den Unterschied zwischen »es besser wissen« und »Besserwisserei«; ich möchte Dich ausdrücklich dafür loben, wie gut Du Deine ursprüngliche Neigung zur Besserwisserei in nebensächlichen Dingen unter Kontrolle gebracht hast. Ich halte dies bei einem Jungen, der wie Du tatsächlich vieles besser weiß als Gleichaltrige, für eine ganz besonders wichtige und anerkennenswerte Leistung. Auch in anderen Dingen hast Du Dich entspannt, und die Selbstverständlichkeit und Ruhe, mit der Du Dich einerseits für die Angelegenheiten der Gruppe mitverantwortlich gefühlt hast und Dich andererseits über Nachlässigkeiten von anderen zu beschweren verstandest, hat Dir gut ge-

standen und Dich für die anderen wichtig gemacht. Ich
hoffe, solche Erfahrungen von Ruhe und Selbstver-
ständlichkeit können Dir helfen, Dich in all das Neue in
Jena einzufinden, ohne Hektik, ohne Bewährungsangst.
Deine Leistungen in den Schulleistungsbereichen sind
durchweg gut und nicht selten hervorragend. Du hast
die meisten Diktate auch ungeübt fast – manchmal auch
ganz – fehlerlos geschrieben; Du kannst vorgelesene
Texte auf die gemeinte Pointe hin und sprachgewandt
nacherzählen, und mit der Geschichte vom geheimnis-
vollen Koffer hast Du bewiesen, daß Du auch einen Text
zu einem vorgegebenen Thema verfassen kannst. Sehr
viel lieber allerdings sind Dir die Texte nach eigenen
Vorstellungen, und natürlich gelingen sie Dir deshalb
auch sehr viel besser. In der neuen Schule wird Dir –
fürchte ich – die gewohnte Zeit für das Erfinden, Nach-
denken und gründliche Überarbeiten Deiner Texte feh-
len, und darum werden Deine neuen Lehrer vielleicht
nicht gleich erkennen, welch gute Texte Dir gelingen
können. Aber wenn Du Dich erst einmal an die Zeitvor-
gaben gewöhnt haben wirst, dann wirst Du vermutlich
auch unter solchen Bedingungen hervorragende Texte
schaffen.

Im Rechnen bist Du fit – Du kannst alle Grundaufgaben
schnell und sicher im Kopf rechnen und beherrschst alle
in der Unterrichtsbeschreibung genannten schriftlichen
Rechenverfahren gut. Bei den Rechenmeistern hat Dich
zunächst der Zeitrahmen von 10 Minuten nervös ge-
macht (ganz unnötigerweise übrigens), dann aber hast
Du gemerkt, daß Du diesen Zeitrahmen locker erfüllen
kannst.

Den Fahrradführerschein hast Du gut bestanden. Die
Theorie beherrschst Du hervorragend (0 Fehler!), beim

*Fahren im Verkehr hast Du lediglich einmal ein Hand-
zeichen nicht so deutlich gegeben, daß die Beobachterin
es sehen konnte. Auch im Geschicklichkeitsparcours
hast Du alles bis auf den »verflixten Kreisel« geschafft.
In Emsdetten auf dem Bauernhof hast Du Dich zusammen mit Deinen Freunden fast jeden Tag in der Sandgrube vergnügt; Du gehörtest zu den Baumeistern der
Wasserlandschaften im Park und der Höhlen in der
Sandgrube.*

*Sport scheint weniger Deine Sache zu sein. Die Turn-
und Geräteübungen fallen Dir – wie den meisten schwer
gebauten Menschen – nicht gerade leicht. Dennoch
warst Du bereit, sie zu versuchen, und bist dadurch
vorangekommen. Am Akrobatik-Nachmittag hast Du
Dich von der guten Stimmung mitreißen lassen und bist
beim Bock- und Flugrollespringen über Dich hinausgewachsen. Am Trapez hättest Du noch weitere Sprünge
gewagt; leider habe ich dies im Trubel übersehen. Du
hast perfekt mit 3 Tüchern jongliert und dafür zu Hause
viel geübt.*

*Lieber Jacob, Du wirst uns fehlen, und wir werden gerne
an Dich denken. Es war schön für uns, Dich in der
Gruppe zu haben. Ich wünsche Dir Glück und alles
Gute.*

Inzwischen hat Jacob sein erstes gymnasiales
Schuljahr hinter sich gebracht. Über seine anfängliche »Fünf« im Sport, die er sich dafür einkassier-
te, daß er den 1000-Meterlauf und den verlangten
Hochsprung nicht geschafft hat, konnte er lächeln,
weil er die Anforderung innerlich von sich weisen
konnte. Denn in der Tat: auf diese Art Anforderun-

gen hatte ich ihn, den schwergewichtigen und un-
gelenken Jungen, nicht vorbereitet. Zwar war dieses »mangelhaft« die erste Note, die er mir
anläßlich seines Besuches kundtat, aber es klang
so, als wolle er von mir nur das erwartete »Kopf-
schütteln« hören. Dann fragte ich ihn, ob man in
seiner neuen Schule denn auch von seinen Geschichten so begeistert sei wie wir. Für so was habe
er jetzt keine Zeit mehr, sagte er, er müsse jetzt
seine Aufsätze in zwei Stunden fertig haben. Anfangs habe er dies nicht gekonnt, aber inzwischen
habe er sich daran gewöhnt, und für den letzten
Aufsatz habe er eine Zwei bekommen. »Als einziger«, fügte er noch hinzu, und diesmal – nach all
den überstandenen Leistungsängsten – war mir
diese Nachricht ein Extralob wert.

Christina

Zu Jacobs Gruppe gehörte Christina, und auch für
sie stand der Übergang in ein Gymnasium an. Mit
unbeirrbarer Freundlichkeit hatte sie mir und ihren Freundinnen mitgeteilt, sie wolle auf eine andere Schule, weil sie gerne Noten haben möchte.
Weder mein Unverständnis ob dieses Wunsches
noch das Wehklagen ihrer Freundinnen noch meine Versicherung, daß ich ihre Leistungen allesamt
als »gut« bis »sehr gut« bewerten würde, konnte
sie von ihrem Plan abbringen. Auch ihre Mutter
versicherte, daß sie ratlos und machtlos gegenüber
Christinas Vorstellungen sei. Christinas Wunsch
nach guten Noten war so groß, daß sie plötzlich –
angesichts der Schulschwierigkeiten einer Freundin auf dem Gymnasium – zaghaft wurde und

»doch lieber auf die Realschule« wollte, denn sie wolle »lieber dort gute Noten haben, als im Gymnasium nur befriedigende«. Ich sagte ihr kategorisch, daß ich einen Wechsel auf die Realschule nicht befürworten würde, wenn schon, dann müsse es das Gymnasium sein, denn dort gehöre sie hin, wenn sie denn wirklich bei uns nicht bleiben wolle, gute Noten werde sie überall bekommen, das könne ich ihr versichern.

17. 1. '92

Diktat ④ zum 2. Mal
Heute gibt es endlich wieder ein Diktat! An den vergangenen zwei Montagen konnten wir keins schreiben, denn alle mußten das Einmaleins üben.

genug geübt

Aus Christinas Diktatheft

Ich traute Christina zu, ein gutes Abitur zu machen. Bei schulischen Anforderungen im engeren Sinne war sie eines der schulleistungsstärksten Kinder der Gruppe; aber wer meinen Text über sie und an sie – zwischen den Zeilen – zu lesen versteht, kann erkennen, daß es andere gab, die ihr in Schulleistungsdingen ebenbürtig und an kreativer und produktiver Kraft weit überlegen waren. Im Gespräch mit der Mutter beschrieb ich meine Freude über Christinas wachsende Eigenständigkeit und meine Trauer beim Gedanken daran, daß die Anregung und Herausforderung durch ihre Laborschulfreundinnen beim Schulwechsel verlorengehen. Sehr versteckt zwischen den Zeilen ist davon auch im Text etwas zu hören, aber absichtsvoll nur so, daß es für Christina nicht nach einem Vorwurf klingen kann.

Christina hatte, um sich ganz sicher zu sein, darauf gedrängt, mehrere Gymnasien jeweils eine Woche lang besuchen zu dürfen, um nachher ihre Wahl zu treffen. Zunächst fiel ihre Wahl auf Bielefelds renommiertestes, weil altsprachliches Gymnasium. Später, als ihre Besorgnis aufkam, entschied sie sich dann doch für eines, von dem sie wußte, daß eine ihrer Freundinnen aus dem Sportverein dort auch sein würde.

Mein Bericht über Christina im 3. Schuljahr versucht, das Bild eines Kindes zu zeichnen, das – schulisch gesehen – alles in allem prima war und doch zugleich – wie seine Mutter es ausgedrückt hat – »eigentlich zu brav und etwas langweilig«. Der Bericht über Christinas 4. Schuljahr will ihr und den Eltern zeigen, daß sie auf einem guten Wege ist. Für die neue Schule soll er das »Übergangsgutachten« ersetzen. Die offizielle »Prognose« lautete »gut geeignet für den Besuch eines Gymnasiums«.

Bericht für Christina im 3. Schuljahr

Liebe Christina,

es ist schön, ein solch verträgliches, freundliches und umsichtiges Mädchen wie Dich in der Gruppe zu haben. In allem kann man sich auf Dich verlassen, auch, daß Du Dich kümmerst, wenn es einem anderen Kind schlechtgeht. Du hast mehrere Freundinnen, auch neue, und alle in der Gruppe mögen Dich.

Du gehörst zu den beneidenswerten Menschen, die für die Rechtschreibung nicht – mehr – viel tun müssen; die meisten Deiner Diktate waren fehlerlos, und viele schon beim ersten, ungeübten Mal.

Auch das Rechnen fällt Dir leicht: Du konntest das Einmaleins schon aus dem Haus 1 und hattest beim Einmaleins-Abschlußtest alle Aufgaben richtig – zusammen mit Mareike in der schnellsten Zeit. Auch beim »gemischten Rechentest für alle« im Juni dieses Jahres, bei dem es – neben dem Einmaleins – um schriftliches Rechnen mit großen Zahlen und um das große Einmaleins im Kopf ging, hattest Du – von zwei kleinen Irrtümern abgesehen – alles richtig. Die »Aufgaben für Rechenkünstler« hast Du – zusammen mit Mareike – fast alle richtig gelöst. Mit den Rechengeschichten über »Lichtjahre, Pyramiden und Regenwürmer« hast Du angefangen, hast sie inzwischen aber beiseite gelegt. Ich weiß nicht, ob dies daran liegt, daß Dir die Suche nach Lösungswegen zu schwierig erschien, oder daran, daß Dir die Themen nicht interessant genug waren, um Mühe darauf zu verwenden. Am sinnerfassenden Lesen, das zur Lösung solcher Aufgaben nötig ist, kann es jedenfalls nicht gelegen haben, denn Du kannst hervor-

*ragend lesen. Im nächsten Schuljahr, liebe Christina,
mußt Du noch einmal an die Rechengeschichten her-
angehen; Du brauchst sie nicht alle zu lösen, aber ich
denke doch, daß einige davon Dein Interesse wecken
könnten.*

*Deine Geschichten sind von Mal zu Mal gewachsen, an
Sprache und an Vorstellungen. Du hast den »Sagen und
Fragen« zu den Texten der anderen gut zugehört, hast
Dir Deine eigenen Gedanken dazu gemacht und auf
diese Weise mehr und mehr gelernt, wie eine Geschichte
erzählt sein muß, damit sie unterhaltend oder spannend
oder besinnlich ist. Du bemühst Dich um einen schönen
Erzählton, und es gelingt Dir mehr und mehr, die Handlung so zu erzählen, daß wir Zuhörer uns genau vorstellen können, was Du beim Schreiben vor Augen
hattest.*

*Die Nacherzählung der Geschichte vom Eichhörnchen
ist Dir gut gelungen. Einen wichtigen Vorgang hast Du
zwar vergessen zu erzählen (nämlich, daß das Eichhörnchen zunächst verärgert Steine und Nußschalen runter-
wirft, damit die Mäuschen still sind), aber Du hast den
freundlich-betrachtenden Erzählton der Geschichte gut
getroffen; es ist derselbe Ton, der Dir ohnehin zu eigen
ist und der die meisten Deiner eigenen Geschichten
bestimmt.*

*Das Üben von Rechtschreibung und Rechnen ist etwas,
das Du offenbar besonders gern tust. Da Du beides sehr
gut kannst, denke ich, daß Du eigentlich einen guten
Teil dieser Übungszeit auf eigene Vorhaben verwenden
könntest, also auf die Themenhefte oder Geschichten.
Zur Zeit arbeitest Du zusammen mit Hanna an einer
gemeinsamen Geschichte zu »Miax und die Wölfe«. Es
wäre gut, wenn Du – ebenso wie Hanna – hierfür das*

dazugehörige Buch lesen würdest, damit Du beim Schreiben nicht darauf angewiesen bist, was Hanna Dir aus dem Buch erzählt. Auch das gemeinsame Erfinden wird Euch leichter fallen, wenn Du Vorstellungen vom Eskimoleben und vom Überleben in einem Wolfsrudel im Kopf hast.

In Deinem Arbeitskasten liegen drei Themenhefte: eines über Enten, eines über Eichhörnchen und das Bauernhof-Heft. Das Enten-Heft ist zauberhaft schön angefangen mit Federchen, die Deine Zeichnungen ergänzen; auch das Eichhörnchen-Heft ist so schön angefangen, daß es sehr schade wäre, wenn Du es nicht fortsetzt. Mit dem Bauernhof-Heft bist Du noch nicht recht vorangekommen. Zum Beispiel fehlen eine Pferdezeichnung und die »Wörterliste für Pferdefreunde« und die »Wörterliste zum Bauernhof«. Du mußt es noch nachholen, es war Pflicht für alle. Neuerdings schreibst Du in Deinen Themenheften Druckschrift. Ich finde, daß Deine eigene Handschrift schöner aussieht, und vermutlich geht sie auch leichter und schneller.

In der Sporthalle hast Du an den Kunststücken für unseren Zirkus geübt: das Balancieren auf der Tonne wirst Du bald gut können; als Unterbau für die Akrobatikpyramide hast Du tapfer die Armschmerzen ausgehalten, damit die Handständler nicht abstürzen mußten; Du warst erfinderisch mit den farbigen Tüchern und Seilen. Zauberhaft schön war Dein »Seiltanz« für den Video-Film. Du bist so anmutig und konzentriert über »das Seil« auf dem Tisch getanzt und balanciert, daß man im Film nicht sehen konnte, daß es ein Trick war. Und schon gar nicht, daß Du für den Trick auch noch mutig sein mußtest, nämlich Dich für die Aufnahmen der Füße – an einen Besenstiel gehängt –

von zwei Erwachsenen hoch über den Boden tragen lassen mußtest. Erst hast Du Dich sehr gefürchtet, aber dann hast Du Dich überwunden.

Liebe Christina, zusammen mit Mareike bis Du oft so etwas wie meine Kollegin: Du nimmst mir ab, die Übersichtspläne und Listen zu schreiben, und machst das so schön, wie man es besser nicht machen könnte. Du hast Spaß daran, Rechenblätter von anderen nachzusehen und bist dabei besonders gründlich. Du bist eine vorzügliche »Lehrerin« für andere. Mich freut Deine Geduld, und ich bewundere Deine Fähigkeiten, Lösungswege zu erklären und zu veranschaulichen. – Ich wünsche Dir erholsame Ferien und freue mich auf das nächste Schuljahr mit Dir.

Bericht für Christina im 4. Schuljahr

Liebe Christina,

Deine neue Schule wird sich freuen, ein Mädchen wie Dich als Schülerin zu bekommen. Den »Weißen« wirst Du sehr fehlen. Du hast uns allen mit Deiner ausgeglichenen Freundlichkeit und einfühlsamen Umsicht gutgetan; jeder hat sich wohl gefühlt in Deiner Nähe, von einigen Mädchen weiß ich, daß Du für sie diejenige warst, mit der sie am liebsten »über das Leben« geredet haben. Du hast mit Geduld und Geschick anderen Kindern beim Lernen geholfen, und Du hast mit denen, die ebenso leistungsstark waren wie Du, bestens zusammengearbeitet.

In der Versammlung haben Deine Beiträge während der letzten Monate viel Gewicht bekommen. Offenbar hast Du Freude daran gefunden, Dich an der Klärung der Sprache und der Vorstellungen in den Texten von anderen zu beteiligen, und an Deinen Äußerungen war zu merken, daß Du ein feines Gespür für Literatur besitzt. Eigene Geschichten hast Du leider nur wenige geschrieben. Dir falle nichts ein, hast Du gesagt. Nacherzählungen und Texte zu einem vorgegebenen Thema waren eine Herausforderung für Dich, die Dir Spaß machte und darum auch gut gelang. Mit Hanna zusammen hast Du eine eigene Fassung des Buches »Julie von den Wölfen« versucht. Ihr habt den Klappentext des Buches als Anregung für Eure eigene Version genommen und habt Euch von den »Sagen und Fragen« der Gruppe zu Eurer Geschichte voranbringen lassen. Zum Beispiel habt Ihr Euch auf der Weltkarte über die Entfernungen in der Antarktis informiert, Ihr habt herausgefunden, auf welche Weise die Menschen dort reisen, Ihr seid der Frage nachgegangen, welcherart Pflanzen in der Kälte gedeihen können, also ob es möglich ist, daß der von Euch erfundene eheliche Konflikt um das Fällen eines Baumes in diese Eskimogeschichte paßt. Mir hat gefallen, wie ernsthaft Ihr Euch auf die Anmerkungen der anderen eingelassen habt und wie gründlich Ihr ihnen nachgegangen seid.

Du gehörtest zu den Kindern mit sehr guten Leistungen im Rechnen und Rechtschreiben; zum einen fiel Dir beides nicht sonderlich schwer, zum anderen hast Du gründlicher und mehr geübt als manche Deiner Freundinnen. Das Arbeiten in den Rechtschreibübungsheften hat Dir so viel Spaß gemacht, daß Du es gewählt hast, wenn die anderen an ihren Themenheften, am Illustrie-

ren ihrer Geschichten oder am Erfinden von Geschichten saßen. Du hast Deine Übungshefte sehr sorgfältig erledigt und dabei viel gelernt. Deine Diktate – sogar die ungeübten – waren meist fehlerlos, und auch in den freien Erzähltexten hast Du vergleichsweise wenige Fehler gemacht.

Mit Rechenübungen hast Du Dich sehr gern beschäftigt; Du hast mehr davon erledigt, als ich von Dir verlangt habe. Beim Kopfrechnen bist Du sicher und schnell, und Du kannst ohne Schwierigkeiten alle schriftlichen Rechenverfahren für große Zahlen. Deine besondere Leistung: Du kannst dies alles so vorzüglich erklären, daß andere Kinder, die damit Schwierigkeiten hatten, es durch Deine Erklärungen verstanden haben. An die Sachaufgaben im »Pyramidenbuch«, in denen es um Sachverhalte ging, über die man sich nur anhand eines Lexikons klarwerden kann, bist Du von Dir aus weniger gern gegangen, als ich gehofft hatte; vermutlich haben Dich die sachkundlichen Fragen, um die es dort ging, nicht wirklich interessiert. Mathematisch gesehen bist Du mit solchen Aufgaben nämlich zurechtgekommen, aber offenbar hast Du Deinen Kopf lieber mit reinen Knobelaufgaben angestrengt. Und die konntest Du sehr gut!

In den Sportzeiten warst Du im vergangenen Jahr eine wirkliche Kollegin für mich: Du hast beim Bodenturnen so überaus geschickt und bedacht und zuverlässig Hilfestellung gegeben, daß ich es wagen konnte, Dir dies (zumindest bei den guten Turnerinnen) allein zu überlassen, denn kein Erwachsener hätte es besser gekonnt als Du. Anfangs schien es so, als würdest Du Dich ganz auf die Kunst, zu sichern und zu helfen, zurückziehen wollen, aber dann hast Du Dich von »Deinen« Turne-

rinnen anstecken lassen, hast das Radschlagen geübt und gelernt, Handstand, Rolle usw., und so gab es schließlich bei unserem Zirkus eine sehr schöne Nummer von Annika und Dir, in der Du beides zugleich geschafft hast: Annika beim Flick-Flack und Bogengang und Handstandüberschlag zu sichern und ansonsten parallel zu ihr zu turnen. Unvergeßlich für uns alle wird Deine wunderbare Rhönradvorführung bleiben. Ich sehe Dich vor mir, wie Du mit großer Anmut schwierige Kunststücke vollführst.

Bei der Fahrradprüfung bist Du im Verkehr und im Geschicklichkeitsparcours fehlerlos gefahren, obwohl Du krank warst, als wir beides geübt haben. Bei der schriftlichen Prüfung hattest Du nur zwei kleine Fehler, obwohl Du auch da bei den entscheidenden Unterrichtsphasen nicht dabei warst.

Zusammen mit Hanna hast Du einen Tier- und Umwelt-Club gegründet; Ihr habt mit viel Liebe und Sorgfalt an Eurer Zeitung geschrieben und gezeichnet, und Du hast auf diese Weise vieles über Tiere erfahren, was Du zuvor noch nicht wußtest. Ihr habt Euch gegen den Mißbrauch von Tieren in der Kosmetik-Industrie engagiert, habt Material zusammengesucht, vervielfältigt und verteilt.

Liebe Christina, Du warst wohltuend für die Gruppe, für die Kinder ebenso wie für uns Erwachsene. Mit den Anforderungen im Gymnasium wirst Du gut zurechtkommen; vermutlich wirst Du nach einer kurzen Eingewöhnungszeit die guten Noten schaffen, die Du Dir wünschst. Und ich traue Dir zu, daß Du beides schaffen kannst: gute Noten zu haben und – so wie bisher – für andere eine einfühlsame, anteilnehmende und helfende Freundin zu sein.

Ich wünsche Dir Glück und alles Gute auf der Schule, die Du Dir ausgesucht hast. Und falls Du aus irgendeinem Grund zurück an die Laborschule möchtest, dann werden wir Dich gern in die ›weiße 5‹ aufnehmen, auch wenn Dein Platz inzwischen an eines der wartenden Kinder vergeben ist.

Christina also hat die Laborschule verlassen, »weil sie Noten haben will«. Ihre Geschichte belegt im Kleinen, was die Leiterin einer Grundschule umfänglicher – nämlich in einer Befragung aller Kinder ihrer Schule – festgestellt hat: Wenn Kinder sagen, daß sie Noten wollen, dann meinen sie »gute Noten«. »Gäbe es keine Noten, würden die Eltern nicht einsehen, daß man gut ist«, hat in der Schülerumfrage der Zeitschrift »Eltern« eine neunjährige Grundschülerin gesagt.

Philipp

Mit Jacob und Christina verließ auch Philipp nach dem 4. Schuljahr die »weiße«-Gruppe. Von seinen kognitiven Fähigkeiten her war Philipp zweifellos für den Besuch eines Gymnasiums geeignet, und die Probewoche in einem 4. Schuljahr der benachbarten Grundschule hatte ihm und mir gezeigt, daß wohl auch seine schulischen Leistungen denen einiger Kinder, die ebenfalls vorhatten, aufs Gymnasium zu wechseln, annähernd ebenbürtig waren. Dennoch setzte ich alles daran, daß Philipp den Umzug in eine andere Stadt – und damit den Wechsel in eine andere Schule –, zur Wiederholung des 4. Schuljahres nutzt, damit er seine gymnasiale Schullaufbahn mit einem möglichst stattlichen Schulleistungspolster würde starten können. Denn ein solches Polster würde er brauchen, um sich inmitten all der Strapazen, die das Leben für ihn bisher mit sich gebracht und wohl auch künftig mit sich bringen würde, zurechtzufinden.

Philipp war noch sehr jung, in seinem Gemüt und auch im Hinblick auf seinen Jahrgang. Zugleich war er in einer Weise lebenserfahren, die einem den Atem stocken ließ, wenn man seinen Erzählungen zuhörte. Er lebte allein mit seiner Mutter, die einen Beruf mit Schicht und Nachteinsätzen hat, und also gab es immer wieder Zeiten, in denen Philipp vor der Schule nicht geweckt und versorgt wurde oder nach der Schule bis in die Nacht hinein allein zu Haus war.

Er ist ein Junge voller Gemüt und einem herzergreifenden Charme, mit dem er – seiner Mutter zufolge – zu überspielen gelernt hat, daß er in »totaler Überforderung« aufwächst. »Zum Frühstück zünde ich mir immer eine Kerze an«, erzählte der Fünfjährige in der Eingangsstufe, und kam im heißen Sommer mit Gummistiefeln und noch in der Schlafanzughose zur Schule. »Oje, hab ich gar nicht gemerkt«, sagte er und griff sich wie ein zerstreuter Professor an den Kopf, ». . . und meine richtigen Schuhe hab ich nicht gefunden.« Sein Vater, den er sehr vermißte, ist einer, der Drachen bauen und Fahrrad reparieren und Moped frisieren kann; weil er arbeitslos war, versuchte er sich in einer Hinterhof-Eigenwerkstatt, weil er alkoholkrank war, war auch diese immer wieder gefährdet. An der Art, wie Philipp von seiner Liebe zu seinem Vater, seiner Begeisterung für ihn und seiner Sorge um ihn erzählte, ließ sich erahnen, was Kinder von alkoholkranken Eltern leisten, wenn sie daran nicht verrückt werden wollen. Auf den ersten und zweiten und dritten Blick war Philipp ein heiteres und heiles Kind, eines, auf das alle Erwachsenen geradezu flogen, eines, das auf die Leute zuging mit der Geste »Was-kostet-die-Welt? Bin-ich-nicht-wunderbar?«. Erst wenn man ihn länger um sich hatte, bemerkte man, wie zwanghaft diese Geste war, wie wenig er ihr vertraute, wie es ihn erschöpfte, sich der Welt beständig als Sonnyboy zu zeigen und alle Menschen, die ihm begegneten, sozusagen vorsichtshalber schon mal schnell zu umarmen, bevor sie ihm weitere Anstrengungen abverlangen oder sich gar von ihm abwenden.

Seine Hypothek im Zusammenleben mit anderen war, daß er mit dieser Art Selbstbehauptungsstrategie alle Menschen – Kinder wie Erwachsene – nach anfänglicher Begeisterung so sehr zu nerven begann, daß sie sich von ihm abwandten. Und sobald er der Sicherheit beraubt war, das von jedermann geliebte Kind zu sein, fiel er in ein Loch, war zu keiner Anstrengung mehr fähig und also auch nicht zu den Leistungen, die man von ihm hätte erwarten können. Was schreibt man einem solchen Kind ins Zeugnis? Den üblichen Erwachsenensatz, wonach »er könnte, wenn er nur wollte«? Kann man einem solchen Kind aufschreiben, daß es sich anstrengen müsse, weil seine Leistungen hinter seinen Fähigkeiten zurückbleiben?

Bericht für Philipp im 3. Schuljahr

Lieber Philipp,

wir haben Dich als heiteren, sehr einfallsreichen und gesprächsfreudigen und gescheiten Jungen erlebt. Dies alles wirkt so liebenswürdig, daß Du die Zuneigung von Kindern und Erwachsenen fast immer »im Sturm eroberst«. Du bist einer von den Menschen, über die man so sagt: »Dem kann man einfach nicht böse sein!« Auch mir geht es so; inzwischen, lieber Philipp, macht mir Dein Verhalten aber auch Sorge. Du bist nämlich so daran gewöhnt, »hinterher« alles mit Reumütigkeit in Ordnung bringen zu können, daß Du offenbar keine Notwendigkeit siehst, rechtzeitig zu bedenken, was Du tust. Statt unsere Regeln und Vereinbarungen einzuhalten, statt darauf zu achten, daß Du niemanden verletzt und nichts zerstörst, sagst Du lieber hinterher: »Habe ich nicht mit Absicht gemacht!« – was ja wohl auch meistens stimmt –, und erwartest »Entschuldigung«, die man Dir ja auch gerne gibt, eben weil Du ein so sehr freundlicher Junge bist.

Wer Dich allerdings länger kennt oder viel um sich hat, dessen Zuneigung strapazierst Du mit Deiner unbedachten Art fast bis zum Zerreißen. (Das gilt für Kinder ebenso wie für Erwachsene.) Mit der Zeit ist es schwer, Deinem »es tut mir leid« zu glauben, denn dazu würde gehören, daß Du Dir vornimmst, es demnächst anders zu machen, und davon ist bei Dir so gut wie nichts zu merken. Du machst zwar ein reumütiges Gesicht, wenn ich Dich wegen einer übertretenen Regel heftig zurechtweisen muß, aber dies hindert Dich nicht, dieselbe Regel zwei Augenblicke danach erneut zu verletzen, vermut-

lich weil Du es bequemer findest, hinterher schuldbe-
wußt dreinzuschauen, als Dich von vornherein an Ver-
einbarungen zu halten. Du sagst zwar zerknirscht:
»Jaja, ihr habt recht«, wenn die anderen sich über Deine
Rücksichtslosigkeit beklagen, aber es bewirkt nicht, daß
Du beim nächsten Mal vorsichtiger bist. Zum Beispiel
hast Du es aus einer bloßen Mißstimmung heraus fer-
tiggebracht, Deine Filmgruppe im Stich zu lassen, ob-
wohl man Dir dort die Hauptrolle gegeben hat, nach der
Du Dich gedrängt hattest. Zum Beispiel hast Du »den
anderen«, die Dich mitfühlend aufgenommen haben,
verschwiegen, was Du Deiner Gruppe damit angetan
hast. Das zeigt, daß Du trotz all Deiner Fähigkeit zur
Einfühlung in andere vor allem an Dich selbst gedacht
hast.

Wer das tut, der verliert auf die Dauer all seine Freunde,
und weil ich nicht will, daß Dir dies passiert, bin ich zur
Zeit ganz und gar unerbittlich mit Dir, wenn ich finde,
daß Du Dich falsch verhältst. Du bist zwar noch sehr
jung, jünger als fast alle anderen, dafür aber bist Du
klüger, gescheiter, hellhöriger und weitsichtiger als
manche der anderen, und darum, denke ich, kann ich
von Dir erwarten, daß Du Dein Verhalten gründlich
überdenkst.

Du hast, glaube ich, das Zeug zu guten Leistungen,
vorausgesetzt, Du bleibst an den Arbeiten, die Du be-
gonnen hast, und springst nicht immer wieder zwi-
schendurch davon.

Immer wenn Du die Diktatübungen gründlich gemacht
hattest, waren in Deinen Fortschritts-Diktaten nur
ganz wenige Fehler. Die Übungsseiten im Rechtschreib-
begleiter, bei denen Du mit den Gedanken bei der Sache
warst, sind fehlerlos und schön geschrieben, auf anderen

Seiten hingegen sind fürchterlich viele und unnötige Fehler. Die Nacherzählung vom Eichhörnchen ist Dir gut gelungen, allerdings stecken darin Schreibfehler, die jenseits von Rechtschreibung sind, zum Beispiel: Bauch statt Baum; zum Beispiel: sie pisten statt sie piepsten. Einige für den Satz wichtige Wörter fehlen ganz. Als Du dann die Geschichte noch mal geschrieben hast, waren kaum noch Fehler drin.

Beim Geschichtenschreiben hast Du die Unsinn-Geschichten bevorzugt; vermutlich auch darum, weil die Gruppe sich daran anfangs sehr vergnügt hat. Von diesem Erfolg hast Du Dich gar nicht trennen wollen und deshalb diese eine Geschichtenidee so ausgedehnt, daß es langweilig wurde. Bei der Tannenbaumgeschichte und bei der Geschichte vom Groschen-Heinz hast Du dann rechtzeitig auf einen Schluß hin geschrieben. Bei der Autorenlesung hast Du vergnügt und mutig und sehr gut vorgelesen.

In Deinem Geschichtenheft gibt es eine angefangene Geschichte vom Mädchen Denise, das sich auf den Weg macht, um eine Perle zu finden. Ich würde mich freuen, wenn Du an dieser Geschichte weiterschreiben würdest, der Anfang klingt nämlich sehr schön.

Das 1x1 kannst Du recht gut, dennoch wäre es gut, wenn Du in den Ferien mit Deiner Mutter oder einem Deiner erwachsenen Freunde ab und zu einen Rechenspaziergang machen würdest, um im Kopfrechnen schnell und sicher zu werden. Das schriftliche Plus-Rechnen mit großen Zahlen hast Du schnell und gut verstanden. Es hat Dir Spaß gemacht, Du hast an einem Tag gleich drei Blätter gerechnet. Schriftlich Mal und Minus mit großen Zahlen wirst Du nach den Ferien lernen können.

Bei Deinem Themenheft hast Du Dich ganz aufs Zeich-
nen von Oldtimern spezialisiert. Es gelingt Dir sehr
gut. Als nächstes könntest Du etwas über die Geschichte
des Automobils erkunden und im Heft notieren oder den
Aufbau und die Funktion eines Motors dokumentieren.
Mit dem Bauernhof-Heft kommst Du hoffentlich noch
weiter. Es ist recht gut angefangen, aber leider noch
nicht sehr weit gediehen. –
Lieber Philipp, ich wünsche Dir erholsame Ferien und
einen guten Start ins 4. Schuljahr.

Wie gesagt – Philipp hatte zweifellos das Zeug für
die gymnasiale Schullaufbahn. Ebenso zweifellos
reichten seine damaligen Schulleistungen dafür
nur knapp hin und seine Kräfte – so fürchtete ich
– gar nicht. Die Prognose »bedingt geeignet« hätte
ich mit viel gutem Willen aus seinen Fähigkeiten
und Leistungen herausfiltern können. Aber was
würde sein, so mußte ich mich fragen, wenn die
anfängliche Begeisterung, die gewiß auch sein
neuer Lehrer für ihn empfinden würde, umschlüge
in Enttäuschung darüber, daß »er nicht gehalten
hat, was er versprach«?
Ein solcher Absturz wäre vermutlich das Ende von
Philipps gymnasialer Laufbahn gewesen, denn zu
Hause war da niemand, der ihm hätte auf die
Sprünge helfen können. Das einzige also, was helfen konnte, so dachte ich, war besagtes »Polster«,
also ein Lebensjahr, das zumindest schulisch gesehen weniger anstrengend sein würde als alle anderen zuvor. Es gab noch etwas, das für die
Wiederholung des 4. Grundschuljahres sprach:

Philipp und seine Mutter träumten davon, beim verschollen geglaubten Großvater auf einer Ranch in Kanada ein neues Zuhause zu finden.

»Er will mir zeigen, wie man Lachse mit der Hand fängt«, freute sich Philipp auf den Mann, der ein Vater für ihn sein würde. Und damit die Genera-

Philipps Bild: ganz umgeben von Tieren

166

tionenfrage aus seiner Sicht ganz klar sei, beantwortete er sie gleich ungefragt mit: »Er hat ein Kind, das ist jünger als ich.«

Keine Schulform der Welt, dachte ich, würde diesem Jungen beim Aufwachsen so gut tun, wie das Leben auf einer Ranch mit einem Großvater, der Lachse mit den Händen fangen kann. Hierfür und für den Schulbesuch in einem fremden Land mit einer fremden Sprache würde ein zusätzliches Grundschuljahr zum Kräftetanken nützlich sein. Deshalb schrieb ich für Philipp, für seine Mutter und für seine neue Schule:

Lieber Philipp,

Wir haben Dich als überaus charmanten, munteren, unterhaltsamen, phantasievollen Jungen erlebt, und wir haben bewundert, wie ungewöhnlich selbständig Du Dein Leben außerhalb der Schule in all den Jahren gemeistert hast.

Das Maß Deiner »Lebenstüchtigkeit« ist für einen Jungen Deines Alters außergewöhnlich. Was Dir noch fehlt, ist ein aufmerksamer und bedachtsamer Blick auf die Dinge und Menschen um Dich herum: Du mußt noch lernen, vorher einen Gedanken auf die Folgen Deines Ungestüms zu verwenden, Du mußt Dich daran gewöhnen, vorher *zu überlegen, was von dem vielen, das Du redest, für andere hörenswert ist. Noch immer war es sehr häufig so, daß Du ungebremst Deinen Einfällen folgtest, ungeachtet dessen, ob sie in diesem Augenblick in das Gespräch der anderen paßten. Und es kam nicht selten vor, daß Du nach einem langen Gruppengespräch*

eine Frage stelltest, um deren Antwort sich das Ge-
spräch zuvor gedreht hatte, oder eine Äußerung tatest,
die just das wiederholte, was in dem Gespräch zuvor
ausgiebig erörtert worden war.

Weil Du so unbedacht Deinen Einfällen nachgibst, lebst
Du gefährlich; die »weiße«-Gruppe vermutet, daß Du
mindestens doppelt so viele Schutzengel hast und
brauchst wie andere Menschen. Ich finde allerdings, daß
Du für solcherart »Experimente«, wie das in Emsdetten,
wo Du bei heftigem Landgewitter mit Deinem Walkman
am offenen Fenster standest, um zu probieren, ob die
Antenne die Blitze einfängt, auch mit erst 9 Jahren
schon zu alt bist. Dein Wissen über Blitze und Elektri-
zität müßte solcherart Experimente eigentlich verhin-
dern. Solches meine ich, wenn ich sage, daß Du noch
»sehr jung« bist.

Deine Leistungen im schulischen Bereich waren zwar
hinreichend, aber auch sie spiegeln Dein Ungestüm.
Mündlich warst Du hervorragend, sofern es Dir gelang,
Dich an die Gesprächsregeln zu halten; Deine schriftli-
chen Arbeiten waren überaus unbeständig: Es gibt schö-
ne, sorgfältig begonnene Arbeiten von Dir (Geschich-
ten, Dinosaurier-Heft, Indianer-Heft), aber kaum eine,
die Du zu einem guten Abschluß gebracht hast. Und die
wenigen (zum Beispiel die Geschichte vom Mädchen
Denise), bei denen dies der Fall ist, hast Du nur deshalb
zu Ende gebracht, weil ich wie ein Schaufelbagger hinter
Dir her war.

Auch Rechtschreib- und Rechenübungen hast Du selten
von Dir aus erledigt. Fast immer mußte ich hinter Dir
her sein. Für einige der Diktate hast Du aber offenbar
zu Hause gut geübt und sie daraufhin fehlerlos ge-
schafft.

Du hast eine sehr gut lesbare, schöne klare Schrift; Du kannst gut lesen und vorlesen. Und in den Versammlungen gab es wichtige Beiträge von Dir, die anderen Kindern in ihren Texten weitergeholfen haben. Schade, daß Du die meisten Deiner eigenen Texte abgebrochen hast – die Kraft zum Durchhalten von Anstrengungen wird bei Dir hoffentlich noch wachsen. Sonst wird aus Dir womöglich mal ein Erfinder, der es nicht schafft, seine Erfindung auf dem Patentamt anzumelden, weil es ihm zu mühsam ist, sie genau genug zu berechnen und aufzuschreiben.

Das Kopfrechnen hast Du offenbar zu Hause geübt, oder es ist Dir mit der Zeit zugeflogen; jedenfalls hast Du die letzten »Rechenmeister« in der vorgesehenen Zeit überwiegend fehlerlos geschafft. Schriftliche Plus- und Minus- und Mal- und Geteiltaufgaben konntest Du relativ sicher lösen, allerdings ist bei Dir die Gefahr des Vergessens der Rechenwege groß.

Du gehörtest zum Regenwald-Club und hast dafür engagiert gearbeitet, vor allem gezeichnet. Für Dein Dinosaurier-Heft hast Du Dich in Büchern aus der Bibliothek sehr kundig gemacht und hast angefangen, die unterschiedlichen Dinos – durchgepaust und sorgfältig aufgeklebt und beschriftet – in Deinem Heft zu dokumentieren. Zu einem Begleittext konntest Du Dich nicht aufraffen. Ähnlich ist es mit dem Indianer-Heft: Es fängt mit zwei sehr sorgfältigen und schönen Zeichnungen vielversprechend an, aber weitergekommen bist Du leider nicht.

Die Fahrradprüfung hast Du bestanden, allerdings hast Du bei der schriftlichen Prüfung die meisten Fehler von allen gemacht, nicht etwa, weil Du die Verkehrsregeln weniger gut kannst als sie, sondern weil Du eine Auf-

gabe schlichtweg überschlagen hast und zwei andere zu
ungenau gelesen. Bei der Verkehrsprüfung hingegen
bist Du fehlerlos gefahren, obwohl Du bei den Übungs-
stunden wegen Krankheit nicht dabei warst. Und auch
beim Geschicklichkeitsfahren hast Du nur das Schräg-
brett nicht gut genug geschafft.

In den Sportstunden hast Du Dich am liebsten zusam-
men mit anderen bei – bisweilen recht ungestümen –
Phantasie- und Bewegungsspielen vergnügt. Flugrolle,
Salto und Bocksprünge fielen Dir so leicht, daß Du nicht
recht einsehen mochtest, wenn ich auch von Dir zu-
nächst Aufwärmsprünge verlangte, bevor Du »in die
Höhe« durftest.

Lieber Philipp, ich fand es schön, Dich in der Gruppe zu
haben – auch wenn es bisweilen etwas strapaziös war,
Deine Lehrerin zu sein. Deine neue Schule wird sich
freuen, einen so hellen und freundlichen Jungen wie
Dich zu bekommen.

Vermutlich würde es Dir guttun, das 4. Schuljahr in
einer Regelschule zu wiederholen, bevor Du – vielleicht
– in Kanada zur Schule gehst. Du hast zu den mit
Abstand jüngsten Kindern der »weißen«-Gruppe ge-
hört, und das war bisweilen deutlich zu merken.

Ich wünsche Dir Glück und alles Gute.

5. Stichwort: Beschönigungen
oder
Manche Kinder brauchen es,
daß einer sie schönredet

Besonders die geschönten Berichte seien ein Problem, sagt *Gottfried Schröter*. Es gebe Tatbestände, die könne ein Lehrer auch nicht mit der liebevollsten Sprache vertuschen. Hier müsse man einfach klar sein und sich deutlich ausdrücken; negative Zensuren brächten diese Klarheit.

In der Tat ist es nicht leicht, schwache Leistungen oder problematisches Verhalten so zu betrachten, daß daraus Ermutigung und Zuversicht wachsen können. Mir geht es in den Entwicklungsberichten weder um »Vertuschen« noch um »Aufdecken«, sondern nur darum, dem Kind die nächsten Schritte vorwärts zu zeigen. Und hierfür kann es bisweilen nötig sein, die Leistungen oder das Verhalten eines Kindes zu »beschönigen«, also in besonders freundlichem Licht und auf die Zukunft hin zu sehen.

Wenn ich Entwicklungsberichte schreibe, dann sehe ich in Ihnen vor allem pädagogische Instrumente. Deshalb bekommen zum Beispiel die Texte am Ende des Jahrgangs 4 einen anderen Tenor als die vom Ende des Jahrgangs 3. Der Bericht im Jahrgang 4 soll den Übergang des Kindes in die nächste Schulstufe zu anderen Lehrern vorbereiten – er ist

Rückblick auf die gemeinsame Zeit und enthält Rat und Ermunterung für den weiteren Schulweg. Folglich muß das Schwergewicht des Berichts auf dem bisher schon Erreichten liegen, er soll etwas wie ein Wegweiser für die Zukunft sein. Hingegen zielt der Bericht im Jahrgang 3 möglichst präzise auf das nächste Schuljahr – er ist so etwas wie ein Plan der gemeinsam anstehenden Arbeiten.

Martin, Sarah, Steffen und Julian aus der »wei-ßen«-Gruppe waren Kinder, bei denen man verführt sein konnte zu sagen: »Wenn sie nur wollten, dann könnten sie auch!« Gemeint ist bei diesem vielgesagten Satz ja immer der Zusatz ». . . viel mehr, als sie zeigen.« Anders als bei Kalle zum Beispiel traf dies auf die vier Kinder auch zu: Sie waren zu mehr fähig, als sie zeigten. Allerdings nicht, »wenn sie nur gewollt hätten« – einige von ihnen wollten eher zuviel als zuwenig –, sondern wenn da nicht irgend etwas gewesen wäre, das sie daran gehindert hätte, »ihr Bestes zu geben«.

Martin

Martin war ein Junge, der so vehement an seinen eigenen Ansprüchen scheiterte, daß er es nicht einmal hinbekam, meine – vergleichsweise gerin-gen – Anforderungen an ihn zu erfüllen. Hätte ich ihm ein Notenzeugnis geben müssen, dann hätte es sich in den harten Schulleistungsfächern zwi-schen Vier und Fünf bewegen müssen. Aber Mar-tin brauchte nichts so sehr wie die Zusicherung und Zuversicht, daß er zu guten Leistungen fähig ist. Wegen seiner schlimmen Neurodermitis hatten wir ihn ein zusätzliches Jahr in der Eingangsstufe gelassen. Unsere Hoffnung, er und seine Haut würden sich entspannen, erfüllte sich. Aber als Martin im 3. Schuljahr war, war sein zwei Jahre jüngerer Bruder bereits ins 2. aufgerückt und überholte ihn nicht nur an Selbstbewußtsein, sondern auch an Leistungen. Damals wußte ich außer Martins übergroßer Empfindsamkeit, seiner Einfühlung in andere und seinem Sprachgefühl nichts Erfreuliches zu berichten, wohl aber vieles zu beklagen, was den Schulleistungsbereich betraf. Damit er mir unter seinen vielen Mißerfolgen nicht vollends zu Boden ging, habe ich ihn im wahrsten Sinne des Wortes »schön«geredet, habe also den erfreulichen Dingen sehr viel Gewicht gegeben.

Was ich für Martin gehofft hatte, trat ein: Die Beschreibung seiner Person als jemanden, den ich sehr schätze und der für die anderen besonders wichtig ist, tat ihm so gut, daß er sie im Verlauf des 4. Schuljahres in geradezu ungeahnter Weise einlöste. Mein Bericht über ihn am Ende des 4. Schuljahres beginnt: »*Es gibt nur ganz wenige Zehnjährige, die so einfühlsam wie Du über die Beziehungen zwischen Menschen nachdenken und dafür Worte finden, und es gibt nur wenige, die so feinfühlig wie Du den Gedanken und der Sprache von Texten folgen und darin sprachliche und gedankliche Unstimmigkeiten entdekken können. Deine Beiträge zu unseren Versammlungsgesprächen sind mir unvergeßlich!*«

Diesmal hatte ich ihn mit diesen Sätzen nicht schöngeredet, sie waren die reine Wahrheit. Und inzwischen waren auch seine Leistungen so, daß er mit den Anforderungen im 5. Schuljahr zurechtkommen konnte.

Bericht für Martin im 3. Schuljahr

Lieber Martin,

Du gehörst zu den Kindern, denen ich besonders gerne zuhöre, wenn sie erzählen, was ihnen durch den Kopf geht. So einfühlsame Gedanken wie Du machen sich nur wenige Kinder in Deinem Alter, und die meisten Erwachsenen auch nicht. Auch Deine Gruppe hat gemerkt, daß Deine Beiträge besonders hörenswert sind, und sie hört ihnen ganz besonders aufmerksam zu. Wir alle freuen uns, daß wir Dich in der Gruppe haben.

So liebevoll, genau und einfallsreich, wie Du zusammen mit Pedro an der Zeugnismappe für die 10er gearbeitet hast, so versunken, unbeirrbar und qualitätsbewußt, wie Du mit den Aquarellfarben Deine Bilder malst, wünsche ich mir Dich auch bei den anderen Arbeiten, einem Themenheft zum Beispiel oder eigenen Geschichten. Vor Deinem plötzlichen Krankenhausaufenthalt warst Du auf gutem Wege dahin, vergessen war davor der schwierige Anfang, den Du nach dem Übergang aus dem Haus 1 gehabt hast. Nach der langen Krankenhauszeit war es schwer, Deinen guten Weg von vorher wiederzufinden, aber jetzt scheinst Du wieder zu Dir selbst gefunden zu haben, also zu alldem, was in Dir steckt. In manchen Versammlungen sind wieder Deine nachdenklichen, einfühlsamen Beiträge zu hören – leider kaum zu hören, weil Du so überaus leise sprichst –, in der morgendlichen Erzählrunde sind von Dir wieder fachkundige oder anteilnehmende Anknüpfungen an das zu hören, was die anderen erzählen. Aber leider bist Du sehr häufig während des gesamten Schultages von einer Unruhe erfüllt gewesen, die nicht nur Dich am Zuhören gehindert oder vom Arbeiten abgehalten hat, sondern die Gruppe insgesamt gestört und genervt hat.

Solcherart Unruhe ist meist ein Zeichen dafür, daß sich derjenige in seiner Haut nicht wohl fühlt. Vielleicht ist der Grund für Deine Unruhe – oder »Bockigkeit« – ja die Sorge, daß Du das, was Du durch Dein langes Fehlen wegen Krankheit versäumt hast, vielleicht nicht mehr aufholen kannst. Ich versichere Dir, Du hättest es nach nur zwei Wochen aufgeholt haben können, wenn Du Dich darangemacht hättest. Leider hast Du das nicht getan, sondern bist ausgewichen – wie immer vor allem, wozu Du »keine Lust« hast. »Keine Lust« scheinst Du immer dann zu haben, wenn Du Dich nicht anstrengen magst. Ohne Anstrengung aber geht das Lernen nicht, jedenfalls dann nicht, wenn man nicht zu den wenigen Glücklichen gehört, denen es zufliegt. Solche Glücklichen gibt es auch in der »weißen«Gruppe, und ich verstehe, daß dies Euch andere bisweilen neidisch macht. Aber auch Du hast vieles, worum Dich die anderen beneiden: Deine Bilder, Deine Geschicklichkeit beim Reiten, die Zuneigung der Mädchen, Dein hohes Wissen über viele Dinge der Welt, Deine handwerklichen Künste.

Ich finde also, Du brauchst Dir nicht leid zu tun, nur weil Du etwas mehr Rechtschreiben und Rechnen üben mußt als einige Deiner Freunde und Freundinnen.

Offenbar gehen Rechnungen, die man »im Schlaf« auswendig können muß, und die richtige Schreibweise der Wörter tatsächlich erst nach vielem Üben in Deinen Kopf hinein. Und leider verschwinden sie ziemlich schnell wieder daraus, sobald Du mit dem Üben aufhörst. Mit diesem Schicksal mußt Du leben, und wenn Du mal wieder besonders wütend darüber bist, dann

175

schau Dir Kalle an, wie tapfer der sich um das Lesenlernen bemüht, dann schau Dir Marco an, wie gut es dem geht, seit er intensiv arbeitet, dann schau Dir Tobias und Marcus an, wie gut es denen geht, seit sie ihre Schwierigkeiten anpacken. Die Deinen sind längst nicht so groß, sie werden allerdings mit jeder Woche größer, in der Du sie liegen läßt.

Bei einigen Fortschritts-Diktaten hast Du gezeigt, wieviel Du schaffen kannst, wenn Du die Übungen erledigst. Bei zwei Fortschritts-Diktaten hattest Du nur vier Fehler. Dies könnte Dir häufiger gelingen, wenn Du gut genug zuhören würdest, was ich an der Tafel erkläre. Meist schreibst Du nach nur zehn Minuten dieselben Wörter, deren Rechtschreibregeln wir zuvor gemeinsam besprochen und geübt haben, so, wie Du es Dir vorstellst.

Die Autorenlesung kam wohl zu schnell nach Deiner Entlassung aus dem Krankenhaus. Du hattest keinen Mut mitzumachen und hast – vielleicht – deshalb die Geschichte dafür nicht rechtzeitig fertigbekommen. Schön, daß Du trotzdem zum Zuhören da warst. Das hat die anderen gefreut. Warum Du aber seither immer noch keine Geschichte zustande bekommen hast, warum Du Dich bei der Nacherzählung als einziger so angestellt hast, daß Du auch nach Tagen über die ersten Sätze nicht hinausgekommen bist, ist mir ein Rätsel. Du kannst den Inhalt und die Stimmung von Texten besser erfassen als viele andere in der Gruppe, Du hast mehr Wörter im Kopf als die meisten anderen in der Gruppe, Du kannst genauso flüssig schreiben wie diejenigen, die solche Nacherzählungen in einer Stunde schaffen, was also ist der Grund, daß Du damit nicht zu Rande kommst? »Keine Lust« – also Widerwille gegen die

Konzentration, die jeder für eine Nacherzählung auf-
bringen muß? Sorge, daß es Dir nicht so gut gelingen
könnte wie den Meisterschreibern? Lieber Martin,
schreib Deine Geschichten so, wie Du Deine Bilder
malst. Du wirst sehen, sie werden schön.

Beim Rechnen war es ähnlich wie mit der Rechtschreibung. Wie ein Bulldozer mußte ich Dich anschieben, bis
Du bereit warst, das 1x1 zu üben. Auch da hast Du
zunächst geklagt, obwohl das 1x1 etwas ist, was niemandem zufliegt. Dann aber, als Du endlich bereit
warst, die Reihen nacheinander zu Hause zu üben, ging
es beim »Prüfen« ganz prima, besser als bei vielen
anderen. Es hat Dir Spaß gemacht, und es hat gehalten!
Beim Rechentest im Juni hast Du (von zwei Irrtümern
abgesehen) alle Aufgaben zum kleinen 1x1 richtig und
darüber hinaus von denen zum großen 1x1 sechs Stück
freiwillig versucht und fünf davon geschafft. Zur Beloh-
nung habe ich Dir dann am nächsten Tag das schriftliche
Plusrechnen mit großen Zahlen beigebracht. Auch da
sah es anfangs so aus, als würdest Du dies nicht verstehen (wollen), dann aber merktest Du, daß es leicht ist
und Spaß macht, und hast das Blatt zügig hintereinanderweg und richtig gerechnet.

In Deinem Themenheft finden sich nicht mehr als zwei
Kunst-Buchstaben für eine Überschrift; es liegt seit
langem so da, obgleich Du in der Arbeitszeit häufig
»arbeitslos« zwischen den Tischen herumstreichst und
ich Dich deswegen zurechtweisen mußte. Es kann doch
nicht sein, daß es für Dich kein Thema von Interesse
gibt. Und für jemanden, der so gut zeichnen kann wie
Du, müßte die Arbeit an einem solchen Heft doch ein
wahres Vergnügen sein! Dein Geschichtenheft besteht
aus drei Seiten einer angefangenen Geschichte. Warum?

Du hast doch den Kopf voller Vorstellungen und voller wichtiger Gedanken!

In Deinem Fach finde ich unabgeheftete Arbeitsblätter aus Martins Unterricht von vor Monaten! Über Deinen Diktaten und auf Deinen Rechenblättern fehlt fast immer das Datum, bei den meisten Diktaten auch die Numerierung. So, als wäre jeder Bleistiftstrich und jeder Handgriff mehr für Dich eine fürchterliche Anstrengung. Deine Beiträge zu unseren Gesprächen zeigen, wie intensiv Du Dich in Deinen Gedanken mit den Dingen dieser Welt und den Beziehungen der Menschen miteinander beschäftigst. Aber dies darf keine Entschuldigung dafür sein, daß Du die für alle Kinder anstehenden Aufgaben des Schultages nicht erledigst, denn sonst wirst Du im 5. Schuljahr nicht zurechtkommen, obwohl Du das Zeug dazu hast.

Also bitte, lieber Martin, nimm einen neuen Anlauf – erledige Deine schulischen Aufgaben so, wie man es von einem Zehnjährigen erwarten kann, und nimm Dir Dinge vor, an denen Du so hervorragend arbeitest, wie – zusammen mit Pedro – an der Zeugnismappe für die 10er.

Ich wünsche Dir schöne Ferien und einen frischen Start ins 4. Schuljahr.

PS. In Emsdetten beim Umgang mit den Pferden warst Du rundherum prima.

PPS. Seitdem Du große Zahlen schriftlich zusammenrechnen kannst, scheint Dir das Arbeiten wieder Spaß zu machen, zumindest das Rechnen. Du hast Dir freiwillig ein Übungsblatt nach dem anderen geholt. Und

seitdem Du Deinen Widerwillen gegen die Recht-
schreibkassetten erfolgreich bekämpft und sie hinter
Dich gebracht hast, ist mir nicht mehr so bange beim
Gedanken an Deine Schulleistungen.

Bericht für Martin im 4. Schuljahr

Lieber Martin,

es gibt nur ganz wenige Zehnjährige, die so einfühlsam
wie Du über die Beziehungen zwischen Menschen
nachdenken und dafür Worte finden. Mit dieser Fähigkeit bist Du sehr, sehr wichtig für Deine Gruppe geworden – und auch für mich. Und es gibt nur wenige, die
so feinfühlig wie Du den Gedanken und der Sprache von
Texten folgen und darin sprachliche und gedankliche
Unstimmigkeiten entdecken können. Deine Beiträge zu
unseren Versammlungsgesprächen sind mir unvergeßlich! Du hast an vielen »weiß«-Geschichten hohen Anteil, denn Deine Äußerungen waren den anderen
besonders wichtig und haben geholfen, ihre Texte entscheidend zu verbessern. Leider gibt es von Dir keinen
Text, den Du selbst wirklich magst. Ich bin ganz sicher,
daß Du das Zeug zu empfindsamen, sachkundigen und
sehr sprachgewandten Geschichten in Dir hast. Aber
vielleicht hattest Du Sorge, daß Du Deinen Ansprüchen
nicht genügen kannst, und hast darum mit dem Schreiben immer wieder aufgehört. Du hast nämlich ganz
genaue Vorstellungen davon, wie ein Text, den Du gut
findest, sein muß. Und noch während Du an einer
Geschichte geschrieben hast, ist Dir eine nächste in den
Sinn gekommen, von der Du glaubtest, sie würde die

bessere. Und wenn Du an dieser warst, hofftest Du auf die nächstbessere und so weiter. Ich muß zugeben, so ganz habe ich nicht verstanden, warum Du, den viele beim Schreiben um Rat fragen, Dich nicht auch darauf einlassen kannst, Dir von anderen helfen zu lassen. Warum ist Dir die Vorstellung unangenehm, daß auch sie in Deinen Erstfassungen Unstimmigkeiten entdekken könnten? Alle ersten Fassungen von Texten sind verbesserungsbedürftig, meine und Deine ebenso wie die der anderen. Trau Dich – Du bist so beliebt und geschätzt in der Gruppe, keinem würde es in den Sinn kommen, Dich durch eine Anmerkung zu Deinem Text kränken zu wollen.

Rechtschreibung wollte anfangs offenbar ganz und gar nicht in Deinen Kopf hinein. Inzwischen bist Du auf dem Weg, hast beim letzten ungeübten Diktat nur noch wenige Fehler gemacht, und bei den geübten Diktaten hast Du (fast) fehlerlose Diktate geschafft. Noch scheinst Du Dir dieser neuen Fähigkeit nicht sicher zu sein – jedenfalls schreibst Du bei den Diktaten langsamer und zögerlicher, als es Dir eigentlich entspricht. (Du hast nämlich eine sehr schöne, klare, flüssige Schrift.)

Mit dem Rechnen bist Du gut vorangekommen. Nach anfänglich großen Wehen mit dem kleinen Einmaleins hat Dich die wöchentliche Trainingspflicht so gut in Gang gebracht, daß Du den letzten Rechenmeister in nur sieben Minuten geschafft und alles richtig gemacht hast. Schriftliche Plus- und Minus- und Malaufgaben mit großen Zahlen hast Du verstanden; vielleicht schaffen wir vor den Sommerferien doch noch das schriftliche Teilen.

Du gehörst zu den Gründern des Regenwald-Clubs und hast in der Anfangszeit viel dafür getan. Dann aber sind

*Dir die Querelen um Kassenführung und Mitglieder-
werbung und Verwendungszweck des Geldes auf den
Geist gegangen, und Du bist innerlich, später wohl auch
äußerlich ausgeschieden. Vor kurzem aber hast Du in
einem Gespräch sehr klar und eindrücklich erläutern
können, warum Du findest, daß Euer Regenwald-Club
auf einem falschen Weg ist. Und obwohl es zunächst
nicht danach aussah, zeigte sich am nächsten Tag, daß
Deine Worte Wirkung getan hatten: Benjamin hat im
Laborschulblatt eine Regenwald-Club-Rückschau verfaßt, in die Deine Gedanken und Vorstellungen maßgeb-
lich mit eingegangen sind. In dieser und ähnlicher Weise
kräftig warst Du in den letzten Schulwochen häufig: Du
hast klar und vernehmlich zu den Dingen, die verhandelt wurden, Position bezogen, und Du hast – kraft
Deiner Fähigkeit, Dich bedacht und abgewogen zu äußern – andere damit umstimmen können.*

*Bei der Radfahrprüfung warst Du »spitze«: Die
Verkehrsfragen hast Du alle fehlerlos beantwortet und
auch zuvor schon den Unterricht durch Dein großes
Wissen vorangebracht. Auf der Straße bist Du sehr
umsichtig gefahren und hast nur einmal beim Abbiegen
einen leichten Fehler gemacht.*

*Im Sport bist Du ein Meister, wenn es um Geschicklich-
keit und Anmut geht: Tischtennis, Diabolo, Reiten,
Tanzen und so weiter, und auch die Gerätekunststücke
kannst Du alle hervorragend.*

*Von großem, ganz eigenem Reiz sind Deine Aquarelle.
Ihre Farben und Formen und Erfindungen passen so gut
zu Dir, daß ich jedes Deiner Bilder sofort als von Dir
gemalt erkennen kann, zum Beispiel den wunderschö-
nen Schmetterling und die Weide am grünblauen See in
der Kühle und Dämmerung des Abends.*

Lieber Martin, Du bist sehr beliebt in der Gruppe, bei Jungen wie bei Mädchen; für die 1. Hälfte des 4. Schuljahres hatten sie Dich zu Deiner großen Überraschung zum Klassensprecher gewählt. Dennoch gab es auch in diesem Schuljahr Zeiten, in denen Du Dich nicht gut gefühlt hast, sehr kippelig warst in Deinen Stimmungen und deshalb nur wenig arbeiten konntest. Seit Emsdetten aber wirkst Du vergnügt und kräftig und zuversichtlich und belastbar, und ich wünsche Dir sehr, daß dies so bleibt. Vor dem 5. Schuljahr brauchst Du keine Angst zu haben. Ich wünsche Dir Glück und alles Gute. Es war für mich schön, Dich in der Gruppe zu haben.

Sarah

Sarah mußte ich für ihre Eltern »schön«reden und -schreiben; sie wollten Sarah anders, als sie war, wollten von ihr anderes, als ihr lag. Und diese latent immer vorhandene, mal ausgesprochene, meist unausgesprochene elterliche Unzufriedenheit schwächte Sarah. Alles hing davon ab, daß es mir gelang, all ihre Tüchtigkeiten hervorzuheben und so wenig wie möglich von ihren in manchen Bereichen noch schwachen Schulleistungen zu sagen. Sarah war im schulischen Bereich nämlich offensichtlich eine Spätentwicklerin, vermutlich nicht wegen eines Mangels an intellektuellen Kräften, sondern – vielleicht – wegen ihres Reichtums an Emotionalität und Sinnlichkeit. In ihrer leisen Präsenz wirkte sie wie eine Traumtänzerin; obwohl sie fast nicht zu hören war, fiel sie jedem sofort auf. Sie strahlte »innere Anmut« aus; zugleich war sie wie verhangen in einem Trauma.

Erst spät begann sie, davon etwas mitzuteilen, zunächst in Geschichten über »Die Frau in den Wolken«, später in Annäherungen an das, was in ihr seit dem Tod ihrer Mutter fünf Jahre zuvor und kurz nach der Geburt ihres Bruders vorging.

Aus Sarahs Geschichte: »Ich lag lange wach. Doch plötzlich schlief ich. Ich träumte, daß die ganze ›vier weiß‹ gefangen war, und in der Mitte lag eine Zeitbombe.«

Traumtänzer-Kinder sind überaus langsam; sie bewegen sich langsam, sie arbeiten langsam, sie scheinen sogar langsam zu denken; in allem, was sie tun, sind sie ganz und gar versunken, jeder Hauch von Streß bringt sie aus dem Gleichgewicht. Nicht nur in meinen Augen war Sarah ein ganz besonders kostbares und sehr leicht zerbrechliches Kind – tüchtig war sie nicht. Aber für ihre Eltern mußte sie tüchtig sein. Sarahs neue Mutter brauchte es, daß Sarah tüchtig war, denn als voll berufstätige Frau war sie von dem Haushalt mit den beiden ihr zugewachsenen Kindern überfordert. Der Vater wollte Sarah tüchtig, um seiner neuen Frau eine große Tochter bieten zu können. Aber je tüchtiger Sarah sein sollte, um so weniger war sie es.

Manchmal stürzten – scheinbar grundlos und einfach so – Tränen aus ihren Augen. »Ich weiß gar nicht, warum ich weine«, sagte sie dann fast unhörbar leise. Sarah war überanstrengt, und ich war in Sorge, daß ihr über der Not, tüchtig sein zu müssen und zu wollen, ihre außergewöhnliche sensitive Begabung verlorengehen würde, die sie zum Beispiel beim Aquarellieren zeigte. Bei meinem Bericht im 3. Schuljahr kam es mir also vor allem darauf an, den Eltern zu zeigen, wie wunderbar ich ihr Kind finde. Ich hatte die Hoffnung, dieser Rückhalt würde Sarah stärken und bewegen, etwas zupackender zu sein. Dem zweiten Bericht – am Ende des 4. Schuljahres – kann man entnehmen, daß sie es geworden ist.

Bericht für Sarah im 3. Schuljahr

Liebe Sarah,

Du hast den Übergang vom kleinen in das große Laborschulhaus sehr gut bestanden. Du warst leise und zurückhaltend, hast Dich niemals in den Vordergrund gespielt und bist dennoch – oder vielleicht genau deswe-

gen – besonders wichtig für die Gruppe. Du gehörst zu denen, die in der Gruppe für den behutsamen, freundschaftlich-einfühlenden Ton sorgen. Du hast ein feines Ohr dafür, wenn jemand anderes Kummer hat, Du bist bereit, für die Gruppe Verantwortung zu übernehmen, und Du bist eine, die jeder gern neben sich hat. An Deinem Arbeitstisch herrscht freundschaftliche Gemütlichkeit, manchmal allerdings fast ein bißchen zu viel davon und zu wenig an Arbeit. Deine Pausenspiele zusammen mit Deinen Freundinnen bezaubern mich Tag für Tag neu; Dein »Quatsch-Heft« ist ein kleines Kunstwerk an Erfindungsreichtum, Deine Bilder und Zeichnungen sind kostbar eigenwillig; Deine Theaterspiele – vor allem Dein leiser Clown – haben soviel Anmut und Zauber, daß wir Zuschauer uns nicht satt daran sehen können.

In den ersten Wochen des 3. Schuljahres hast Du Sicherheit beim Schreiben Deiner Geschichten gewonnen; an Übungen für Rechtschreibung und Rechnen bist Du nur rangegangen, wenn ich Dich dazu drängte. Inzwischen ist dies anders: Du hast eingesehen, daß Du üben mußt, und zwar mindestens so viel wie Deine Freundinnen. Denn weil Du so viele Bilder und Erfindungen in Deinem Kopf hast, dauert es etwas länger, bis die Rechtschreibung und die Einmaleins-Reihen darin Platz finden. Und leider verschwinden sie anscheinend auch sehr schnell wieder, wenn Du Dich nicht immer wieder zwischendurch an sie erinnerst. Du hast dies selbst gemerkt und nimmst Dir seit einiger Zeit die Rechtschreib- und Rechenübungen von Dir aus vor; Du teilst Dir Deine Arbeitszeit so ein, daß Du zu beidem kommst: den Übungen und den eigenen Vorhaben.

Beim Gedanken an die Rechtschreibung brauchst Du

nicht nervös zu sein, auch wenn Du bisher weniger Wörter richtig schreibst als Deine Freundinnen. Du wirst die Rechtschreibung lernen, wenn Du Dir demnächst alle einfachen Regeln ganz klar machst und außerdem alle anstehenden Übungen sorgfältig und vollständig erledigst. Bei den Diktatübungen hast Du dies bisher nicht immer gemacht: Du hast vergessen, die schwierigen Stellen einzukreisen, und von manchen Diktaten hast Du überhaupt keine Verbesserung oder Übung gemacht. Das mußt Du in den Ferien unbedingt nachholen. Du wirst sehen, daß Dir dann das erste Diktat im neuen Schuljahr leichtfallen wird.

Die Geschichten, die Du schreibst, passen gut zu Dir. Es sind liebevolle Erzählungen über die Freundschaft von Tieren. Auch in unseren beiden Nacherzählungen ging es um Geschichten dieser Art, und natürlich hast Du sie ganz besonders schön nacherzählen können, weil es Deine eigenen hätten sein können. Für die Autorenlesung hast Du Erlebnisse mit Deinem kleinen Bruder aufgeschrieben und hattest den Mut, vor den vielen unbekannten Leuten vorzulesen. Du hast es – trotz des Herzklopfens – sehr gut geschafft.

Beim »gemischten Rechentest für alle« im Juni dieses Jahres hattest Du (mit einer Ausnahme) alle Aufgaben vom kleinen Einmaleins richtig. Inzwischen kannst Du auch große Zahlen schriftlich zusammenrechnen und weißt, wie man die Aufgaben des großen Einmaleins (zum Beispiel 4x13) rechnet. Eine Zeitlang hast Du so getan, als sei Rechnen etwas Scheußliches und Schwieriges für Dich; jetzt ist das anders, und es sieht so aus, als könnte Dir das Rechnen sogar noch mal richtig Spaß machen. Allerdings tut auch hierfür Übung not. Ich empfehle Dir dringend, in den Ferien ab und an kopfzu-

186

rechnen. Wenn Du nämlich ganz sicher und schnell kopfrechnen kannst (Plus und Minus über die Zehner hinweg, Mal und Geteilt vom kleinen Einmaleins), dann wirst Du vermutlich die schriftlichen Rechenverfahren im 4. Schuljahr gut lernen können.

Das Emsdetten-Heft hast Du in Arbeit – ich finde es bisher gut gelungen. Bitte achte beim Abschreiben der Sachtexte und bei der Beschriftung der Zeichnungen gut darauf, wie die Wörter auf der Vorlage geschrieben sind.

Und bitte achte darauf, daß Deine Hefte ansehnlich bleiben: ein Lineal und ein gespitzter Bleistift und sorgfältig ausgeschnittene Blätter gehören dazu. – Zusammen mit den Freundinnen an Deinem Tisch hast Du vor kurzem ein neues Themenheft angefangen. Es handelt von Meeressäugetieren, und zur Zeit wächst darin eine vielversprechend schöne Geschichte von einem Pottwal, den Du zuvor gezeichnet hast.

Mich freut die Art, wie Du die »Sagen und Fragen« der anderen entgegennimmst. Du weißt zu antworten, warum Du dieses oder jenes so oder so geschrieben hast, aber zugleich bist Du offen für Anregungen oder Verbesserungsvorschläge von anderen, und wenn sie Dir einleuchten, nimmst Du sie in Deinen Text hinein. Dies ist eine sehr gute Art zu arbeiten, und auf diese Weise werden Deine Geschichten von Mal zu Mal besser. Auch Du bringst mit Deinen »Sagen und Fragen« die Texte anderer weiter.

In der Sporthalle hast Du es mit Deinem anmutigen und beweglichen Körper leicht. Manchmal brauchst Du einige Zeit, bis Du Dich an ein Kunststück herantraust, aber wenn Du es erst mal übst, kannst Du es nach kurzer Zeit. Am liebsten aber hast Du zusammen mit Deinen

Freunden und Freundinnen Tierspiele gemacht, und alles, was Euch dabei in die Hände kam, wurde zu Requisiten und Kulissen: das Fußballtor zum Stall, der Ballwagen zum Käfig, die Schaumstoffwürfel zum Futter, die Springseile zu Zügeln und Trensen, die Jongliertücher zu Haarschmuck . . . Lena übt an einer sehr schönen Boden-Akrobatiknummer, und von all den vielen gelenkigen Mädchen in der Gruppe hat sie Dich als ihre Partnerin ausgewählt. Das hängt sicher auch damit zusammen, daß man mit Dir so etwas besonders freundschaftlich-friedlich üben kann. Du gibst Dir Mühe, aber Du bist glücklicherweise nicht vom Ehrgeiz getrieben, besser sein zu wollen als alle anderen. Ich freue mich sehr auf die Zirkusnummer von Euch beiden; sie wird sicher ebenso ein Höhepunkt unseres Zirkus sein, wie Deine Clown-Nummer es im Video-Film war.

Liebe Sarah, ich wünsche Dir schöne Ferien und freue mich auf Dich im nächsten Schuljahr.

Bericht für Sarah im 4. Schuljahr

Liebe Sarah,

wenn ich an Dich denke, dann habe ich vor Augen, mit welch sicherer Hand Du Deine kostbaren Aquarelle gemalt hast und mit welcher Anmut und Beweglichkeit Du bei der Akrobatik dabei warst. Ich sehe Dich bei der Autorenlesung vor dem Mikrofon sitzen – alle Furcht hattest Du weggesteckt – und höre Dich mit klarer, gar nicht mehr zu leiser Stimme die Geschichte von Deinem Traum vorlesen und die Zuhörer damit in Bann schla-

gen. Und ich denke mit Staunen an die Riesenfortschritte, die Du in den letzten Monaten beim Rechnen und mit der Rechtschreibung geschafft hast.

Für die Erfolge im Rechnen und Rechtschreiben hast Du kräftig gearbeitet. Als eine der wenigen hast Du den ganzen Rechtschreibbegleiter 3 durchgearbeitet. Für die Diktate hast Du so gut geübt, daß Du beim zweiten Mal meist alles richtig gemacht hast, und die letzten Male hattest Du auch bei den ungeübten Diktaten nur noch wenige Fehler. Du hast Deine Rechtschreibschwierigkeiten im wesentlichen hinter Dich gebracht, und zwar früher, als ich zu hoffen gewagt hatte. Inzwischen arbeitest Du im Rechtschreibbegleiter 4 und kommst damit auch ohne Ingas Hilfe gut zurecht.

Beim Geschichtenschreiben brauchtest Du bisher noch nicht gesondert auf Rechtschreibung zu achten, Deine Gedanken und Vorstellungen waren mir wichtiger. Die Geschichte über Deinen Traum von der »weißen«-Gruppe ist eine sehr besondere Geschichte, man kann darin jeden mit seinen Eigenarten gut wiedererkennen. Und die vielen Illustrationen zu diesem Text sind wahre Kostbarkeiten, von denen man jeder einzelnen ansieht, daß sie von Deiner Hand ist.

Du gehörtest zu den leisesten, zurückhaltenden Kindern der Gruppe, hast Dich niemals wichtig getan und warst doch mit dem, was Du sagtest und tatest, sehr wichtig für die anderen. Wir mochten Dir gern zuhören, wenn Du in der Morgenrunde erzählt hast (im 4. Schuljahr ist Deine Stimme so kräftig geworden, daß man Dich gut verstehen kann, wenn Du redest), und in der Versammlung hast Du wichtige Gedanken zu den Texten anderer geäußert. Kritische Nachfragen zu den Texten hast Du immer ganz behutsam und vorsichtig

189

formuliert, so daß die Autoren sie gut annehmen konn-
ten.

Das Kopfrechnen klappt jetzt gut; bei den Rechenmei-
stern hattest Du alle Aufgaben richtig, beim letzten
sogar in der vorgegebenen Zeit von zehn Minuten.
Schriftliche Plus- und Minus- und Malaufgaben mit
großen Zahlen kannst Du rechnen; das schriftliche Tei-
len wirst Du – wie alle Kinder, die bei Alfred im Kurs
waren – nach den Ferien lernen können.

Du gehörst zu den Gründerinnen und Herausgeberin-
nen der Tier- und Umweltzeitung. Ihr habt mit Liebe
und Sorgfalt daran gearbeitet. Während der unter-
richtsfreien Zeiten hast Du originelle »Quatsch«-Figu-
ren erfunden, und Du hast Comics mit vielerlei hüb-
schen Kleinigkeiten gezeichnet.

Deine Aquarelle sind zauberhaft schön. »Das ist ein
typisches Sarah-Bild«, haben die anderen oft zu Deinen
Bildern gesagt. Und Dein Bild vom Birnbaum des
Herrn von Ribbeck wurde als Abschiedsgeschenk der
Laborschule für den Rektor der Universität ausgewählt.

Die Fahrradprüfung hast Du sehr gut bestanden; Du
bist im Verkehr und im Geschicklichkeitsparcours feh-
lerlos gefahren, obwohl Du krank warst, als wir dafür
geübt haben. Und Du hast bei der schriftlichen Prüfung
nur einen ganz kleinen Fehler gemacht.

Bei der Akrobatik hast Du schwierige Figuren geschafft,
die innere Ruhe und Körperbeherrschung verlangen,
aber ebenso gut kannst Du hohe Flugrollen und Saltos
und Sprünge, zu denen es Mut und Kraft braucht.
Zusammen mit Lena hast Du eine sehr, sehr schöne Kür
am Boden geturnt; alle haben gestaunt, wie Ihr es
schafft, Euch spiegelgleich zu bewegen, alle haben Eure
Bewegungskünste und die Konzentration, mit der Ihr

sie gezeigt habt, bewundert. Mit den farbigen Tüchern und Bändern hast Du Dich einfallsreich und anmutig bewegt; es war wunderschön, Dir zuzuschauen.

Liebe Sarah, ich freue mich sehr über die Kräfte, die Dir zugewachsen sind. Du wirst mit den Anforderungen im 5. Schuljahr gut zurechtkommen; die Zeiten, wo Du mutlos wurdest, wenn Du etwas nicht konntest, sind (hoffentlich) vorbei. Bitte trau Dich immer rechtzeitig zu sagen, wenn Du etwas noch nicht gut genug verstanden hast, es wird immer jemanden geben, der Dir gerne hilft; Du bist ein Mädchen, das vielen ganz besonders lieb ist, Erwachsenen wie Kindern. Natürlich werde auch ich weiterhin für Dich dasein. Es war sehr schön, Dich in der Gruppe zu haben. Ich wünsche Dir Glück und alles Gute.

Steffen

Steffen, drittes von vier Kindern eines Künstlerhaushaltes, war, als er in den Jahrgang 3 kam, so übernervös, daß er an den meisten Tagen der Woche beim Sitzkreis auf dem Fußboden unentwegt schaukelte oder Purzelbäume machte. Er besaß keinen Pullover, dessen Ärmel er nicht im wahrsten Sinne des Wortes angefressen hatte, vor möglichen Gefahren war er so ängstlich auf der Hut, daß ihm sein Herzklopfen gleichsam im Gesicht stand, er war so sicherheitsbedürftig, daß er in Not geriet, wenn wir vom gewohnten Tagesrhythmus abwichen. Steffen sagte in den ersten Monaten kaum ein Wort, er war so überängstlich-eigensinnig, daß nichts ihn zu zwingen vermochte, z. B. beim Malen einen Kittel überzuziehen; er hatte –

wie sollte es anders sein – sehr große Mühe, sich die übliche Schreibweise von Wörtern anzueignen. Neben alledem war und ist er so einfühlsam, daß er z. B. bei Erwachsenen Augenblicke innerer Abwesenheit zu spüren vermochte und darauf mit behutsamer Frage reagierte.

Wenn er denn überhaupt etwas sagte – und es nicht nur unhörbar leise vor sich hin tat –, sprach er etwas aus, durch das die Probleme sich erhellten und manch Verstelltes wieder ein Stück zurechtgerückt wurde. Kurzum, es war klar, daß Steffen vielleicht irgendwann einmal ein Schatz für seine Gruppe sein würde, wenn es gelänge, ihn inmitten der anderen Lebensmut und Leistungszuversicht fühlen zu lassen. In der Eingangsstufe war er auf dem Weg dahin gewesen, der Übergang zu all dem Neuen im »großen Haus« hatte ihn erneut bangen lassen. Ermutigung, Ermutigung und noch mal Ermutigung, Beruhigung, Beruhigung und noch mal Beruhigung sowie höchste Aufmerksamkeit seitens der Erwachsenen waren im Hinblick auf Steffen in den ersten Monaten gefragt.

Über dem Schreibschriftkurs verzweifelte er – wollte partout mit Füller schreiben und konnte die Buchstaben noch nicht einmal mit dem Filzschreiber in Form bringen; ich ließ ihn gewähren und aufhören mit dem »Schrifterwerb«, als er – gelockt durch die Versammlung – seine erste eigene Geschichte zu schreiben begann, ein ganzes Heft lang, fast unleserlich für mich und ihn selbst. Lange Zeit war er nicht bereit, seine Geschichte den anderen zu präsentieren. Als er dann schließlich dazu bereit war, mußte ich sie vorlesen. Wochen später wagte er es selbst. »Du liest so vor, als wenn Du Deine Geschichte nicht magst, so, als wenn Du jedes Wort, das Du vorgelesen hast, gleich wieder wegmachen willst«, bekam er gesagt. »Ich habe eben noch nicht so oft vorgelesen wie Du«, konnte er da antworten, »und darum ist noch soviel Aufregung da.«

Ende Februar des 3. Schuljahres las er wieder vor, eine neue Geschichte, mit deutlich kräftigerer Stimme, einen Text, für den er viel Lob erhielt. Er antwortete auf die »Sagen und Fragen«, und sagte dann, als sei es ihm um nichts anderes gegangen: »Mir fällt auf, daß niemand mehr gesagt hat, daß ich die Wörter verschlucke.« Die neben mir sitzende Lena flüsterte mir zu: »Jetzt ist er ganz ruhig, so ruhig wie noch nie.« Als ich der Gruppe einen »Freudenhupfer« anläßlich von Steffens Fortschritt spendierte, zeigte sich das Maß seiner zuvor bekämpften Anspannung: Steffen ließ die Dose mit Süßigkeiten – sie begann bei ihm zu kreisen, weil er der Verdiener des Freudenrituals war – aus den Händen fallen. »Du zitterst sogar, wenn Du Dich freust«, sagte Christina anteilnehmend, und die Umhersitzenden halfen ihm beim Einsammeln. Hätte ihn auch nur einer wegen der vermeintlichen Ungeschicklichkeit ausgelacht, wäre Steffen weggelaufen und – anders als Benjamin – für den Rest des Tages nicht wieder erschienen.

Bericht für Steffen im 3. Schuljahr

Lieber Steffen,

Du hast in diesem Schuljahr mehrere große und wichtige Selbstüberwindungen geschafft: Zum Beispiel hast Du Dich entschlossen, mit der Gruppe nach Emsdetten zu fahren, zum Beispiel hast Du inzwischen Mut, Deine eigenen Texte in der Versammlung vorzulesen und erträgst die »Sagen und Fragen« hierzu mit Gelassenheit. Die Tage in Emsdetten hast Du unbeschwert von Heimweh verbracht. Bis kurz vor der Fahrt war zu befürchten, daß Du Dich weigern würdest mitzufahren; vermutlich haben Dir vor allem Deine Einschlafschwierigkeiten Sorge gemacht. Als Du dann schließlich mitgefahren bist, konntest Du sehen, daß auch andere Kinder solche Schwierigkeiten haben und wie sie versuchen, damit zurechtzukommen. Rechtzeitig ins Bett gehen und dort gemütlich lesen – das könnte auch für Dich ein Rezept zur Besserung sein.

Eine nicht minder große Selbstüberwindung war es vermutlich, als Du das erste Mal bereit warst, Deine Geschichte vom Tiger in der Versammlung vorzustellen. Die ersten beiden Male habe ich sie vorgelesen, beim nächsten Mal – als Du wußtest, daß die anderen Deinen Text sehr mögen – hast Du Dich überreden lassen, es selber zu tun. Die ersten Male hast Du zwar fast unhörbar leise und fast unverständlich stockend und schnell zugleich gelesen, so, als wolltest Du jedes Wort ungesagt machen, nach und nach aber bist Du lockerer und verständlicher geworden. Die anderen haben sich freundschaftlich darüber gefreut, daß Du Dich getraut hast.

Bei der Autorenlesung mochtest Du zwar nicht selber vorlesen, aber Du hast immerhin zugelassen, daß jemand anderes Deinen Text den Eltern präsentiert. Und Du hast Dich auf Deine Art daran beteiligt: Du hast nämlich höchst genau darauf geachtet, daß auch jeder Satz genau so vorgelesen wurde, wie Du ihn geschrieben hattest. Das zeigt, wie wichtig Dir Deine Texte sind und wie gut Du Dich darin auskennst.

Sehr wichtig ist Dir auch die Eigenwilligkeit Deiner Zeichnungen und Bilder; mit Deinem Widerstand gegen Beratung müßte allerdings eigentlich ein großes Durchhaltevermögen einhergehen. Das vermisse ich bei Dir; Du brichst Deine Arbeiten sehr häufig schnell vorzeitig ab und bist dann nicht mehr dranzukriegen, weder durch ermutigende Worte noch durch zurechtweisenden Druck. Bitte nimm Dir unbedingt vor, daß dies anders wird: entweder Du gehst gründlich Deinen eigenen Vorstellungen nach, so lange, bis Du wirklich erreicht hast, was Dir vorgeschwebt hat, oder Du läßt Dich auf das ein, was wir Erwachsenen Dir auftragen oder raten – jedenfalls darfst Du in Zukunft nicht mehr so oft bloß beobachtend zwischen den Arbeitstischen hin und her schlendern. Damit lenkst Du die anderen von ihren Arbeiten ab und vertust Deine eigene Zeit.

In Deinen vier Geschichtenheften gibt es mehrere sehr schöne und vielversprechende Geschichtenanfänge, leider von nicht mehr als ein bis zwei Sätzen. Dazu gibt es noch zweieinhalb sehr gelungene Seiten als Anfang einer sehr schönen Geschichte vom Wickelbär, von der ich denke, daß Du sie unbedingt zu einem passenden Ende schreiben solltest. Und es gibt eine schöne Geschichte von den Vögeln Silber und Gold, die aus dem Nest gefallen sind. Verwunderlicherweise hast Du diese

195

Geschichte nicht vorgelesen, und das finde ich sehr schade. Wenn Du Dich in den Versammlungen an den »Sagen und Fragen« zu den Texten anderer beteiligst, ist es meist ganz besonders wichtig und zeugt davon, daß Du sehr genau zugehört und Dir Deine Vorstellung gemacht hast. Du hast ein feines Gefühl für Sprache, Du merkst und monierst sprachliche Unrichtigkeiten, auch wenn es sich nur um einen Irrtum handelt. Leider sagst Du in der Morgenrunde selten etwas, und leider bist Du häufig nicht aufmerksam, sondern mit Deiner Unruhe beschäftigt.

Von den Nacherzählungen hast Du nur die erste mitge-schrieben, bei der zweiten warst Du krank. Wie fast all Deine Geschichten fängt die Nacherzählung vom Spinnchen und dem Hirsch poetisch und vielverspre-chend an, aber leider hast Du auch diese Aufgabe nicht bis zu einem Ende gebracht, obwohl Du dafür nicht mehr als zwei Stunden gebraucht hättest und ich Dir dafür mehrere Tage Zeit gelassen habe. Irgendwann habe ich es dann aufgegeben, Dich zu drängen.

In den Diktaten hast Du anfangs häufig jene Wörter falsch geschrieben, über die wir schon oft im Unterricht gesprochen haben und die Du hättest üben müssen. In Deinem »Fehlerlos-Heft« gibt es keine einzige fehlerlose Seite, obwohl Du da nur abschreiben mußtest. Auch in der Wörterliste zum Bauernhof sind die meisten Wörter falsch geschrieben; zum Beispiel hast Du fast alle Tier-namen mit kleinem Anfangsbuchstaben geschrieben.

Das Rechtschreibtraining mit den Wortlisten hast Du gern gemacht, solange es neu war, sehr bald aber bist Du auch ihm ausgewichen. Beim Geschichtenschreiben brauchst Du zwar nicht an Rechtschreibung zu denken, aber die häufig vorkommenden leichten Wörter, bei de-

nen es gar keine Rechtschreibung zu beachten gibt, müßtest Du allmählich richtig und vollständig schreiben können. Und Namenwörter werden mit großem Anfangsbuchstaben geschrieben – warum kommt diese einfache Regel in Deinem Kopf nicht an? Manchmal – wenn Du besonders gut drauf bist – schaffst Du eine recht klare Schrift. Manchmal allerdings sieht Deine Schrift auch so aus, als wüßtest Du die richtige Form für eine Vielzahl von Schreibschriftbuchstaben nicht.

Die Prüfung für den 1x1-Führerschein hast Du – nach anfänglichem Bibbern – gut bestanden; Du schienst selbst erstaunt zu sein, wie flott Du die Reihen konntest. Beim anschließenden Test hattest Du alle Aufgaben richtig. Und glücklicherweise sind sie auch gut in Deinem Kopf hängengeblieben; beim Rechentest Monate später hattest Du alle Aufgaben zum kleinen 1x1 richtig und hast Dich mit Erfolg an die Aufgaben zum großen 1x1 (zum Beispiel 4x23) gewagt. In den letzten Tagen vor den Ferien hast Du das schriftliche Zusammenrechnen von großen Zahlen gelernt; es hat Dir Spaß gemacht: erstmals hast Du von Dir aus ein Blatt nach dem anderen verlangt.

In Deinem Emsdetten-Heft hast Du kunstvolle Themenüberschriften mit Tusche versucht; bislang allerdings bist Du noch nicht zur Sache gekommen. Dein Themenheft nennst Du »irgend was«; es zeigt noch einmal mehr, wie schwer es Dir ist, an der Sache zu bleiben, sogar an einer selbstgewählten. Das Heft fängt – wie bei Julian – an mit (abgepausten) Umrissen von Dinosauriern, aber es folgt nichts daraus. (Julian hat aus seinen immerhin Comic-Geschichten gemacht.) Dann folgen mehrere leere Seiten, für die Du Dir offenbar was vorgenommen hattest. Dann kommt – wie bei

Julian auch – einen Seite mit einer Spielanleitung (ge-
schrieben und gezeichnet, allerdings nicht vollständig),
dann kommen wieder leere Seiten, dann eine verkleckste
halbfertige Zeichnung, die ein Zelt oder eine mathema-
tische Figur darstellen könnte (ohne Text, ohne Bezeich-
nung) und danach auf den Seiten lauter Anfänge von
Zeichnungen.

In Deinem Arbeitskasten herrscht ein ähnliches Durch-
einander. Es scheint Dir zu dumm zu sein, alle Arbeits-
blätter abzuheften oder einzukleben. Manche von
Martin sind mehrere Monate alt.

Lieber Steffen, Du mußt im 4. Schuljahr ein anderes
Verhältnis zu Deinen Arbeiten schaffen, sonst wirst Du
im 5. Schuljahr nicht zurechtkommen, obwohl Du einen
klugen Kopf hast.

Ich wünsche Dir erholsame Ferien und einen frischen
Start ins neue Schuljahr.

Bericht für Steffen im 4. Schuljahr

Lieber Steffen,

die Kraft und der Mut, die Sicherheit, der Erfolgswillen
und die Erfolgszuversicht, mit denen Du am Akrobatik-
Nachmittag Deine herrlichen Sprünge über den höch-
sten Bock und Deine perfekten Saltos geschafft hast,
werden Dir auch bei den ganz normalen Anforderungen
des Schulalltags helfen. Und auch die Ruhe und Geduld
und Behutsamkeit, mit der Du Dich in Emsdetten um
die jungen Katzen gekümmert hast, und auch die Zu-
verlässigkeit und Sachkundigkeit, mit der Du Deine
Pflanzen auf der Fläche und im Garten versorgst, und

auch der Übungswille, mit dem Du ein Diabolo-Meister geworden bist.

In den Vorweihnachtswochen hast Du eine sehr schöne Geschichte von Patz, dem Fisch, geschrieben, der in Gefahr gerät und sich rettet. Du hast reizvolle Aquarelle gemalt, und es ist ein sehr schönes Geschenk für Deine Eltern daraus geworden. Du hast den Text der Gruppe vorgelesen, fast ohne Zittern und Zagen in der Stimme, und sie hat Dir gern zugehört, und Du hast viel Applaus gekriegt. Leider wolltest Du Dich dennoch nicht trauen, sie den Eltern am Vorlesenachmittag vorzulesen. In den Wochen nach Weihnachten hast Du an einer Fortsetzung gearbeitet, hast aber leider nicht bis zu einem Ende durchgehalten, sondern den neuen Teil wieder gestrichen und in dem alten einen passenden Schlußpunkt gesetzt. Aus allem, was ich von Dir gehört habe (meist leise nebenher und ohne daß Du Dich zuvor gemeldet hattest), vermute ich, daß in Deinem Kopf viele Vorstellungen sind, aus denen eine gute Geschichte werden könnte.

Zu den Versammlungsgesprächen hast Du manchmal sehr wichtige Gedanken oder Erfindungen beigetragen, und bei den Geschichten-Beratungen am Tisch bist Du für die anderen ein äußerst kritischer Zuhörer und ein phantasievoller und in vielem sehr sachkundiger Berater gewesen. Oft hast Du darüber Deine eigenen Arbeiten vergessen. Manchmal sah es so aus, als wollest Du sie auch vergessen. Früher hast Du in den Versammlungen Deine Anmerkungen fast unhörbar vor Dich hin geredet; inzwischen schaffst Du es an guten Tagen, Dich zu melden, zu warten, bis Du dran bist und dann ohne Scheu mit klarer Stimme zu sagen, was Dir durch den Sinn geht. In der Morgenrunde hast Du manchmal auch etwas von Dir aus erzählt, vor allem aber hast Du Dich mit Deinen Gedanken eingefädelt in das, was die anderen beredeten.

Die Unruhe, die Dich manchmal erfüllt, plagt – glaube ich – Dich selbst mindestens so sehr wie die Leute um Dich herum. Aber gottlob waren nicht alle Tage so – an vielen Tagen in der Zeit nach Emsdetten warst Du ruhig und mit klarer, kräftiger Stimme bei der Sache. Während der Monate zuvor habe ich mir Sorgen um Dich gemacht; Du hast während der Arbeitszeiten fast nichts anderes getan als rundherum und hin und her zu gehen, dies und das anzufangen und wieder wegzulegen. Weder mit den Schiebediktaten noch mit dem Rechtschreibbegleiter bist Du vorangekommen. Auch die Dokumentation über Indianer ist Dir in diesen Zeiten nicht von der Hand gegangen, obwohl den Indianern Dein Interesse gilt und Du über sie vieles weißt. Dann hast Du – angeregt von Julian – ein Themenheft über Blitze angefangen, aber auch damit bist Du über die ersten drei Seiten nicht hinausgekommen. Am besten ist es Dir gegangen, wenn Du zum Thema Regenwald mit den anderen an Deinem Tisch gedacht und geredet hast.

Am liebsten hast Du im letzten Halbjahr offenbar gerechnet, vermutlich weil Du Dich beim Rechnen inzwischen ganz sicher fühlst. Beim letzten »Rechenmeister« hast Du in sehr guter Zeit (sechseinhalb Minuten) alle Aufgaben richtig; Du kannst schriftlich Plus und Minus und Mal und Geteilt rechnen – für das Teilen fehlt Dir noch Übung.

Gute Fortschritte – im Vergleich zum 3. Schuljahr – hast Du mit der Rechtschreibung gemacht. Seit Deine Schrift klar lesbar ist und Du deutlich zwischen großen und kleinen Buchstaben unterscheidest, hast Du in un-

geübten Diktaten nicht mehr allzu viele Fehler, und für den zweiten Durchgang der Diktate hast Du einige Male so gut geübt, daß Du keinen (oder nur einen kleinen) Fehler hattest. Allerdings kommt es in ungeübten Diktaten immer wieder vor, daß Du Wörter, die Du schon oft richtig geschrieben und viel geübt hast, erneut anders schreibst, als es die Regel besagt. Mit den Regeln geht es Dir ähnlich wie Julian, Du kennst sie im Grunde, wendest sie aber in Bewährungssituationen manchmal genau falsch herum an.

In Emsdetten ist es Dir – glaube ich – sehr gut gegangen; Dein Liebstes waren die jungen Katzen und Tischtennis und die Sandgrube. Seither wirkst Du auch in der Schule beruhigt, hast Dich mehr und kräftiger als sonst an den Gruppengesprächen beteiligt und mit Sachkunde und Interesse an den Verkehrsbögen gearbeitet. Bei der theoretischen Prüfung hattest Du nur einen kleinen (Auslassungs-)Fehler, beim Fahren im Verkehr warst Du sicher und hast nur einmal das Anhalten vergessen, den Geschicklichkeitsparcours hast Du ohne Fehler geschafft.

Im Sport gehörst Du zu den Meistern des Saltos. Du bist einer von den wenigen, die es schaffen, auf beiden Füßen zu landen, und ich bewundere Deine Energie, mit der Du dies immer wieder versuchst. Du schaffst es, über einen hohen Bock zu springen, und Du hast Mut, an das Hochtrapez zu fliegen, und letztendlich hast Du auch Lust bekommen, zusammen mit den Mädchen Akrobatikpyramiden zu bauen.

Lieber Steffen, ich wünsche Dir geruhsame Ferien, damit Du mit voller Kraft das 5. Schuljahr beginnen kannst. Und ich hoffe, daß es nur kurze Zeit dauert, bis Du Dich an all das Neue gewöhnt hast und die (unnö-

tige) Sorge, Du könntest es nicht schaffen, los bist. Ich
wünsche Dir alles Gute und Glück.

Julian

Den Wechsel in Fachunterrichtsräume oder den Unterricht bei unvertrauten Lehrern schien Steffen nur im Zusammensein mit Julian, seinem ganz engen Freund, überleben zu können. Julian war – äußerlich betrachtet – das auffälligste Kind der Gruppe, mit seinem gleichmütig freundlichen Lächeln, seiner kleinkindhaften Ausdrucksweise samt eines erheblichen Sprachfehlers aufgrund einer scheinbar am Gaumen haftenden Zunge. Julian nahm fast immer zunächst außerhalb des Kreises Platz, mit halb oder ganz der Gruppe zugekehrtem Rücken, während der Gruppengespräche schien er sich ausschließlich mit sich selbst zu beschäftigen; wenn wir im Kreis am Boden saßen, drehte er sich nach einigen Minuten auf den Bauch, lag für den Rest der Zeit bäuchlings da und rubbelte sich auf dem Boden. Sogar das Einmaleins schien er nur in dieser Lage hervorbringen zu können, jedenfalls sind meine Versuche gescheitert, ihn beim Abhören zum Sitzen zu veranlassen. Auf einen Stuhl freilich habe ich ihn nicht verwiesen, eben weil das Abhören für den Einmal-eins-Führerschein ein Ritual war, bei dem der Kandidat mit mir gemütlich auf dem Teppich sitzt. Auch den Englischunterricht bewältigte Julian vorwiegend bäuchlings. Trotz allem schaffte er den Einmaleins-Führerschein, konnte lesen und schreiben – freilich noch nicht rechtschriftlich –, und manchmal merkte er in den Gesprächsrunden etwas an, das erhellend wie ein Geistesblitz war.

Vor allem aber fiel er durch seine Zeichnungen auf, deren logische Genauigkeit und Detailfreude verblüffte, und seine Malereien, die fast durchweg einen überaus eigenwilligen und originellen, im Sinne des Wortes »verrückten« Zugang zur Thematik hatten und dem Betrachter Rätsel aufgaben. Bis heute ist es so: Alles, was Julian tut, tut er mit Ruhe und langsam mit einer fast monomanen Beharrlichkeit. Manchmal stelle ich mir vor, daß manch ein documenta-Künstler so angefangen haben mag wie er. Julian war ein Jahr später als seine Altersgefährten in die Laborschule eingeschult worden und blieb außerdem noch ein zusätzliches Jahr in der Eingangsstufe; er hatte als Kind eine schwere Hirnhautentzündung. Aber nicht alle seine Eigenarten sind darauf zurückzuführen. Manches an ihm war nicht nur ihm zu eigen, sondern seiner gesamten Familie. Auch sein Vater und seine Geschwister lächelten mit immer gleicher Freundlichkeit und sprachen ähnlich wie er. Seine Eltern waren überrascht, als ich Julians Sprachbehinderung erwähnte; in ihren Ohren sprach er – unauffällig. »Komisch«, sagte sein Herzenszwilling Steffen gegen Ende des 3. Schuljahres, »am Anfang haben alle Julian angeschimpft, weil er so anders ist, aber jetzt merken alle, daß er gar nicht so komisch ist.«

Die Entwicklungsberichte für Steffen und Julian im 3. Schuljahr orientierten sich an den Fähigkeiten, die ich ihnen zutraute, in ihren Leistungen waren sie weit davon entfernt. – Wenn es gelingt, Steffen zu beruhigen, so dachte ich beim Schreiben der Berichte, dann wird er vermutlich ähnlich leistungsstark werden, wie sein ehemals ebenfalls hochauffälliger, weil sehr begabter und zugleich sehr ängstlicher Bruder es nun im sechsten Schuljahr ist. Und bei Julian, der mir in der Tat verrückt zu sein schien, wird sich – so hoffte ich – vielleicht die künstlerische Ader eine Bahn brechen.

Bericht für Julian im 3. Schuljahr

Lieber Julian,

kurz vor den Sommerferien hast Du uns alle in Staunen versetzt: Das letzte (7.) Diktat hast Du zu Hause so gut geübt, daß Du es bei der Wiederholung von 14 auf 0 Fehler geschafft hast. Ein solcher Fortschritt ist fabelhaft und kaum zu glauben! Aber – ehrlich gesagt –, es wurde auch wirklich Zeit, daß Du das Üben in Angriff genommen hast. Ich habe Dich mehrfach erinnern, ermahnen und zurechtweisen müssen. Bei solchen Ermahnungen lächelst Du immer irgendwie freundlich durch mich hindurch, aber was ich da sage, scheint Dich nicht zu erreichen. Jedenfalls sind keine Folgen zu sehen.

Nun – der Durchbruch ist endlich geschafft und hoffentlich von Dauer.

Vor Weihnachten hast Du mich schon einmal ebenso überrascht und erstaunt wie mit dem Diktat jetzt: nämlich mit der Genauigkeit und der kunstvollen Eigenartigkeit der Zeichnungen, die Du zu Deiner Geschichte vom Löwen Rücky gemacht hast. Ich hoffe, daß Du diese

Geschichte zu einem Ende bringst und das neue Kapitel in der gleichen liebevollen, an Kleinigkeiten reichen Weise illustrieren wirst.

Inzwischen schreibst Du nicht nur die Diktate, sondern auch Deine Geschichtenkapitel so, daß wir beide – Du selbst und auch ich – es lesen können. Es ist wichtig, daß Du Dir beim Schreiben immer Mühe gibst und daß Du zum Beispiel nicht einfach den nächstliegenden Schreiber benutzt, sondern einen geeigneten Bleistift hierfür in Deiner Federmappe gespitzt zur Stelle hast. In Deinem Kopf sind viele Comic-Geschichten – in Emsdetten warst Du häufig der Stichwortgeber, wenn Jan und Benjamin Comics gespielt haben und sich nicht darüber einig waren, wie es weiterzugehen hat. Es freut mich zu sehen, wie Du manchmal tagelang hintereinander Deine Geschichten vor Dich hin denkst, träumst und schreibst. Aber Du mußt unbedingt jedes fertige Kapitel den anderen sofort vorlesen, weil Du nur durch die »Sagen und Fragen« der anderen merken kannst, ob für die Leser und Zuhörer verständlich ist, was Du da schreibst. Und außerdem ist es nach einiger Zeit auch für Dich selbst überaus schwierig, durch das Geschriebene hindurchzufinden, und dann traust Du Dich noch weniger.

Beim Rechnen ist ein zweites (Übungs-)Wunder notwendig, wie beim Diktat, sonst wirst Du im 5. Schuljahr nicht zurechtkommen. Die Prüfungen für den 1x1-Führerschein hattest Du recht gut bestanden, wenn Du kurz zuvor zu Hause geübt hattest. Aber nicht mal bei dem Test kurze Zeit später waren die Reihen noch in Deinem Kopf, Du hattest nur die Hälfte der Aufgaben richtig, obwohl Du nichts anderes tun mußtest, als aus drei Zahlen die richtige Lösung herauszusuchen. Bitte nutze

unbedingt die Sommerferien zu »Rechenspaziergän-
gen« mit Deinem Vater, Deiner Mutter oder Deiner
großen Schwester. Kopfrechnen bis 100 (Plus, Minus,
Mal und Geteilt) mußt Du nach den Ferien im Schlaf
können, sonst hat es keinen Sinn, daß ich Dir die schrift-
lichen Verfahren für das Rechnen mit großen Zahlen
erkläre.

In Deinem Emsdetten-Heft wolltest Du etwas über die
scheußlichen Lebensbedingungen der Käfighühner do-
kumentieren, hast aber nach einigen Sätzen damit auf-
gehört. Dann hast Du einen Pferde-Comic gezeichnet,
in Deiner überaus eigenwilligen und reizvollen Weise.
Aber – ist er fertig? Vorläufig kann ich nämlich die
Handlung noch nicht richtig erkennen. Die Wörterliste
für Pferdefreunde und die Wörterliste zum Bauernhof
hast Du fehlerlos und gut leserlich abgeschrieben. Das
hat mich gefreut.

Dein Themenheft sollte wohl ursprünglich von Dino-
sauriern handeln, jedenfalls finden sich zwei Seiten
darin mit reizvollen Dinosaurier-Comic-Zeichnungen.
Aber warum machst Du nicht weiter mit so etwas schön
Angefangenem. Warum kommt danach eine Seite mit
einer hingekritzelten, durchgestrichenen Klebstoff-
Witz-Geschichte, dann eine Seite mit einer wegradier-
ten Ara-Geschichte, dann eine Seite mit einem halben
Satz der Spielregeln zum Füßetreten, dann eine Seite
mit dem Satz: »Das, was ich jetzt mache, gehört nicht
zu meinem Thema«, und dann kommt – gar nichts mehr.
Du siehst in der Schule eigentlich immer beschäftigt
aus, bist es in Deinen Gedanken vielleicht auch, aber ich
finde, es kommt zu wenig davon rüber. Zwar freut es
mich, wenn ich Dich mit Deinen Tischgenossen über
alles mögliche diskutieren sehe, denn in der Versamm-

lung und in der Morgenrunde hast Du bisher so gut wie noch nie etwas gesagt. Aber das Reden und Schreiben müssen in einem vernünftigen Verhältnis stehen, und das tut es bei Dir über lange Zeiten hinweg nicht.

Lieber Julian, Du bist ein besonders freundlicher und friedlicher Mensch – bei der Zimmerverteilung für Emsdetten und bei der Wahl für die Tischgruppen wurdest Du von all denen gewünscht, die auch Du gewählt hattest. Du bist gut aufgehoben in Deiner Tischgruppe, und irgendwie haben Dich alle gern wegen Deiner unbeirrbar heiteren Laune. Ich wünsche Dir erholsame Ferien und einen guten Start ins neue Schuljahr.

PS. In Deinem Diktatheft klebten Müslikrümel, und auf Deiner Rechenmappe ist ein großer Fettfleck. Bitte sorg unbedingt dafür, daß Du im nächsten Schuljahr Deine Lebensmittel nicht in Deinem Arbeitskasten aufbewahrst.

Ich schreibe Dir dies hiermit auf, weil mein Reden in dieser Sache offenbar nichts nützt.

Bericht für Julian im 4. Schuljahr

Lieber Julian,

in meinen Augen bist Du ein Erfindungskünstler: Deine Bilder und Zeichnungen haben einen ganz eigenen Reiz und sind so, wie ich noch keine gesehen habe; in Deinen Geschichten stecken Einfälle, die niemand irgendwo zuvor gehört hat. Bei Plakaten und Handzetteln und Einladungen und Packlisten und Geburtstagskarten zum Beispiel spielst Du auf höchst originelle Weise mit Worten, Zeichnungen und Schrift, und auch Deine Themenhefte zeigen unverkennbar Deinen Gestaltungswillen und Deine Hand. Aber nicht nur bei den Künsten, auch im praktischen Leben bist Du ein Erfinder: wenn irgend was hakte oder klemmte – meist warst Du es, dem eingefallen ist, welches nächstliegende Ding man als passendes Werkzeug benutzen konnte.

Bei unseren Gesprächen in der Versammlung und in der Morgenrunde gehörtest Du zu den zurückhaltenden Kindern, aber offenbar bist Du den anderen mit Deinen Gedanken und Vorstellungen fast immer hellwach gefolgt, denn die Male, wo Du schließlich etwas gesagt hast, war es meist etwas, das niemand anderem aufgefallen war und direkt auf den Punkt traf. Auch in Gruppenangelegenheiten warst Du sehr engagiert, vorwiegend im stillen durch tätige Hilfe, in letzter Zeit auch durch manch wichtige Äußerung zum entscheidenden Zeitpunkt. Manchmal hast Du auch eine Rede gewagt: Zum Beispiel warst Du es, der das »Ja« der Gruppe einläutete, als es um die Frage ging, ob wir Jens bis zum Ende des Schuljahres bei uns aufnehmen. Du hast den anderen erklären können, wie Benjamin sich vermutlich fühlt, wenn seine große Wut ihn überflutet (Du hast gesagt, Du kennst das von Dir selbst). Mich hast Du manches Mal an Wichtiges erinnert, das ich sonst vergessen hätte, oder mich auf etwas aufmerksam gemacht, das ich sonst übersehen hätte. Und offenbar hast Du auch beim Vorlesen der Bücher und Geschichten sehr aufmerksam zugehört, denn manchmal hast Du den anderen helfen können, einen Text zu verstehen, weil Du alles so genau vor Augen hattest, auch Dinge, die schon Wochen zurücklagen.

Für Deine eigene Geschichte über die Blitzschule hast

Du viel bewundernden Applaus bekommen. In ihr hast Du Sachwissen und Phantasie in reizvoller Weise verbunden, und an den Streichungen und Überarbeitungen in Deinem Heft ist zu sehen, wie gründlich Du über diesen Text nachgedacht hast. Manchmal allerdings vergißt Du, daß Du in einer Geschichte für die Bilder in Deinem Kopf einen Erzähler brauchst, der sie miteinander verbindet. Aber auch für dieses Problem hast Du etwas erfunden: Du hast verlangt, die Geschichte auf Cassette zu lesen, damit Du Dein eigener Zuhörer bist und merkst, was zu verbessern ist.

Mit der Rechtschreibung bist Du noch unsicher: Offenbar fällt es Dir schwer, Dir die Schreibweise von Wörtern auf Dauer zu merken, auch wenn Du sie geübt hast, auch wenn Du eine Regel dazu kennst. Da hilft nur Üben. Bei den zweiten Diktaten hast Du immer dann, wenn Du Dich gut darauf vorbereitet hattest, nur wenige Fehler, manchmal nur einen oder keinen gemacht. Aber leider hast Du so manches Mal nicht gut genug geübt, wohl auch, weil Du in der Schule so sehr mit Regenwald und den Erfindungen für Euer Computerspiel »Samis Quest« beschäftigt warst. Ich empfehle Dir daher dringend für die Ferien Schiebediktate und/oder den Rechtschreibbegleiter.

Deine Handschrift ist noch nicht ausgeglichen, und auch mit den Zeilen kommst Du immer durcheinander. Leider hat auch der Schönschreibkurs Deine Buchstaben nicht zu klären vermocht. Du schreibst die vereinfachte Ausgangsschrift, von der man sagt, daß sie besonders leicht sei, dennoch kippelt Dein Schriftbild hin und her, und einige Buchstaben stimmen noch nicht ganz.

Mit dem Rechnen bist Du gut vorangekommen. Anfangs sah es so aus, als wollten die Einmaleinsreihen ganz und gar nicht in Deinen Kopf hinein, aber seit einiger Zeit sind sie drin. Das Rechentraining hat geholfen – allerdings mußt Du bei den Grundaufgaben noch schneller werden. Außerdem mußt Du einige »unmögliche« Ergebnisse (zum Beispiel 7 x 9 = 61), die sich in Deinem Kopf eingeschlichen haben, wieder hinausbefördern. Schriftliche Plus- und Minusaufgaben mit großen Zahlen kannst Du sicher rechnen, beim schriftlichen Teilen und Malnehmen bist Du noch nicht sicher genug. Manchmal allerdings entstehen Fehler schlichtweg durch unleserlich geschriebene Zahlen. Das schriftliche Teilen wirst Du – wie alle Kinder, die bei Alfred im Kurs waren – nach den Ferien lernen.

Die Rechenmappe, die Du für Kalle erfunden und gezeichnet hast, ist für ihn weitaus reizvoller als die gedruckten Schulbücher. Und die Tatsache, daß er mit Deinen Aufgabenstellungen gut zurechtkommt, zeigt, wie gut Du selbst solcherart Aufgaben durchschaust und wie genau Du Dich in Kalles Schwierigkeiten hineingedacht hast. Die Vorstellung, daß Kalle im nächsten Jahr Dich als Unterstützung haben wird, beruhigt mich. Und auch beim Gedanken an Benjamin fällst Du mir ein: In den letzten Wochen gab es mehrere Situationen, in denen Du klar und vernehmlich für ihn eingetreten bist. Und manchmal hast Du es geschafft, ihn zu beruhigen, bevor er ganz außer sich gerät. Es ist eine meiner ganz großen Freuden der letzten Monate zu sehen, daß Du Dich jetzt in der Gruppe sicher genug fühlst, um Eure Angelegenheiten mitzuregeln.

Einen großen Teil des Schultages hast Du jeweils mit Diskussionen und Arbeiten zum Thema Regenwald verbracht, und, wann immer Du durftest, mit Erfindungen zum Computerspiel »Samis Quest«. Dein Heft über die Indianer ist sehr schön geworden; es ist eine geschickte Kombination aus gekonnten Abbildungen (zum Beispiel vom Donnervogel und der Indianersprache), Fotokopien und Text. Du gehörst zu den Fachleuten in Sachen Indianer, Regenwald und Blitze. Über Gewitter hast Du Dir ein schwieriges Buch nach dem anderen ausgeliehen und in Deinem Heft einen Teil Deines Wissens dokumentiert.

Die Radfahrprüfung hast Du sehr gut bestanden: Du hattest 0 Fehler in der Theorie und nur einen im Verkehr! Beim Geschicklichkeitsfahren im Parcours haben Dir das Spurbrett und der verflixte Kreisel Schwierigkeiten gemacht.

Im Sport gehörst Du zu denen, die einen Salto und einen Sprung über den hohen Bock können und mutig vom Kasten ans Hochtrapez springen, und auf dem Trapez vollführst Du Kunststücke, bei denen einem vom bloßen Zusehen schwindlig werden kann.

Lieber Julian, es ist gut, daß Du das Reden in der Gruppe gelernt hast und bei den Gesprächen an Deinem Tisch und in Deiner Freundesgruppe kräftig mitmischst. Fürs 5. Schuljahr rate ich Dir: Hole Dir rechtzeitig Hilfe von den anderen, wenn Du mit irgendwelchen Aufgaben nicht zurechtkommst. Ich wünsche Dir alles Gute.

Martin, Sarah, Steffen und Julian habe ich »schön«-geredet und -geschrieben, um sie zu stärken; ihre schulischen Leistungen waren zu jener Zeit noch ganz schwach. Die Stärkung ist geglückt: Inzwischen sind die vier im 6. Schuljahr, und – wie erwartet – kommen sie mit den Anforderungen dort zurecht.

6. Stichwort: Informationswert
oder
Wunder dauern etwas länger

Für ihn sei der in der »Deutschen Lehrerzeitung«
vorgelegte Lernentwicklungsbericht aus der Bielefelder Laborschule von sehr geringer Informationsdichte, sagt *Gottfried Schröter*. Ihm sage der
Bericht mehr über die gute Atmosphäre in der
Klasse, die Kinderfreundlichkeit der Lehrer und
den Gemeinschaftsgeist der Schule aus als über die
Lernentwicklung des kleinen X, die er angeblich
nachzeichne.

Den Befürwortern von Noten geht es offenbar vor
allem um eines: Sie wollen »klar und deutlich wissen, wo das Kind steht« – an der Spitze, bei den
Versagern oder mittendrin. Sie wollen es »wissen«,
obwohl seit langem empirisch nachgewiesen ist,
daß solcherart Einstufungen auf mehr oder weniger gekonnten Einschätzungen des Lehrers beru-
hen und diese schon beim nächsten Lehrer ent-
gegengesetzt lauten können. Für die Zensuren-
Verfechter hat offenbar auch die Note »befriedigend« einen höheren Informationswert als ein
ausführlicher Entwicklungsbericht, obwohl diese
Note – wie *Andreas Flitner* schon 1966 anmerkte –
gleichermaßen »einen hochbegabten Nichtstuer,
einen fleißigen Durchschnittskopf, einen guten
Denker, der aber flüchtig arbeitet, einen selbstän-

digen Routinier und noch weiteres andere bedeuten kann«.

Ich hingegen will die Kinder nicht auf Rangplätze verweisen müssen, ich will nicht sagen müssen, »wo ein Kind steht«. Denn während meiner ersten 20 Jahre als Lehrerin habe ich gelernt, zwei schlichte Tatsachen zu begreifen und ernst zu nehmen:

• Unterschiedliche Menschen brauchen unterschiedlich viel Zeit und Unterstützung, um sich zu entwickeln.

• Es ist nicht naturgegeben, wann ein heranwachsender Mensch bestimmte Fertigkeiten und Kenntnisse erwerben und bestimmte Fähigkeiten entwickeln muß, um in seinem späteren Leben zurechtzukommen.

Was auch immer dran sein mag an der alten Rede vom Hans, der nimmermehr lernt, was er als Hänschen nicht lernte, wichtiger für die Haltung von uns Erwachsenen gegenüber den Heranwachsenden scheint mir die Weisheit der Geschichte von »Leo the late bloomer« zu sein, der rein gar nichts richtig machen konnte, bis er aufzublühen begann – »one day in his own good time«.

In jeder Stammgruppe gibt es »late-bloomer«, und nichts brauchen sie so sehr wie Zeit und Zuversicht. Die einen, die Schwerfälligen beim Lernen, brauchen Zeit und Zuversicht, damit sie die Tausende ihrer millimeterkleinen Lernfortschritte vorwärts tun können und nicht – vor Schreck – zurückfallen. Die anderen, die Verstörten, brauchen Zuversicht, damit ihnen fester Boden unter den Füßen wächst und sie nicht einbrechen auf dünnem Eis.

Joschka* – er ist inzwischen 18 Jahre alt und steht vor seinem erfolgreichen Abschluß der Sekundarstufe – war ein verstörtes Kind. Für ihn galt der lapidare Satz: Bevor ein Kind Schwierigkeiten macht, hat es welche. Oder – um mit *Hartmut von Hentig* zu sprechen: »*Die Lebensprobleme der heute heranwachsenden Kinder sind so viel größer als ihre Lernprobleme, sie schieben sich so gebieterisch vor diese oder fallen ihnen in den Rücken, daß die Schule, wenn sie überhaupt belehren will, es erst mit den Lebensproblemen aufnehmen muß: Sie muß zu ihrem Teil Leben ermöglichen.*«

Für seine Entwicklung brauchte Joschka nichts nötiger als Zeit und Zuversicht. Zensuren konnte er nicht gebrauchen, denn diese hätten sein mühselig gewonnenes Selbstbewußtsein wieder zunichte gemacht. Man halte sich vor Augen, wie es ist, wenn einem Kind, das nach Mühsal und Verzweiflungen beim Lernen endlich »Land in Sicht« hat, kundgetan wird, daß es dieses Land bereits zwei Schuljahre zuvor hätte erreichen müssen. Kaum verwunderlich, wenn es seine Segel streicht.

Joschka war ein überaus waches Kind, ungewöhnlich empfindsam und von daher ungewöhnlich leicht zu irritieren. Zugleich aber war er von einer

---

Joschkas Entwicklungsberichte habe ich in der »Deutschen Lehrerzeitung« (5/94) – unter dem Namen *Sascha* – schon einmal verwendet.

geradezu unbändigen Kraft erfüllt, sich mit der Welt auseinanderzusetzen. Seine überragenden mündlichen Fähigkeiten ließen auf überdurchschnittliche Intelligenz schließen, und dennoch war er nach drei Eingangsstufenjahren noch nicht imstande, schulischen Anforderungen zu genügen.

Als Joschka im 3. Schuljahr zu mir kam, glichen seine Leistungen im Lesen, Rechnen und Schreiben denen von Schulanfängern nach dem ersten Halbjahr. Die Gründe hierfür lagen tief.

Von außen besehen, schien Joschka optimale familiäre Bedingungen zum Aufwachsen zu haben. Und so war denn auch sein älterer Bruder sozusagen ein »Traumkind«: umgänglich, liebenswürdig, heiter und in so gut wie allen Lebens- und Lernbereichen überaus erfolgreich. Auch Joschka hätte so werden können. Er aber war in eine tragisch-dramatische Familiensituation hineingeboren worden und hatte in seinen ersten Lebensjahren keine Chance, Vertrauen in sich und seine Welt zu entwickeln. Kurzum: Er war ein Kind, das keinen Boden unter den Füßen spürte und von Versagens- und Verlustängsten überflutet wurde. Erst als er in die Schule kam, konnten wir Lehrer zusammen mit seiner Mutter ihm nachträglich den Boden unter den Füßen bauen. Es dauerte sehr lange, bis er sich beruhigt genug darauf bewegte, um nicht immer wieder neu einzubrechen.

Ein zusätzliches Eingangsstufenjahr hätte ihm nichts genützt, denn die Kräfte seiner Lehrerin dort waren verbraucht von seinen ewigen Verweigerungen und Fluchten. Ihm konnte am ehesten ein neuer Start bei einer neuen Person mit neuer Kraft helfen. Und so kam er zu mir und in die »silber«-Gruppe.

In meinem Buch *»Erfundene Geschichten erzählen es richtig« (1989; 2. Aufl. 1993, S. 252f.)* habe ich aus dem ersten halben Jahr mit Joschka berichtet:

♣

Aufmerksamkeit, Anteilnahme, Einfühlung und Nachdenklichkeit – vermutlich ist nichts wichtiger, als diese Fähigkeiten gedeihen zu lassen und die Kinder wachzuhalten für das, was ihnen begegnet und mit ihnen geschieht (selbstverständlich ohne darüber die sichere Handhabung aller notwendigen Vermittlungsformen, der Kulturtechniken, zu vernachlässigen).

In der Morgenrunde, in der Kinder loswerden können, wenn es ihnen schlecht geht, erzählt Joschka: *»Ich habe geträumt, daß die Polizei mich als Verbrecher verfolgt. Ich bin aber keiner. Da bin ich in ein hundert Stock hohes Haus gerannt. Die kamen aber nach. Gerade, als ich dachte, ich müßte mich runterstürzen, kam ein Hubschrauber, der hat mich gerettet. Nach 10 Minuten hatte er Motorschaden und ist abgestürzt.«*

»Du denkst sogar im Schlaf, daß du verfolgt wirst«, sagt Tobi zu ihm, und Daniel fügt hinzu: *»Gestern, als du weggelaufen bist, haben wir geredet, daß keiner dich leiden kann.«* (Daniel ist Joschka verbunden seit Kleinkindertagen, liebt und bewundert ihn im Grunde seines Herzens und geniert sich doch, mit diesem »Schwierigen« zusammen genannt zu werden.)

»Das ist fies, darüber zu sprechen, wenn ich weg bin«, braust Joschka auf, und jeder erwartet, daß er nun gleich wieder wegrennen werde.

Die Gruppe reagiert befremdet auf Daniels Mitteilung an Joschka, und Tobi erklärt: *»Es war nur, weil wir Angst hatten, daß du wegläufst, sobald wir über dich reden.«* »Ich lauf nicht weg«, betont Joschka und hört sich tatsächlich in den nun folgenden 15 Minuten an, wie die anderen ihm sagen, daß seine Ausbrüche fast immer auf Mißverständnisse gründeten und in der Häufung schwer erträglich seien. Am Ende des Gesprächs hört man von Tobi: *»Uff, ich hab die ganze Zeit immerzu gedacht: gleich läuft er weg.«* Joschka mit Nachdruck: *»Ich bin aber nicht weggelaufen!«*

Einige Tage später endet einer seiner Träume, in denen er ums Leben rennen muß, damit, daß eine Stange Dynamit auf ihn zufliegt. *». . . und da warste Matsche«*, will Kalle Joschkas Erzählung in der üblichen Form vollenden, der aber sagt: *»Nee – ich hab sie aufgefangen und mich freigesprengt.«*

»Willst du damit sagen, daß ich weggehen soll?« fragt Joschka, als ich Wochen später zu ihm sage: *»Sei vorsichtig!«* Er hat in der Versammlung gestört, und ich bin kurz davor, ihn so zurechtzuweisen, daß er – wie immer in solchem Fall – weglaufen wird. Seit einiger Zeit kann ich sein Weglaufen bewußt in Kauf nehmen, den Konflikt mit ihm über sein Verhalten riskieren, denn er hat gelernt, »sich wieder einzukriegen«. Anfangs war er aus dem Schulgebäude gerannt – angesichts jeder Leistungsanforderung, die ihm zu schwer erschien, angesichts jedes Angriffs von Kindern, dem er sich vermeint-

lich ausgesetzt fühlte. Ich war ihm besorgt nachgelaufen, hatte ihn gesucht und versucht, ihn mit zurückzunehmen. Er hatte sich gesperrt und war erst Minuten später allein erschienen.

Später mußte ich ihm nicht mehr nachgehen, er kam nach geraumer Zeit von sich aus zurück. Wieder später hatte er sich nur noch auf Sichtweite entfernt und sich schon kurz darauf wieder herangetrollt. Seit einiger Zeit nehme ich unangemessenes Verhalten von ihm nicht mehr hin, drohe ihm, ihn zu entfernen, und nehme daraufhin sein wütiges Weglaufen in Kauf. Seine Reaktion auf meine Warnung an diesem Tag sagt mir, daß er jetzt von sich aus weiß, wann er sich »außerhalb der Gruppe« verhält. Alle haben Gelassenheit gegenüber seinen Ausbrüchen gelernt, sie merken, daß ich Joschka der Gruppe nicht vorziehe, sondern ihm helfe, in die Gruppe hineinzufinden. Niemand moniert mehr, daß meine Geduld mit ihm ungerecht sei; sie lernen, daß es gerecht sein kann, Unterschiede zu machen.«

♣

Nach dem ersten Halbjahr im Jahrgang 3 habe ich für Joschkas Mutter und ihn geschrieben:*

---

* Joschka stammt aus jenem Laborschuljahr, in dem ich die Form meiner Berichte von der Dokumenten-Form in die Brief-Form geändert habe. Im Jahrgang 3 – damals schrieben wir pro Schuljahr noch zwei Berichte – habe ich Joschkas Eltern angeredet und ihn mitgedacht; am Ende vom Jahrgang 4 habe ich Joschka angeredet und seine Eltern und zukünftigen Lehrer mitgedacht.

Joschka hat die Zuneigung der »silber«-Kinder und Lehrer, und ich glaube, er spürt dies nun mehr und mehr auch selbst und kann ablassen von seinem Wahn, daß jeder und überhaupt alles sich gegen ihn verschworen habe. In den ersten Monaten war er so verzweifelt über die Mühen, die ihm seine Aufgaben machten, und so wütend gegen die Erwachsenen, die ihm solches zumuteten, daß fast all seine Zeit und Kraft in seinen Ausbrüchen unterging. Und zeitweise schien es so, als werde der Berg dessen, was er nacharbeiten muß, eher größer als kleiner. Offenbar aber hat er sich dennoch – vor allem zu Hause – durch seine Übungsaufgaben hindurchgeackert, denn jetzt spricht vieles dafür, daß Joschka vielleicht doch am Ende des 3. Schuljahres fast all das können wird, was seine Freunde können.

Er kann jetzt großgedruckte Texte ohne Mühe lesen und ist darüber so vergnügt, daß er vielleicht bald zu den Leseratten der Gruppe gehören wird.

Er kann jetzt (fast) alle Schreibschriftbuchstaben sicher und richtig nach Vorlage schreiben, und er kann Druckschrifttexte fehlerfrei in Schreibschrift übertragen. Seine Schrift hierbei ist sehr schön. Noch schreibt er – mangels Übung – nicht flott genug, um die Geschichten aus seinem Kopf so schnell auf dem Papier festhalten zu können, daß ihm Einfälle und Gedanken dabei nicht verlorengehen. Aber da Joschka so sehr gerne eigene Geschichten schreiben möchte, daß er es sogar zu den Zeiten versuchte, als er noch nach jedem einzelnen Buchstaben suchen mußte, denke ich, daß er nun – wo er nahe am Ziel ist – ohne Widerwillen täglich eine Seite zu Haus abschreiben wird, bis sein Schreibtempo für sein Vorhaben reicht.

Ein Wörterdiktat zeigt, daß Rechtschreibung für Josch-

ka vielleicht eine geringere Schwierigkeit sein wird als für manche seiner Freunde, denn er spricht und hört alle in den Wörtern vorkommenden Laute und bringt sie auch zu Papier.

Hart ist für Joschka, daß ihm auch das Rechnen bislang noch arge Mühe zu machen scheint. Ein Grund hierfür ist ganz bestimmt die Tatsache, daß er in den vergangenen zwei Jahren das Üben zu oft verweigert hat. Ich werde ihn zu dem Unterricht hinzunehmen, den Sarah erhält, um ihr langes Fehlen aufzuholen.

Beim Schwimmen kann Joschka die Arm- und Beinschwimmbewegungen tauchend recht gut zusammenkriegen, über Wasser fällt ihm dies schwer – ich vermute, es hängt mit seiner kranken Hüfte zusammen. Dennoch glaube ich, er wird die Seepferdchenprüfung (vorwiegend tauchend) bald bestehen können. Angst vor tiefem Wasser hat er anscheinend keine. In den Sportstunden und im freien Gelände gehörte Joschka zu den Erfindern und Betreibern von phantasievollen Rollenspielen, die sich in die unterrichtsfreien Zeiten hinein fortsetzen. Die Gruppe ist gut dran mit einem so begabten Schauspieler, wie er einer ist. Leider enden viele Spiele in heftigen Auseinandersetzungen, denen nichts anderes als unnötige Mißverständnisse zugrunde liegen.

Wohl keiner der genannten Lernerfolge wäre möglich gewesen, wenn Joschka seine Ausbrüche nicht ein gut Stück weit unter Kontrolle bekommen hätte. Dies ist sicher seine größte Leistung im vergangenen Halbjahr. Wenn ihn heute Wut oder Verzweiflung überwältigen, kriegt er sich meist rechtzeitig wieder ein, und so ist es schon lange nicht mehr vorgekommen, daß ihm ein ganzer Schultag über seinen Ausbrüchen verlorenging.

Während er in den ersten Wochen an unguten Tagen bereits über einen abgebrochenen Bleistift außer sich geraten konnte, hat er zum Beispiel in den Tagen vor Weihnachten die schwierige Situation bestanden, daß die Gruppe ihm ihre Angst vor seinen Ausbrüchen spiegelte.

Leider nicht überwunden hat Joschka bisher seine Angewohnheit, sich bei Auseinandersetzungen mit Kindern oder Erwachsenen in überaus lautstarke und unflätige Schimpfkanonaden zu flüchten. Er weiß von mir, daß ich nicht bereit bin, ihm dies durchgehen zu lassen, und ich werde ihn immer dann wegschicken, wenn er nicht aufhören kann, in diesem Tonfall zu reden, in den Menschen nach meinem Empfinden nur in alleräußersten Ausnahmesituationen verfallen dürfen.

Immer dann, wenn sich Joschka wohl fühlt, ist er mit den Regeln und Vereinbarungen der Gruppe in Übereinstimmung. Dann kann er auch in seine Arbeiten hineinfinden, ohne daß ich ihm hineinhelfen muß, und Schwierigkeiten allein überwinden oder die Zeit aushalten, bis ich bei ihm sein kann, um ihm weiterzuhelfen. Wie groß dieser Fortschritt ist, läßt sich daran ermessen, daß es ihm in den Anfangszeiten unerträglich war, wenn mein Weg zu seinem Tisch mehr als drei Sekunden dauerte.

Zuversichtliche Nachrichten also von Joschka – ich denke, daß er am Ende der Stufe II die meisten Schwierigkeiten überstanden haben könnte.

Ein halbes Jahr später, am Ende des 3. Schuljahres, war im Schulleistungsbereich so gut wie noch kein Fortschritt zu verzeichnen. Aber Joschkas Stammgruppe und ich hatten ihn kennen- und verstehen und lieben gelernt, und er wagte mehr und mehr, daran zu glauben, darauf zu vertrauen, sich darin Halt zu holen. Diese überaus zaghaften Bande wollte ich nicht durch meinen »Bericht zum Lernverhalten« gefährden, und darum erwähnte ich diesmal sowenig wie nur möglich seine Lern- und Verhaltensschwierigkeiten, kannte er sie doch ohnehin zur Genüge und drohte immer wieder neu an ihnen zu verzweifeln.

Bericht für Joschka im 3. Schuljahr

Lieber Joschka,

manchmal grübele ich abends darüber, womit ich Dir besser als bisher beim Lernen helfen könnte, und nachts träume ich dann, daß Du mein einziger Schüler bist. Wäre dieser Traum Wirklichkeit, dann wäre der ganze Schultag für uns beide so leicht und gemütlich wie unsere Lesestündchen auf dem Sofa. Dann könnte ich Dir zeigen, was Du alles gelernt hast, obwohl es Dir anfangs zu schwer vorkam (das Lesen und die Schreibschriftbuchstaben z. B.), dann hätte ich genug Zeit, herauszufinden, warum Du denkst, Du könntest niemals schreiben und rechnen lernen, obwohl das doch gar nicht stimmt. Dann könnte ich Dir Schritt für Schritt beweisen, daß nichts von dem, was Du lernen mußt, so scheußlich schwierig ist, daß Du davor weglaufen mußt. Aber dann würden Dir und mir die anderen aus der »silber«-Gruppe fehlen.
Manchmal wünsche ich mir auch, ich könnte mit Dir

und den anderen viele Monate hintereinander auf dem Harkotten verbringen. Dann wäre es wie auf unserer Gruppenfahrt im Mai, ich müßte nichts von Dir verlangen, was Dir Schwierigkeiten macht, es gäbe keine Anlässe für Mißverständnisse mit den anderen, Du würdest ganz tief spüren, wie lieb Du ihnen bist wegen Deines Charmes, Deines Humors, Deiner Einfälle, Deiner Einfühlung, Deiner Erzähl- und Schauspielkunst. So lieb nämlich, daß sie inzwischen gelassen ertragen, wenn Du »daneben« bist.

Du hast im Café Pustekuchen etwas geschafft, was ich von Kindern Deines Alters noch nie gehört habe und was auch ich nicht so gut kann wie Du: Du hast Deine Geschichte aus dem Stegreif fortgesetzt, und zwar so brillant und druckreif, daß niemand gemerkt hat, ab wann Du »aus dem Kopf« vorgelesen hast statt aus dem Heft. Wir alle haben Dich für diese Leistung um so mehr bewundert, als ja jeder von uns allein schon wegen der Fülle und Hitze und Enge genervt war und wir Deine Aufregung geteilt haben, ob Du wohl den Text, den ich nach Deinem Diktat für Dich aufgeschrieben hatte, würdest vorlesen können. Du hast es gekonnt, und zwar so gut wie noch nie!

Wir alle hören den Geschichten, die Du erlebst oder erfindest, so gerne zu, daß wir sie unbedingt im Geschichtenbuch festgehalten haben möchten. Leider werde ich im nächsten Jahr kaum noch Zeit haben, um Deine Geschichten für Dich aufzuschreiben. Ich finde auch, daß sie beim Diktieren an Lebendigkeit verlieren, schon deshalb wäre es wichtig, daß Du selbst auf dem Papier festhältst, was in Deinem Kopf vor sich geht.

Hannes hat die »Tagesschau« an Dich abgegeben – es hatten sich viele Kinder dafür gemeldet, Pedro hat Dich

ausgewählt, weil er sich vorstellte, daß Du es genau-
sogut kannst wie er selbst. Die Gruppe denkt dies auch
und hat Dir die Aufgabe gerne gelassen, obwohl jeder
weiß, daß Du dazu zuvor Deinen Widerwillen gegen das
Schreibenüben aufgeben mußt. Ich finde, die Gruppe hat
recht mit ihrem Vertrauen – schreiben lernen kann
jeder! Wer ein Heft voll hintereinanderweg geschrieben
hat, der kann es! Also wirst Du es auch können! Die
Form und die Verbindungen der Buchstaben kannst Du
– es muß nur noch flüssiger und lockerer werden, und
das wird es durch Übung und wenn Du weniger doll
aufdrückst mit dem Stift.

Vielleicht kannst Du Dich doch entschließen, in die
Ferien die Würfel und Rechenstäbe mitzunehmen und
über die Zehner rauf und runter bis 100 (oder wenn Du
magst auch höher) zu rechnen.

Rechtschreibung wird für Dich – wenn Du soweit bist,
daß Du gern schreibst – weniger schwierig sein als für
manche anderen Kinder. Mit den Wortlisten 1/2
kommst Du so gut zurecht, daß Du gesagt hast, Du
wirst sie in die Ferien mitnehmen.

Am schönsten sind für Dich die Zeiten des Schultages,
an denen das dran ist, was Du außergewöhnlich gut
kannst: Erzählen, Erfinden und Schauspielern. Deshalb
habe ich Dich möglichst immer in der Morgenrunde
drangenommen, auch wenn sich viele andere Kinder
meldeten, und da die anderen Dich gerne erzählen hö-
ren, fanden sie o. k., daß ich für Dich hier eine Ausnahme
machte. Du erwartest inzwischen nicht mehr, daß ich
Dich als ersten drannehme, sondern kannst gut warten,
bis Du dran bist, und Dich – ohne daß ich Dich erinnern
muß – so kurz fassen, daß noch Zeit zum Arbeiten bleibt.
Lieber Joschka, ich denke, Du merkst, wie sehr Dich die

Gruppe mag (und die Erwachsenen – trotz aller Kämpfe ums Lernen – auch!). Du hast die Erfahrung gemacht, daß jeder bereit ist, mit Dir zu arbeiten. Noch hast Du ein ganzes Jahr Zeit, um all das zu lernen, was Du können mußt, wenn Du ins 5. Schuljahr gehst. Die »silber« ist eine ganz besonders nette Gruppe, ich wünsche mir für Dich und die Gruppe, daß Du auch im 5. Schuljahr dazugehörst. Wenn Du das auch möchtest, dann würde es Dir helfen, wenn Du von den Ferienwochen einige Zeit zum Schreiben- und Rechenüben nimmst.

Ich freue mich auf das nächste Schuljahr mit Dir.

»Zwischen den Zeilen gelesen« im Hinblick auf die Kulturtechniken: Am Ende des 3. Schuljahres kann Joschka noch nicht annähernd das, was die meisten Laborschulkinder am Ende der Eingangsstufe (also nach Regelschulzählung: nach dem 2. Schuljahr) können. Und das macht ihm so zu schaffen, daß man ihn hierüber trösten muß und nicht tadeln. Zuversicht schöpfte er in den morgendlichen Erzählrunden. In »*Erfundene Geschichten*« *(S. 212f.)* habe ich notiert:

♣

Joschka zum Beispiel, dem das Schreiben und Rechnen sehr große Mühe macht, fragt mich jeden Tag, sobald er auf der Unterrichtsfläche erscheint, ob er nachher von gestern erzählen dürfe. Er fragt es so, als habe er es schon wochenlang nicht mehr gedurft und müsse nun endlich dran sein. Dabei gibt er jeden Tag ein außerordentliches Erlebnis zum besten, vermutlich erlebt er seine Nachmittage und Abende auf das Erzählen hin und erfindet sie sich gegebenenfalls erzählgerecht zusammen. Die Gruppe ahnt die Mischung aus Dichtung und Wahrheit, aber sie vergnügt sich daran und gesteht Joschka zu, daß er jeden Tag dran sein darf, obwohl Zeit höchstens für drei Erzähler ist und von den anderen »nur dazu« geredet werden darf. Bei Joschkas Erzählungen fällt jedem was »dazu« ein: sein Tritt in den rostigen Nagel erinnert jemanden an die eigene Verletzung durch eine Scherbe, die Scherbe führt zur Explosion eines Silvesterknallkörpers in einer Flasche, aber auch zur kaputten Scheibe einer Bauhütte und damit zum Sturz vom Dach derselben, dies führt zu Stürzen von Rollern, Rädern und Bäumen. Und als wir uns daraufhin den unvermeidlich auftauchenden und nie versiegenden Schilderungen von Krankenhausaufenthalten und Arztbesuchen nähern und ich – mit Blick auf die Uhr – frage, was denn dies alles mit Joschkas rostigem Nagel von gestern zu tun habe, antwortet Tobi: »*Alles Rettungen aus Lebensgefahr*«, und fügt noch schnell die vorletzte seiner Lebensrettungen an.

Joschka lernt auszuhalten, wenn ich ihn erst als zweiten oder dritten drannehme, er lernt, sich so kurz zu fassen, daß Zeit für die Beiträge der anderen bleibt. Die Gruppe erkennt sein überragendes Erzähltalent und erlaubt ihm, sich festzuhalten an diesem einzigen, wovon er bisher glaubt, daß er es kann. Joschka hat gelernt, nicht wütend davonzulaufen, wenn ich die Erzählrunde beende, und be-

ginnt, sich auf das Schreiben- und Rechenüben mit
einiger Zuversicht einzulassen.

♣

Englisch (es wird in der Laborschule im Frühbe-
ginn unterrichtet) war sein liebstes Fach. Denn
hierfür konnte er zusammen mit den anderen starten, hierbei war er nur mündlich gefordert, hierin
brillierte er dank seines Sprachgefühls und Schau-
spieltalents in den englischen Rollenspielen. Zwischen unseren Büchern steht auch das Bilderbuch
»Leo the late bloomer«. Es war Joschkas Lieblingsbuch. *Leo couldn't do anything right,* »las« er vor und
sagte: *»Wie ich.«*
Then – one day, in his own good time, Leo bloomed! Und
er kann all das, was zuvor unüberwindlich schien.
I made it! Ich hab's geschafft!, sagt Leo am Ende des
Buches.
Am Ende des 4. Schuljahres ist auch Joschka so
weit vorangekommen, daß ich es wagen kann, ihn
zusammen mit seinen Freunden in das 5. Schuljahr
übergehen zu lassen. In meinem Bericht erinnere
ich ihn an Leo, der wie Joschka war.

Bericht für Joschka im 4. Schuljahr

Lieber Joschka,
nun bist Du es, der sagen kann: »I made it!« Du hast es
geschafft, im vergangenen Halbjahr so viel dazuzuler-
nen, daß Du das 5. Schuljahr versuchen kannst. Dir
fehlt zwar noch manches von dem, was Du dort

brauchst, das weißt Du, aber bei anderen aus der Gruppe
ist das auch so. Du hast in der Hand, es zu schaffen, und
seit einigen Wochen bin ich zuversichtlich, daß es Dir
gelingen wird. Du hast nämlich zum Beispiel all die
langen, anstrengenden und schwierigen Tests durchge-
halten. Bei den Denkaufgaben ohne Zahlen und Wörter
hast Du beinahe so viele richtig wie Deine Freunde Sven
und Henning und mehr als Hannes, der sich da wohl
mehr gefürchtet hat als Du. (Damals, im 3. Schuljahr,
hast auch Du Dich vor solchen Aufgaben sehr gefürchtet
und deshalb längst kein so gutes Ergebnis wie jetzt
gehabt.) Beim drei Stunden langen Lerntest haperte es
nur an den Rechenaufgaben, aber auch ohne die hattest
Du mehr als die Hälfte der Aufgaben insgesamt richtig.
Besonders gut fürs 5. Schuljahr finde ich, daß die vier
Testtage hintereinander Dich offenbar »abgehärtet« ha-
ben. Am vierten Tag nämlich bist Du ohne Hin und Her
und Ach und Weh gleich an die Aufgaben herangegan-
gen und hast sie bearbeitet, so gut Du es konntest. Nach
Weglaufen schien Dir da nicht mehr zumute gewesen
zu sein, oder aber Du hast Dich so gut zusammengehal-
ten, daß niemand was davon gemerkt hat.

Dieselbe »Abhärtung« brauchst Du fürs 5. Schuljahr
noch im Hinblick auf Diktate. Du kannst die Regeln,
Dir fällt beim Diktat auf, wenn Du ein Wort anders
geschrieben hast, als Du es zu lesen gewohnt bist, Du
kannst also Fehler vermeiden oder finden und wirst
deshalb nicht mehr viele haben, wenn Du Dich nicht
mehr vor dem Schreiben nach Diktat fürchtest. Mach es
so wie mit dem großen Sack voller Befürchtungen, die
Du im vergangenen Halbjahr losgeworden bist:

• Du hast auf Deine Kraulkunst vertraut und damit die
Seepferdchenprüfung bestanden; seitdem schwimmt –

wie Du sagst – Deine Angst tief unter Wasser und Dein Mut obenauf. Wer Dich jetzt mit Anlauf vom Einer ins Wasser jauchzen sieht, kann nicht glauben, was für ein Problem dies noch vor einem halben Jahr war. Sogar den Kopfsprung hast Du gelernt und übst ihn jetzt vom Einer. Und getaucht bist Du einmal fast 8 Meter weit.

• Du bist diesmal in Emsdetten sofort aufs Pferd gestiegen und schließlich auch vergnügt Galopp geritten – nun würdest Du auch Jockey werden wollen, hast Du gesagt.

• Du hast Dich getraut, über den Bock zu springen, und gemerkt, daß dies für Dich gar nicht schwer ist und Du auch einen hohen Bock schaffst.

• Du hast den Sprung ans Hochtrapez vom weit entfernten Kasten aus geschafft, sogar mit der Aufregung vor den vielen Zuschauern.

• Du hast den Geschicklichkeitsparcours gut geschafft (sogar auf einem fremden, großen Fahrrad) und bist bei der Fahrradprüfung so gut gefahren, daß Du sogar einen Ehrenwimpel bekommen hättest, wäre da nicht die Sache mit den Stop-Schildern gewesen, an denen Du wohl nicht deutlich genug abgestiegen bist, daß der Polizist es sehen konnte.

All dies hat Dich vergnügt und zuversichtlich genug gemacht, um auch beim Rechnen einen großen Schritt vorwärts zu tun: Du hast das halbschriftliche Malnehmen mit großen Zahlen gut verstanden und wirst es bestens können, wenn Du beim schriftlichen Zusammenrechnen locker über die Zehner hinweg rechnen und das Einmaleins noch flotter können wirst. Du hast Dir vorgenommen, dies in den Ferien mit Deinem großen Freund Markus gut zu üben. Wenn Du dies schaffst, dann kannst Du – denke ich – das schriftliche Abziehen *und Malnehmen und Teilen in nicht zu langer Zeit nachlernen.*

Auch Deinen Geschichten wird Lockerheit beim Schreiben (ich meine nicht eine schludrige Schrift!) gut bekommen, denn um so leichter wirst Du die Einfälle, das Wissen und die Gedanken, die in Deinem Kopf sprudeln, auf Papier festhalten können. Noch wäre es Dir wohl lieber, Deine Geschichten in der Versammlung aus dem Kopf heraus darzubieten, als sie aufschreiben und vorlesen zu müssen. Dennoch hast Du es diesmal geschafft, für die Lesung im Café Pustekuchen einen vollständigen Text aufs Papier zu bringen. Beim Erzählen bist Du einer der Meister, und es gab wohl selten eine Morgenrunde, wo Du nicht dran warst. Unumstrittener Meister nach wie vor und Vorbild für alle bist Du beim Theaterspielen. An Deinen Sketchen mit Henning haben wir uns sehr vergnügt, und Dein »Solo für vier« (oder noch mehr Personen) hat alle Zuschauer in Atem gehalten und in Bewunderung versetzt. Weil Dir das Theaterspielen so wichtig ist und weil Du hierbei so genaue und eigene Vorstellungen hast, fällt es Dir hierbei wohl besonders schwer zu ertragen, wenn mit den anderen nicht alles so läuft, wie Du es Dir erhoffst. Ich habe das zwar verstanden und versucht, Geduld mit Deinen Unmutsausbrüchen zu haben, vielleicht kannst auch Du da etwas geduldiger werden. Deine neuen Lehrer brauchen genau wie ich Zeit, Dich kennenzulernen, und genau wie ich müssen sie noch 20 anderen Kindern gerecht werden. Anfangs wird also manches anders sein als jetzt, und da darfst Du nicht vor lauter Unruhe wieder weglaufen. Es werden übrigens zwei neue Kinder in die Gruppe kommen, die – glaube ich – ein wenig ähnlich sind wie Du. Vermutlich kannst Du

*ihnen deshalb besonders gut helfen, in die Gruppe hin-
einzufinden, denn Du und Dein Wort gelten viel in der
Gruppe.*

*Es gibt etwas, das ich an Dir ganz besonders hoch
schätze, nämlich Deine Fähigkeit, in den Texten der
anderen genau das herauszuhören, was geglückt ist,
und ebenso das, was mißlungen ist. Und ich bewundere
wirklich Deine ganz und gar unvoreingenommene Art,
beides zu äußern. Du kannst damit etwas, was den
meisten Erwachsenen fehlt, nämlich eine wirklich gute
Leistung erkennen und neidlos loben, auch wenn sie von
jemandem ist, mit dem Du gerade im Streit liegst, und
– was wohl oft noch schwieriger ist – Du kannst auch
jemandem, den Du sehr magst, sagen, daß Du seinen
Text eigentlich nicht gut findest und woran das Deiner
Meinung nach liegt. Nicht wenige Schreiber verdanken
Deinen Äußerungen, daß sie ihren Text in einem zweiten Anlauf wesentlich verbessern konnten, weil Du
ihnen ehrlich und zugleich behutsam und zugewandt
mitgeteilt hast, was Du bei ihrem Text gedacht und
empfunden hast.*

*In der Gruppe gibt es viele Kinder, denen Du ganz
besonders lieb bist. Und ganz sicher helfen die Dir gerne,
mit den Anforderungen zurechtzukommen. Ralf z. B. ist
ein sehr, sehr geduldiger und geschickter Helfer beim
Rechnen, und er kann Deine Hilfe bei Rechtschreibübungen gebrauchen. Und Helen ist ein Mädchen, das
besonders gut nachempfinden kann, wie es in Dir drinnen aussieht. ». . . das kenn ich von mir . . .«, hat sie
nicht selten zu mir gesagt, wenn Du mit irgend etwas
nicht so zurechtkamst, wie Du es Dir vorgestellt hattest.
Du weißt, das 5. Schuljahr wird für Dich nicht leicht
sein, weil Du (ebenso wie einige andere) etliches nach-*

zulernen hast. Je mehr Du davon in den Ferien (weg-)schaffst, um so besser wird es Dir hernach gehen. Vielleicht schaffst Du ja sogar so viel, daß Du schon im 5. Schuljahr mit Französisch beginnen kannst. Das wäre schön, weil Du Französisch vermutlich genauso mühelos und schön wirst sprechen lernen wie Englisch. Ich rate Dir: Wann immer Furcht in Dir hochkriecht und Dir nach Weglaufen zumute ist, zähl Dir auf, was Du in diesen paar Monaten geschafft hast, erinnere Dich daran, wie wenig Du Dir zuvor davon zugetraut hast und sag Dir vergnügt: »I made it!«

Am letzten Schultag, den wir zusammen haben – es ist der Ausgabetag der »Beurteilungen« – lese ich der Gruppe aus den Berichten der einzelnen Kinder das vor, wovon ich möchte, daß sie es voneinander wissen sollen. Als ich für Joschka vorlese, was er im vergangenen Jahr alles geschafft hat und wie wichtig er für die Gruppe geworden ist, strömen ihm Tränen übers Gesicht. Anspannung und Glück und Erschöpfung, vielleicht auch Abschiedsschmerz und Angst vor der Zukunft. Die Kinder um ihn herum nehmen ihn in den Arm. Mittags dann, beim Abschied in die Ferien und in das nächste Schuljahr, fragt er mich: »Wie hieß das doch gleich?« »I made it«, antworte ich. Und da formt er – wie er es von Tarzan gesehen haben mag – seine Hände zu einem Schalltrichter, nimmt Anlauf für einen hohen Luftsprung und jubelt über das Schulgelände: »I made it!« Dann läuft er vergnügt hüpfend davon.

Inzwischen lebt Joschka in einer anderen Stadt. Seine Familiensituation hat sich einigermaßen stabilisiert; nach vielen Wirrungen ist er nun Schüler einer privaten Schule und wird – zwei Jahre später als seine (Laborschul-)Freunde – die Sekundarstufe beenden – wahrscheinlich mit einer Qualifikation für den Besuch der gymnasialen Oberstufe. Vermutlich wird er von dieser Qualifikation keinen Gebrauch machen. Er möchte Schauspieler werden.

Anmerkung der WWV (= Wohlmeinenden Werbeabteilung in der Verlegerei): In diesem Kapitel (S. 216f. und 225f. ist aus Heide Bambachs erstem Buch im Zeichen der Libelle zitiert worden. Zum leichteren Wiedererkennen zeigen wir hier die Umschlag-Illustration, so ein richtig schönes »I made it!«-Bild, schon damals von Rotraut Susanne Berner.

Auch ohne Benotungssystem ist das Leben und Lernen schon schwer genug. Jeder hat Erfahrungen damit, wie er sich mit aller Kraft um etwas bemühte und das Ergebnis nicht die Erwartungen, Hoffnungen oder Anforderungen erfüllt. Ich bezweifle, daß die Rückmeldung, er sei ein Versager, ihn zum Erfolg befördern würde. Die oftmals verkümmerten Söhne großer Väter sind hierfür ein beredtes Zeugnis. Besonders gut hingegen scheinen Söhne zu geraten, denen beides zu eigen ist: ein großer Vater als Vorbild und ein langer Atem für die eigenen Wege.

Von *Edison* wird erzählt, er habe, als man ihn mitleidig fragte, wie er es denn ertragen konnte, so viele Fehler gemacht zu haben beim Versuch, die Glühlampe zum Leuchten zu bringen, geantwortet: »Wieso Fehler? Ich habe tausend Möglichkeiten herausgefunden, warum die Lampe nicht glühte.«

Aus dieser Geschichte läßt sich Wichtiges über »Fehler« lernen. Sie sagt aber auch – und darum geht es mir im Zusammenhang mit der Zensurenfrage: Solange man sich »auf dem Wege« befindet (zur Elektrizität, zur Literatur, zur Mathematik, . . .) kann es zwar Umwege und Irrwege, vielleicht auch Stillstand und Erschöpfung geben, aber kein Versagen.

Kinder sind in allem, was sie tun »auf dem Wege« – zur Physik, zur Schrift, . . . zu anderen Menschen und zu sich selbst. Wir Erwachsenen sollten sie sowenig wie möglich dabei stören – nicht durch Zensuren und auch nicht durch ungute Worte.

Die Kraft der Gruppe
oder
Alle zusammen
sind mehr als die Summe der einzelnen

Jeder Mensch hat den Wunsch, es denen gleichzutun, die er bewundert oder beneidet; wenn Zuneigung und Anteilnahme zur tragenden Kraft von
Lernprozessen innerhalb einer Gruppe werden,
dann können sich konkurrierende Abgrenzungen
erübrigen. Freilich gilt dies nur unter bestimmten
Bedingungen. Wer Kinder von einer Anforderung
zur nächsten hetzt und ihnen ihre Leistungen iso-
liert abverlangt, verhindert, daß sie sich einander
zuwenden und miteinander wachsen können.
Zweifellos brauchen Kinder für ihre Entwicklung
Anforderungen und Herausforderungen, aber
ebenso nötig brauchen sie Zeiten und Gelegenhei-
ten, um eigenen Vorhaben nachzugehen und sich
mit anderen Kindern zusammenzufinden. Um
Stärken und Schwächen, Bedürfnisse und Interessen entdecken zu können – die eigenen ebenso wie
die von anderen – bedarf es eines beachtlichen
Maßes an innerer und äußerer Freiheit.
Manche Schulforscher scheinen dies anders zu sehen. Kürzlich habe ich einen Erziehungswissenschaftler vortragen hören, »offener Unterricht und
das dort praktizierte Helferprinzip« seien für das
Selbstwertgefühl der schwachen Schüler von Übel.

Es sei empirisch nachgewiesen, daß »offener Unterricht« die Hierarchie zwischen Starken und Schwachen nur verschärfe und an den schwachen Leistungen nichts ändere. Die Helfer seien überheblich, weil sie zu denjenigen zählen, die in der Lage sind zu helfen, die Hilfsbedürftigen fühlten sich unterlegen, weil sie Hilfe brauchen. Bei behinderten Kindern, die in Sonderschulen unter ihresgleichen unterrichtet werden, sei ein deutlich höherer »Selbstwert-Index« festzustellen als bei denen, die zusammen mit nicht behinderten Kindern lernen müssen.

Ich vermute, daß solcherart Forschungsergebnisse an Orten entstehen, wo das Miteinander-Lernen nicht selbstverständlich, sondern nur verordnet ist. Verständlich, daß Kinder mit Lernschwierigkeiten trotz der Hilfen von Mitschülern verzagen, wenn ihre *Lernfortschritte* im Zeugnis nicht zu finden sind, also ihre Leistungen nach wie vor als mangelhaft, ungenügend oder bestenfalls ausreichend eingestuft werden. Verständlich, daß Schüler mit (vergleichsweise) schwachen Leistungen sich in einer Sonderschule »besser« fühlen als in einer Notenschule, in der ihre Leistungen nur an denen der leistungsstärksten Mitschüler gemessen werden. Verständlich, daß es für einen »Fünfer-Schüler« demütigend ist, sich von jemandem helfen lassen zu müssen, der sich auf mühelos erworbene »Zweien« etwas zugute halten darf. Insofern mag die Schulforschung Bedenkenswertes zutage gefördert haben – freilich nicht gegen einen Unterricht, der offen ist für die Stärken und Schwächen und Eigenheiten der einzelnen Kinder, sondern gegen eine Leistungsbewertung, die vor den Stärken und Schwächen und Eigenheiten ihre Augen verschließt.

Ich bin überzeugt: Wenn das Helfen aus Anteilnahme an den Schwierigkeiten eines anderen geschieht und die Hilfe mit Zuneigung zum Helfer angenommen wird, dann tut die Zusammenarbeit beiden gut – dem Helfer und dem, der Hilfe bekommt. Soweit ich sehe, hängt die Fähigkeit der Kinder, sich anderen freundschaftlich zuzuwenden, mit dem Grad ihrer eigenen emotionalen Sicherheit zusammen. Also bedarf es einfühlsamer Wertschätzung für jedes einzelne Kind, wenn wir wollen, daß die Kinder einander mit Einfühlung und Wertschätzung begegnen.

Lena zum Beispiel, von der ich unter der Überschrift »Die Menschen stärken« *(s. o. S. 117ff.)* ausführlich erzählt habe, hat bei ihrem Versuch, Tobias der Rechtschreibung näherzubringen, ein Stück Lernpsychologie entdeckt, das viele Lehrerinnen und Lehrer bis heute noch immer ignorieren. Es ist wichtig, die Leistungsanforderungen den Möglichkeiten des einzelnen Kindes anzupassen, denn Leistungszuversicht ist eine der entscheidenden Bedingungen für Leistungsfähigkeit. Um weiterlernen zu wollen, braucht ein Kind die Erfahrung, daß es mit den Anforderungen gut zurechtkommen kann, wenn es bereit ist, sich anzustrengen. Mit dieser Erkenntnis aus der Hilfe für den rechtschreibschwachen Stefan ist die rechtschreibstarke, aber bewährungsängstliche Lena auch ihrer eigenen Lerngeschichte ein Stück weit auf die Spur gekommen.

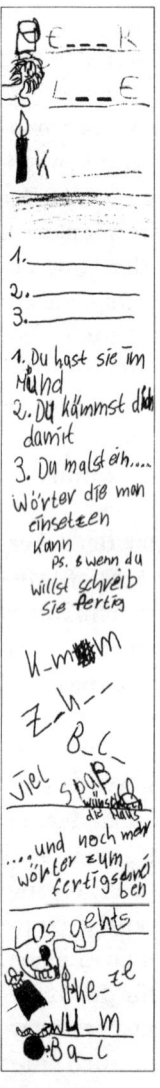

»Glaubst du, daß dies für Tobias zu schwer ist?«, hatte sie mich gefragt und mir eines der Bildwörterdiktate gezeigt, die sie fortlaufend für Tobias zeichnete, damit dieser die Diktate der Gruppe schreiben konnte – was er sich sehnlichst wünschte.

»Wenn das Blatt zu schwer ist, will er nämlich kein nächstes«, hatte sie erklärend hinzugefügt. »Neulich ist Tobias gleich am ersten Wort verzweifelt, da hat er geweint und wollte nicht mehr weitermachen, aber gestern konnte er gar nicht genug bekommen.

Die Farben hatte er alle richtig. Nur bei ›orange‹ – ist ja auch wirklich schwer – hat er gleich schon vorher gesagt: ›Hab ich sicher falsch.‹ Hatte er auch.

Da habe ich's aufs nächste Blatt noch mal gemacht, und da hat er sich getraut.

Zum Schluß hat er zu mir gesagt: ›Mach mir nicht immer so puppige Blätter.‹

Das ist immer so – wenn man weiß, daß man das kann, ist es leicht.«

Aus Lenas Bildwörter-Kurs für Tobias: von Eimern, Löwen, Kerzen, Kämmen, Zähnen, Bällen und anderen Rätseln.

Zwölf Kinder der »weißen«-Gruppe habe ich in meinem Plädoyer für den Verzicht auf Noten vorgestellt; aus Platzgründen mußte ich darauf verzichten, von den anderen zehn ebenso ausführlich zu erzählen. Um das besondere Gefüge einer Gruppe – also die in ihr wirkenden Kräfte – verstehen zu können, muß man alle Kinder vor Augen haben. Deshalb will ich die hier fehlenden wenigstens kurz vorstellen:

Pedro war das jüngste von drei Adoptivkindern. Er war ein Meister beim Geschichtenschreiben, sogar Benjamin hat seinen Rat geschätzt *(siehe 1. Stichwort)*. Pedro neigte zu Anmaßungen und dem Anspruch, in allem der Bestimmer sein zu wollen; in der Freundschaft mit dem sanften Martin wagte und lernte er, weich und empfindsam zu sein.

Katja war ebenfalls ein Adoptivkind. Ihre Aufgaben erledigte sie vorwiegend zu Hause mit elterlicher Hilfe. In der Schule kostete es große Mühe, sie zum Arbeiten zu bringen und bei der Sache zu halten.

Sabrina war ähnlich leistungsstark und qualitätsbewußt wie ihre Freundin Christina und eigenwillig dazu. Innerlich gab sie sich so unabhängig und stark, daß sie an ihren geschiedenen Vater schrieb: »Wenn Du auf diesen Brief wieder nicht antwortest, dann ist Schluß zwischen uns.« Aber bisweilen wurde ihre Stimme scharf, dann war zu hören, wie angestrengt sie lebte.

Hans hatte vier Eingangsstufenjahre gebraucht, bis er hörbar und verständlich sprechen konnte; er war so schüchtern, still und passiv, daß niemals je einer die Hand gegen ihn erhoben oder ein herrisches Wort an ihn gerichtet hat. Er konnte erst am Ende des 3. Schuljahres das Lesen lernen, weil er sich zuvor erst »entschließen« mußte, sprechen zu wollen.

Helen hatte eine äußerst junge Mutter und sehnte sich nach ihrem Vater; ihre Lernleistungen kippelten genauso wie ihre Stimmungen. In regelmäßigen Abständen begann sie, sich selbst und die ganze Welt zu hassen. Wenn sie sich gut fühlte, gewann sie alle Herzen.

Anja war sehr leistungsstark und ehrgeizig, malte wunderbare, eigenwillige Bilder, die anderen Mädchen mochten sie. Dennoch brauchte sie – ebenso wie Helen – fast zwei Schuljahre, um sich akzeptiert zu fühlen und die Vorstellung von »die da oben« und »wir hier unten« aufgeben zu können.

Uwe hatte während seiner vier Eingangsstufenjahre zweimal die Gruppe wechseln müssen, weil er mit Fäusten gegen seine verzweiflungsvollen Lernschwierigkeiten und sein schwieriges Zuhause kämpfte, anstatt seinen Tränen freien Lauf zu lassen. In der »weißen«-Gruppe lernte er zu zeigen, wie ihm zumute ist, und seither ging es mit ihm ständig bergauf. Seine enormen Schwierigkeiten mit dem Schreiben und Lesen und Rechnen wurden in dem Maße weniger, in dem er sich besser fühlte.

Manuela war ein psychisch überaus kräftiges und allseits beliebtes, temperamentvolles Mädchen, das seine Leistungsfähigkeit in der Freundschaft mit Annika und Lena entwickelte. Auch ihre Familie war zerbrochen, aber Manuela schien durch alles, was sie in und außerhalb der Schule erlebte, immer nur noch stärker zu werden, dadurch war sie für die anderen Mädchen und die Jungen besonders attraktiv.

Svenja war von Haus aus ehrgeizig und leistungsfähig; an eigenen Vorhaben war sie weniger interessiert. Sie wurde von der Laborschule abgemeldet, weil ihre Eltern und ich miteinander nicht auf einen Nenner kommen konnten. Dies war eine schmerzliche Niederlage für mich und auch die Gruppe, denn in der Freundschaft mit den andern schien Svenja auf einem sehr guten Weg zu sein.

Und schließlich *Nele*, die den andern an Lebenserfahrung und -tapferkeit weit voraus war und dennoch die »weiße«-Gruppe als Zuhause brauchte: Sie lebte in einer »Übergangswohnung« und dem entsprechenden sozialen Umfeld, teilte ihr Zimmer mit drei kleinen Geschwistern und einem Hund. Ihr eigenes Reich war das Hochbett, auf dem sie schlief, dort verwahrte sie alle wichtigen Sachen, zum Beispiel die Schulhefte, die sie mit nach Hause nahm. Wenn sie vergessen hatte, sie auf dem Hochbett zu deponieren, dann waren sie hernach nicht auffindbar oder sahen aus, wie aus einem Müllcontainer gezogen. Es war sinnlos, sie dafür zu tadeln; man mußte sie eher für das Geschick und die Umsicht loben, mit der sie die meisten ihrer Hefte rettete. Vielleicht hätte ich ihr ausreden müssen, daß sie Arbeitssachen mit nach Hause nimmt, denn am Nachmittag trafen sich dort die Nachbarn zum Bier. Aber Nele war ehrgeizig, wollte Hefte mit nach Hause nehmen, wollte den andern in der Versammlung vorlesen. Manchmal kam sie in die Schule und hatte in ihrem Bett auf den Knien eine lange Geschichte geschrieben. »Heute war Mama mit den Kleinen beim Arzt, da war es schön ruhig«, sagte sie dann strahlend und mit großer Selbstverständlichkeit. Ebenso selbstverständlich war es ihr, »die Kleinen« abends ins Bett zu bringen und morgens vor der Schule zu versorgen.

Keine Stammgruppe gleicht einer anderen, aus einzelnen Kindern mit je eigenen Lebensgeschichten wird ein Beziehungsgefüge von ganz und gar eigener Art. Wir Lehrerinnen und Lehrer tun gut daran, unsere Lernangebote, Lernanforderungen und Lernsituationen darauf einzustellen und den Erziehungskräften, die in einer solchen Gruppe wirksam werden können, zu vertrauen und Raum zu schaffen. Denn was Kinder voneinander und aneinander und miteinander – manchmal auch füreinander – lernen, ist mehr, als Unterricht sie zu lehren vermag. Auch davon erzählt dieses Buch, und im »Portrait der Gruppe«, das an der Laborschule den Einzelportraits vorausgeht, ist – unter anderem – auch davon die Rede.

Ihr lieben »Weißen«,

Ihr habt Euch zu einer ganz besonders guten Gruppe zusammengefunden! Das finde nicht nur ich, das sagen alle Erwachsenen, die mit Euch im vergangenen Jahr zu tun hatten. Die Tage in Emsdetten mit Euch zusammen waren für uns Erwachsene wunderschön. Und Eure

Disco dort habt Ihr so gut hinbekommen wie noch keine meiner Gruppen zuvor.

Ihr seid eine überaus sachkundige und gesprächige Gruppe; nicht selten hat unsere Morgenrunde weit mehr als die vorgesehene halbe Stunde gedauert. An solchen Tagen habt Ihr von- und miteinander weit mehr über das Leben, über Menschen und Sachen gelernt, als ich Euch in dieser Zeit hätte unterrichten können.

Besonders schön waren für mich unsere täglichen Versammlungen. Ihr – Jungen wie Mädchen – habt mit solcher Zugewandtheit und Nachdenklichkeit miteinander über Eure Geschichten geredet, daß ich mich jeden Tag darauf gefreut habe, darauf gespannt war und selbst vieles gelernt habe. Seit Ihr beim Zuhören die Stichwortzettel zur Hand habt, sind die Gespräche so reich geworden, daß die Versammlungsstunde eigentlich zu kurz war für all das, was Euch durch den Kopf gegangen ist. In Eurer Gruppe gibt es viele Kinder, die besonders gern selbständig und nach eigenen Vorstellungen arbeiten. Und miteinander könntet Ihr mühelos einen ganzen Schultag ohne Unterricht verbringen: beim Spielen mit den Monchichi-Häusern, bei der Arbeit an den Comic-Heften, beim Erfinden von »Samis Quest«, bei den Arbeiten für den Regenwald-Club oder die Laborschul-Zeitung, beim Erfinden des Drehbuchs für Euren nächsten Film, beim Schach, beim Dreischritteball oder bei »What's the weather like, Mr. Woolf« . . . und – vor allem – beim gemütlichen (oder heftig engagierten) Miteinanderreden.

Einige von Euch konnten mit den schulischen Dingen noch nicht allein zurechtkommen, weil sie noch große Schwierigkeiten mit dem Lesen und Schreiben haben. Aber weil es für jeden von Euch selbstverständlich ist, *ihnen beim Lernen zu helfen, kann ich Euch alle zusammen beruhigt ins 5. Schuljahr gehen lassen.*

Manche von Euch sind von großer körperlicher Unruhe geplagt. Es ist wichtig, daß Ihr auch im nächsten Schuljahr gut darauf achtet, Euch möglichst so zu setzen, daß die Unruhegeister nicht nebeneinander sind. Und bitte denkt in den Pausen auf den Unterschied von Drinnen und Draußen: zum Ringen und Rennen ist die Fläche nicht geeignet, weil da andere sind, die Ruhe für ihre Spiele und Gespräche brauchen. Einige von Euch diskutieren manchmal so heftig über ein Thema, das sie bewegt, daß ihre Stimmen weit über die Fläche hinaus zu hören sind. Bitte vergeßt nicht, Euch gegenseitig an »Zimmerlautstärke« zu erinnern.

Eines war in Eurer Gruppe für mich außergewöhnlich schwierig: Die allermeisten von Euch sind während der Pausen und nach Schulschluß so sehr mit sich selber, ihren Verabredungen, ihren Freunden und ihren Gemeinsamkeiten beschäftigt gewesen, daß sie das Aufräumen und ihre Dienste vergessen hätten, wenn da niemand gewesen wäre, der sie erinnert. Der »Erinnerungs- und Bereitschaftsdienst« bei Euch hatte es sehr, sehr schwer, und manchmal klappte auch der nicht, und dann waren es immer dieselben, die sich bereit finden (mußten), für die anderen aufzuräumen. Dies müßt Ihr im 5. Schuljahr unbedingt besser machen, zumal dort die Erwachsenen weniger Zeit haben werden, auf Euer Aufräumen zu achten, weil sie noch in anderen Gruppen unterrichten müssen.

An Euren Gesprächen habe ich gemerkt, wie groß Euer Wunsch nach Verständigung und Freundschaftlichkeit ist, und so ist es kein Wunder, daß Ihr es immer wieder geschafft habt, mit den in Eurer Gruppe steckenden

244

Schwierigkeiten einzelner Kinder zurechtzukommen. Ihr habt es sogar geschafft, für die letzten zwei Monate des 4. Schuljahres jemanden bei Euch aufzunehmen, der die Nachbargruppe verlassen mußte, weil er dort nicht zurechtkam.

Am allerschönsten – neben Eurem guten Zusammenhalt – war für mich zu sehen, wie vieles Ihr voneinander gelernt habt, Jungen und Mädchen gleichermaßen: Die Geschichtenerfinder, die Aquarellkünstler, die Akrobaten und Turnerinnen, die Sachkundigen, die Bedachten und die Mitteilungsfreudigen, die Pferdefachleute und die Gartenfreunde, die Comic-Zeichnerinnen, die Monchichi-Hausbaumeister, die Tier- und Regenwaldschützer, die Computerfreaks, die Zeitungsherausgeber und Clubgründer – sie alle haben bewirkt, daß andere es ihnen nachgetan haben. In Eurer Gruppe steckt viel Kraft; Ihr macht Euch gegenseitig stark. Das konnte man zum Beispiel beim Akrobatik-Nachmittag gut sehen. Eure gute Stimmung und Euer Stolz auf die Künste der einzelnen haben Euch alle beflügelt: Jeder und jede ist an diesem Nachmittag weit über sich hinausgewachsen, obwohl ich Euch – als Ansagerin – nur wenig stützen konnte, weil mir die schlechte Luft so sehr zu schaffen gemacht hat.

Ihr lieben »Weißen«, ich hätte Euch sehr gern noch länger behalten, aber ich kann Euch beruhigt abgeben, weil ich mir vorstelle, daß die neuen Lehrerinnen und Lehrer sich über Euch freuen werden.

Ich bin gespannt, was noch weiter aus Euch wird, und ich freue mich schon jetzt, mit meinen nächsten »weißen« (in 6 Jahren) für Euch die Zehnerzeugnismappen zu machen.

Eure Heide

Anhang
Beschreibungen des Unterrichts in Beispielen

Die Bielefelder Laborschule ist radikal als Gesamtschule konzipiert. Absichtsvoll beginnt sie nicht erst – wie Gesamtschulen in der Regel – mit dem 5. Schuljahr, also einem Lebensalter, in dem sich die grundlegenden Haltungen im Hinblick auf das Lernen, das Zusammenleben mit anderen Menschen und das Verhältnis zu sich selbst bereits gebildet haben.

Ausführlicher in: »Einblicke in die Primarstufe der Bielefelder Laborschule«, im Anhang von *»Erfundene Geschichten erzählen es richtig«, S. 281 ff.*

Erfahrungsbereich: Sprache (Deutsch)
Stammgruppe: weiß – Jahrgang 3

Für die »weiß 3« begann jeder Schultag mit einer Freien Arbeitszeit.

In dieser Zeit bearbeiten die Kinder Übungen, um ihre Fertigkeiten im Lesen, Schreiben und Rechnen zu verbessern; einen Teil der Materialien hierfür können sie wählen und sollen dabei auch lernen, Umfang und Schwierigkeitsgrad der gewählten Aufgaben an der eigenen Leistungsfähigkeit zu bemessen. In der verbleibenden Zeit gehen die Kinder eigenen Arbeitsvorhaben nach. Zum Beispiel arbeiten sie an Dokumentationen zu ihren Interessensbereichen (»Mein Thema«). Zum Beispiel schreiben sie lustige, traurige, abenteuerliche, phantastische und erlebte Geschichten auf, um sie der Gruppe in der Versammlung vorzulesen. Dort gibt es »Sagen und Fragen zur Geschichte«, sie drücken Anerkennung für Gelungenes aus, klären Unverständliches, geben Anregungen und weisen auf Denk-, Ausdrucks- oder Sprachfehler hin. Auf diese Weise entsteht ein Bewußtsein für die Wirkungen von Sprache, bei den Schreibern wächst das Bemühen um Anschaulichkeit, bei den Zuhörern die Fähigkeit, sich Vorstellungen zu bilden.

Eine mehr und mehr beliebte Übung für das erzählende

Schreiben war das Nacherzählen von Kurzgeschichten aus Kinderbüchern. Hierbei kommt es darauf an, bis zum Ende der Geschichte durchzuhalten, die wesentlichen Inhalte und die Pointe der Geschichte zu erfassen und wiederzugeben und möglichst auch den Erzählton der vorgelesenen Geschichte zu treffen.

Beim Geschichtenschreiben brauchen die Kinder die Rechtschreibung noch nicht besonders zu beachten, weil Schreibfluß und Schreiblust nicht eingeschränkt sein sollen. Die Bemühungen um Anschaulichkeit und Wohlklang des Textes stehen ganz im Vordergrund. Die Kinder erhalten ihre Texte fehlerfrei abgetippt und begegnen auf diese Weise der richtigen Schreibweise der von ihnen benutzten Wörter. Die Texte werden im Geschichtenbuch der Gruppe gesammelt und dienen auf diese Weise als Anregung und Lektüre für andere Kinder.

Damit sich die Kinder die Rechtschreibung häufig verwendeter Wörter merken, bearbeiten sie eine Auswahl der Rechtschreibprogramme, die auf dem Lernmittelmarkt erhältlich sind, z. B. Wortlistentraining, Akustisches Rechtschreibtraining, Wörterkiste, Rechtschreibkurs, Üben mit dem Grundwortschatz, Rechtschreiben – leicht gelernt, Stütz- und Förderkurs Rechtschreiben u. a. Sie tun es unter häufig veränderten Aufgabenstellungen, prägen sich dabei die Schreibweise ein und lernen zugleich, Gesetzmäßigkeiten zu erkennen und anzuwenden. Außerdem gibt es von Zeit zu Zeit Übungen zur Rechtschreibung für die gesamte Gruppe: Grundwortschatzlisten oder Wörter zu bestimmten Themenbereichen. Es werden Diktate geschrieben, jeweils zweimal dasselbe, zunächst ungeübt und dann – nach ein paar Tagen Übung – noch einmal mit dem Ziel, daß jeder mindestens zwei Fehler weniger haben muß als beim ersten Mal. Wir nennen diese Diktate »Fortschritts-Diktate«.

Alle Kinder sollen so bald wie möglich in der Lage sein, jeden geschriebenen oder gedruckten Text in angemessenem Tempo fehlerfrei und gut leserlich in Schreibschrift abzuschreiben. Einige mußten dafür erst Schreibschrift lernen, einige auch das Lesen und viele die Konzentration auf die Vorlage.

Im Bereich des Lesens soll über eine gewisse Leseflüssigkeit hinaus erreicht werden,

• daß die Kinder Lust zum selbständigen Lesen auch umfangreicher Texte bekommen, die Bibliothek benutzen, andere Kinder anregen;

• daß jedes Kind der Gruppe in der Versammlung Geschichten so vorliest, daß die anderen gern zuhören (dazu gehört für manche Kinder Mut und die Einsicht, es vorher ausreichend zu üben);

• daß die Kinder sich miteinander oder allein so lange um das Verständnis von schriftlichen Arbeitsanweisungen bemühen, bis sie danach arbeiten können;

• daß gute Leser bereit sind, mit Kindern, die weniger gut lesen, zu üben.

Die Bücher, die ich in der Versammlung vorlese, sind so ausgewählt, daß sie Lernanstöße und Leseanreiz bieten. Der »Umgang mit Gesprochenem, Geschriebenem und Gedachtem« (dies war die ursprüngliche Bezeichnung für den Erfahrungsbereich Sprache) soll für die Kinder zu einer ebenso angenehmen wie wirkungsvollen Lernsituation werden, von der her ihnen die Welt ein Stück weiter verständlich wird.

In der »weiß« gibt es eine Reihe von Kindern mit hohem Sachwissen und außergewöhnlicher Nachdenklichkeit verbunden mit der Fähigkeit, andere daran teilhaben zu lassen. Von daher sind die Versammlungen sozusagen »Sternstunden« des Schultages.

Erfahrungsbereich: Sprache (Deutsch)
Stammgruppe: weiß – Jahrgang 4

Jeder Schultag begann mit einer »Morgenrunde«, in der die Kinder einander mitteilten, was sie erlebt hatten bzw. was ihre Gedanken bewegt. Nicht selten schlossen sich an solcherart Mitteilungen lange Gespräche oder Dispute an. Es folgte die »Arbeitszeit«, in der die Kinder einerseits Übungen erledigen müssen und andererseits Zeit zur Verfügung haben, um eigenen Vorhaben nachzugehen und nach eige-

nem Maß zu arbeiten. Eigene Vorhaben waren z. B. die
Arbeit an einem selbstgewählten Thema (»Mein Thema«)
oder »Geschichten«, die die Kinder aufgeschrieben haben,
um sie in der Versammlung den anderen vorzulesen und
um die »Sagen und Fragen« der Zuhörer als Anregung,
Korrektur oder Bestätigung entgegenzunehmen.

In der Gruppe gibt es 4 Kinder, die überaus große Schwierigkeiten mit dem Lesen und Schreiben haben. Sie sind
zusätzlich gefördert worden.

Fast alle Kinder der Gruppe schreiben gern; es macht ihnen
Freude, Gefühle, Gedanken, Informationen schriftlich festzuhalten und phantastische, traurige, nachdenkliche, lustige, aufregende Geschichten zu erzählen.

Fast alle sind in der Lage, eine vorgelesene Kurzgeschichte
sprachlich angemessen und auf eine richtige Pointe hin
schriftlich nachzuerzählen.

Fast alle sind fähig, sich mit anderen mündlich zu verstän-
digen – über Sachen ebenso wie über Beziehungen –,

• mit der Bereitschaft, zuzuhören,

• mit der Bereitschaft, widersprechende Meinungen zu äußern, ohne den anderen zu verletzen,

• mit der Bereitschaft, Mißverständnisse aufzuspüren und
zu klären,

• mit der Bereitschaft, verständliche Sachauskunft zu geben,

• mit der in der jeweiligen Gruppengröße geforderten Rede-
und Verhaltensdisziplin.

Fast alle Kinder der Gruppe können unbekannte Texte sinn-
entnehmend lesen und – wenn nötig nach vorherigem Üben
– einer größeren Gruppe laut genug und verständlich vorlesen.

Sie haben gelernt, ein Grundschulwörterbuch zu benutzen;
sie kommen mit dem Telefonbuch, dem Straßenverzeichnis
im Stadtplan und mit alphabetischen Registern in Kinder-
und Jugendlexika zurecht.

Sie können die LS-Bibliothek benutzen, d. h.: Sie haben
keine Scheu vor der Fülle der Bücher, wissen, daß diese eine
systematische Anordnung haben, kennen die wichtigsten
Arten von Büchern, befolgen die Benutzerregeln und wis-

sen, wie sie sich ein bestimmtes Buch heraussuchen können. Viele Kinder der Gruppe lesen gern; sie haben die Gewohnheit und das Bedürfnis, die Bibliothek zu benutzen und anderen das Gelesene mitzuteilen; nur noch wenige haben Scheu, anderen vorzulesen.

Bis auf vier Kinder der Gruppe können alle einen gedruckten oder klar vorgeschriebenen Text fehlerfrei und gut leserlich in einer dafür angesetzten Zeit abschreiben.

Bei Rechtschreibübungen und Diktaten achten sie auf folgende Rechtschreibregeln bzw. Rechtschreibschwierigkeiten:

• Punkt nach einem Satz,
• Großschreibung am Anfang des Satzes,
• Großschreibung von Nomina,
• Finden der Auslaute d/t, g/k, ig/ich, b/p durch Verlängerung des Stammwortes,

Bei den eigenen Texten durften alle Kinder ihre Bemühungen vorwiegend nach dem Fluß der Gedanken und der Sprache richten.

Sie sind sich der Wirkungen bewußt, die bei bedachter Anwendung bestimmter Wörter entstehen (Wortfelder/ Wortarten); die grammatische Benennung der Wortarten wurde nicht verlangt.

Einige Wochen lang war die Schule eine »Schreibwerkstatt«, d. h., die Gruppe hat eine »Autorenlesung« und den Druck eines Buches vorbereitet. Jedes Kind hat hierfür einen ausgewählten Text überarbeitet und illustriert und für die öffentliche Lesung den Vortrag mit dem Mikrofon geübt. Fast alle Kinder haben die Aufregung des öffentlichen Lesens gewagt und durchgestanden.

Die Gruppe insgesamt genießt die Begegnung mit Literatur über das Vorlesen; das Gehörte bewegt ihre Gedanken und Vorstellungen in hohem Maße.

Erfahrungsbereich: Naturwissenschaften
in Verbindung mit Soziale Studien, Sprache, Sport,
Wahrnehmen und Gestalten
Projekt: Bauernhof
Stammgruppe: weiß – Jahrgang 4

Der einwöchige Aufenthalt der Gruppe auf dem Bauernhof Harkotten war Anlaß für Lernerfahrungen vielfältiger Art: die Fahrt planen; sich vor der Fahrt gezielt mit bereitgestellten Sachbüchern zum Bauernhof beschäftigen; die Kenntnisse miteinander austauschen; auf dem Bauernhof Leben und Arbeit der Bauernfamilie erkunden; sich mit den unterschiedlichen Lebensgewohnheiten und -bedürfnissen von Rindern, Schweinen, Pferden, Ziegen, Gänsen, Hühnern beschäftigen; beim Reiten Angst überwinden und bei der Pferdepflege vorsichtig und geduldig sein; die Spiel- und Abenteuermöglichkeiten des Geländes und der Umgebung entdecken und mit Phantasie und Initiative nutzen, andere Kinder dazu anregen bzw. in die eigenen Vorhaben mit einbinden; sich umeinander kümmern, aufeinander Rücksicht nehmen, füreinander sorgen.

Jedes Kind arbeitet an einer Dokumentation aus Texten und Zeichnungen und darf dabei eigenen Interessen und Gestaltungswünschen nachgehen. Illustrationen sollen nach Möglichkeit frei aus der Hand gezeichnet sein. Dies erschien allen zunächst als sehr schwierig; inzwischen ist das sehr genaue Betrachten der (meist photographischen) Bildvorlagen zwecks Umsetzung in eine Zeichnung von veränderter Größe eine reizvolle Herausforderung für die Mehrzahl der Kinder.

Allerdings: noch wichtiger als alle Lerngelegenheiten und -anlässe im Zusammenhang mit dem Bauernhof ist mir das Wohlbefinden der Kinder während der Zeit dort; mehr und mehr habe ich nämlich den Eindruck, daß die Erfahrung von geruhsamen und ungetrübten Tagen etwas ist, das »heutigen Kindern« so sehr gut und not tut wie nichts anderes. Und darum will ich gestehen, daß ich herzlich gern eine geplante »Waldrallye« oder »Besichtigung der Eierfabrik« oder »Besteigung des Wasserturms« hintanstelle, wenn ich sehe, daß die Kinder wohlig miteinander den Tag genießen: in der Sonne auf der Wiese liegen und den Ameisen zuschauen, den Brunnen leerpumpen und ein Gewirr aus Rinnsalen bauen, auf der Schaukel sitzen und Liebesgeheimnisse austauschen, Holz fürs abendliche Feuer herbeischleppen und es nach Indianerart aufrichten, sich auf den Heuboden zu den jungen Katzen verkriechen, Klee für die Kaninchen suchen, zum x-ten Male das Lieblings-Pony striegeln, mit dem Kletterseil via Eiche das Scheunendach erklimmen, mit der großen Schülerin durch den Wald schlendern und über Gott und die Welt reden, sich unterm Rasensprenger vergnügen, der Bäuerin im Garten helfen, mit dem Bauern auf dem Traktor fahren, barfuß von Moos zu Moos springen, in der Sandkuhle kunstvolle Kugelbahnen ziehen oder kühne Hoch-Weitsprünge um die Wette machen, aus Moos, Gräsern und Ästen ein Haus für Schlümpfe bauen oder mit Ästen und Brettern eine Baumhütte für sich selbst . . .

Kenntnisse über Käfigeier, Wasserwerk, Getreidesorten, Milchwirtschaft und Butterberg, Wildkräuter und dergleichen mögen wichtig sein, sie werden den Kindern inzwischen aber auch durch das Fernsehen recht anschaulich vermittelt. Die Erfahrung hingegen, ungehetzt über eigene Zeit zu verfügen und sie gemütlich mit Gleichgesinnten zu genießen, kommt heutzutage anscheinend im Leben einiger Kinder kaum noch vor.

Lektürehinweise

Wer sich das *Pro und Contra Zensuren* noch weiter durch den Kopf gehen lassen will, sei auf folgende Texte hingewiesen:

• Vom »Arbeitskreis Grundschule« in Hamburg gibt es ein Informationsblatt für Eltern der Klassen 3 und 4, das die Pro-und-Contra-Diskussion in bewundernswerter Klarheit und Überzeugungskraft auf zwei Seiten zusammenfaßt (in: *Die Grundschulzeitschrift 63/1993*); ausführlicher findet sich das Ganze in einem von *Horst Bartnitzky* und *Rosemarie Portmann* herausgegebenen Reader des Arbeitskreises (»Leistung der Schule – Leistung des Kindes«, Frankfurt 1992).

• Schon seit 1987 gibt es das Buch »Zeugnisschreiben in der Grundschule« (Agentur Dieck) von *Horst Bartnitzky* und *Reinhold Christiani*. Was dort auf 30 Seiten unter dem Titel »Leistungsbeurteilung – Prüfstein für eine leistungsfähige Kinderschule« ausgeführt ist, ist heute so aktuell und wichtig wie damals und bedarf im Grunde keines weiteren Zusatzes.

• Zu den erziehungswissenschaftlichen Grundlagen der Diskussion um Zensuren gehört *Wolfgang Klafki*s Text über »Sinn und Unsinn des Leistungsprinzips in der Erziehung« (in: Neue Studien zur Bildungstheorie und Didaktik, Weinheim/Basel 1985).

• Herausgegeben von *Hellmut Becker* und *Hartmut von Hentig* gibt es (auch schon) seit 1983 den Sammelband »Zensuren. Lüge – Notwendigkeit – Alternativen« (Ullstein): darin: *Hartmut von Hentig* über »Das Beurteilungssystem der Bielefelder Laborschule« und *Hellmut Becker* über »Zensuren als Lebenslüge und Notwendigkeit«.

• Das Heft 63 der »*Grundschulzeitschrift*« vom April 1993 hat das Thema »Lernprozesse beurteilen«. Auch das »*Jahresheft 1996*« des Friedrich-Verlages wird dem »Prüfen und Beurteilen« gewidmet sein und das Thema aus vielfältiger Sicht beleuchten.
Alle genannten Werke machen Angaben in Fülle zu weiter-

und tieferführender Literatur. Im übrigen lohnt es auch, sich zwecks Meinungs- und Haltungsbildung mit Texten zu befassen, die nur teilweise etwas mit der Bewertung von Leistungen zu tun haben, weil sie von der Schule als Ganzem handeln:

• »Lebens- und Lernort Grundschule« von *Hermann Schwarz* (Cornelsen Scriptor 1994) ist zum Beispiel ein solches – in jeder Hinsicht wichtiges – neues Buch, in dem es auch um »Lernfördernde Beurteilungen« geht.

• Die Leitvorstellungen »Es ist normal, anders zu sein« und »Es ist gerecht, Unterschiede zu machen« kann man aus allen Schriften zum »Gemeinsamen Unterricht für behinderte und nicht behinderte Kinder« gewinnen.

• *Hartmut von Hentigs* Buch »Die Schule neu denken« (Hanser 1993) ist binnen eines Jahres zum Wegweiser allen Nachdenkens über Schule geworden. Darin ist »Der Sokratische Eid« formuliert, mit dem – nach Hentigs Vorstellung – alle Lehrer und Erzieher sich selbst verpflichten sollen, »die Eigenart eines jeden Kindes zu achten und gegen jedermann zu verteidigen«.

• Zu meinen liebsten Texten gehören die wöchentlichen Kolumnen von *Gerhard Sennlaub* in der Deutschen Lehrerzeitung. In ihnen wird herz- und hirnerfrischend die menschenwürdige und kindgerechte Schule gefordert und also auch über die Bewertung der Leistungen von Kindern laut nachgedacht. Sennlaubs Kolumnen können – wie man so schön sagt – eine ganze Bibliothek ersetzen.

Dank

Außer den portraitierten Kindern haben viele Menschen dazu beigetragen, daß dies Buch zustande kam. Ihnen allen gilt mein Dank und einigen noch zusätzliche Dankbarkeit: *Hartmut von Hentig,* der eine Schule gegründet hat und in Bewegung hält, auf die ich mich seit 20 Jahren täglich aufs neue freue; *Johanna Harder,* an die dies Buch erinnern soll, weil ich von ihr gelernt habe, Kinder zu sehen und zu verstehen; den *Kolleginnen und Kollegen aus der Laborschule,* die mir Anregung und Herausforderung bei der »Verfertigung der Gedanken beim Reden« waren und über unseren gemeinsamen Bemühungen um die Kinder zu Freunden geworden sind; meinen Kolleginnen (und Freundinnen) aus der Laborschulleitung, *Susanne Thurn* und *Annemarie von der Groeben,* die – trotz der Vorbereitungen für das große Fest zum 20jährigen Bestehen der Laborschule – meine Manuskripte wohlwollend-kritisch gegengelesen haben; meiner Freundin *Ilse Rocholl,* die mir durch ihre klärenden Nachfragen geholfen hat, mein Plädoyer auch an Menschen zu richten, die ansonsten mit Bildungsreform nicht befaßt sind; meinem Klassenlehrer *Eberhard Hassler,* der mich – trotz seiner Pflicht zur Vergabe von Zensuren – von der Quarta bis zur Oberprima in einer Weise gestärkt hat, um die ich mich nun – mehr als 35 Jahre später – bei meinen Schülerinnen und Schülern bemühe, und ganz und gar unverzichtbar und deshalb an hervorgehobener Stelle zuletzt:
Dagmar Kerschbaumer und *Christiane Marx,* die während der heißen Tage und Nächte unter dem Druck der nahenden Buchmesse all ihre Geduld und Kompetenz verwandt haben, um meine handschriftlichen Vorlagen zu einem lesbaren Text zu verarbeiten.

Bielefeld im September 1994   *Heide Bambach*

Bücher der Libelle
Ermutigungen für die Welt der Schrift

Heide Bambach
Erfundene Geschichten erzählen es richtig
Lesen und Leben in der Schule

2. Auflage, 296 S., kt., ISBN 3-909081-65-7, mit einem Vorwort von
Hans Brügelmann, lebenden Kolumnentiteln und einem Titelbild
von Rotraut Susanne Berner, mit Facsimiles von Krakeleien und
fast 40 von Kindern ersonnenen, erzählten und aufgeschriebenen
Geschichten. • *»Welch ein Reichtum an pädagogischer Anschauung
und Einsicht, an Beispielen von Kinderklugheit und Kinderausdauer, von
Lernlust und Lernlist! – reflektiert durch eine Frau, die selber mit
spürbarer Freude lernt und darüber jede Lehrerangst abgeworfen hat,
auch die vor den Schreibritualen der wissenschaftlichen Pädagogik . . .
Das ist pädagogisches Urgestein.« Hartmut von Hentig*

Hans Brügelmann
Kinder auf dem Weg zur Schrift
Eine Fibel für Lehrer und Laien
5. Auflage, 280 S., kt., ill., ISBN 3-909081-36-3
»Das Buch ist ein Glücksfall.« Die Zeit
(»O ja, isses!« Verlagsstatistiker M.)

Hans Brügelmann / Sigrun Richter (Hrsg.)
Wie wir recht schreiben lernen
Zehn Jahre Kinder auf dem Weg zur Schrift
1. Auflage 1994, 304 S., kt., ill., ISBN 3-909081-64-9
»Ein neuer Erfolg bahnt sich an.« (Verlagsprognose)

Libelle • Verlag am Bodensee

Bücher der Libelle
Erkundigungen für die Welt im Kopf

Arno Borst
Ritte über den Bodensee
Rückblick auf mittelalterliche Bewegungen
432 S., schön gebunden, ISBN 3-909081-52-5
Aufsätze und Essays des großen Mediävisten
über das Mittelalter am Bodensee.
»So kann von den Historikern hierzulande
nur Borst formulieren.« FAZ

Ernst Peter Fischer
Der Einzelne und sein Genom
Die Expedition ans Ende der Anatomie
libelle : essai • 128 S., kt., ISBN 3-909081-61-4
Auf der Auswahlliste der besten Wissenschaftsbücher 1994
(bild der wissenschaft)

Jacob Picard
Und war ihm leicht wie nie zuvor im Leben
Die schönsten Erzählungen
aus dem süddeutschen Landjudentum
Nachwort von Manfred Bosch, 200 S., schöne Broschur,
ISBN 3-909081-59-2

Joseph Victor von Scheffel
Warum küssen sich die Menschen?
Trink-Poesie, Reisebriefe und Kater-Philosophie
gesammelt von Klaus Oettinger und Helmut Weidhase.
184 S., schöne Broschur, ISBN 3-909081-19-3

Libelle • Verlag am Bodensee

Ermutigungen eines großen Erzählers
(»Es gibt keine Hilfe!« – »Keine Besorgnis deswegen!«)

Fritz Mühlenweg
In geheimer Mission durch die Wüste Gobi

Der Roman für die ersten zehn Lesealter. 780 S., roter Leinenband mit Glückszeichen, Nachwort von Ekkehard Faude, 3-909081-58-4 • *»Ein deutscher Vorläufer der Reisenden Chatwin und Theroux. Sein erzählerischer Gleichmut schafft ein Fluidum, das erinnert an die Romane von Melville und die frühen Stummfilme von Griffith, an Lévi-Strauss und Michel Serres.«* Fritz Göttler, Süddeutsche Zeitung

Fritz Mühlenweg
Fremde auf dem Pfad der Nachdenklichkeit

Der Kundschafter-Roman. 304 S., gebunden, Nachwort von Gisbert Haefs, 3-909081-53-3 • *»Das ist fesselnd genug, aber daß Mühlenweg zu dem ›menschlichen und literarischen Glücksfall‹ geworden ist, das liegt an seinem spezifischen Blick auf das Fremde und vor allem an seinem liebevollen, sprachlichen Witz, der die Lektüre zu einem reinen Vergnügen macht.«* Irmgard Hölscher, Listen

Fritz Mühlenweg
Kleine mongolische Heimlichkeiten

Die schönsten Erzählungen. 144 S., broschiert, 3-909081-50-9

Fritz Mühlenweg
Tausendjähriger Bambus

Nachdichtungen aus dem Schi-King. 104 S., geb., fadengeheftet, Nachwort von Ekkehard Faude, 3-909081-67-3

Wenn Sie sich für künftige Zick-Zack-Flüge der Libelle interessieren: Wir haben vermutlich grad noch ein Gesamtverzeichnis:

Libelle Verlag • Sternengarten• CH 8574 Lengwil

Dieses 2. Buch von Heide Bambach im Zeichen der Libelle
ist hoffentlich nicht das letzte gemeinsame solche.
Es entstand unter erheblichem Fax-Geschlängel
im Sommer 1994
echte Libellen schwirrten jenseits der Bildschirme
die ermutigenden Fan-Briefe der LeserInnen von Fritz Mühlenwegs
»In geheimer Mission durch die Wüste Gobi«
ließen das verlagseigene Jubilometer so ausschlagen
daß eine kräftige Nachauflage gewagt wurde
und während sich aus nachbarlichen Gärten
*ein **roter Kater** lange anschlich . . .*

*erschienen das **lila** Buch:*
Sigrun Richter / Hans Brügelmann (Hrsg.)
Mädchen lernen a n d e r s lernen Jungen
Geschlechtsspezifische Unterschiede beim Schriftspracherwerb
(176 S., kt., ISBN 3-909081-62-2)

*und das **grüne** Buch:*
Edgar Sidamgrotzki
Kompendium des integrierten Krankenhaus-Managements
(356 S., geb., ISBN 3-909081-69-X)

. . . sich so lange anschlich, bis er adoptiert wurde
(hört manchmal auf Phlox, überhaupt nie auf Pereatmundus
und übt inzwischen schon auf der Tastatur) . . .
verfestigte sich von einem Korrekturdurchgang zum übernächsten
in der Verlegerei die schöne Gewißheit
daß dieser bewundernswert geduldigen & erregbaren Praktikerin Heide
ein weiteres Lieblingsbuch gelungen war: weswegen
Rotraut Susanne Berner ein sich verzweigendes Umschlagbild entwarf
(»Kinderchen, sich vom Tonnengetrapsel ausruhend«, s. o. S. 78ff.)
und der Gesamtprospekt für 1994/95
unters Motto »Ermutigungen« gebettet wurde.
(Ja, Adresse: einfach zurückblättern . . .)

Hergestellt im September 1994 bei Maus in Konstanz
2 3 4 5   99 98 97 96 95

© *1994 Libelle Verlag • CH 8574 Lengwil am Bodensee*
Alle Rechte vorbehalten
ISBN 3-909081-68-1